認知症の人のための**ケアマネジメント**

センター方式の使い方・活かし方

認知症介護研究・研修東京センター

四訂版発刊にあたって

本書の初版が出版された2005年３月30日からすでに15年近くの年月が過ぎました。

この間、急速に進む少子高齢化や認知症の人の急増を背景に、世の中の認知症への関心が年々高まっており、ケアの専門職でない人たちも（小さな子どもたちも含めて）、認知症について真剣に考え、行動する動きが広がってきています。

社会の変化に対応するために国や自治体も認知症施策を急ピッチで拡充してきています。近年では、2015年１月に厚生労働省が発出した認知症施策推進総合戦略（新オレンジプラン）をもとに、すべての自治体／地域において「認知症の人の意思が尊重され、できる限り住み慣れた地域の良い環境で自分らしく暮らし続けることができる社会の実現」が本格的に目指される時代になりました。

これは、遠い未来のことではありません。認知症の発症後に「自分らしく暮らし続ける」ことはすでに現実になりつつあり、認知症とともによりよく生きていける可能性、そしてケアの可能性も大きく広がってきています。

新オレンジプランで目指されているあり方は、まさにセンター方式が当初から目指してきたことそのものです。これからは、ケア現場で、そして地域の中で、「自分らしく暮らし続けること」をみんなで一緒にかなえていく時代であり、それを実際に進めていくための道具として、センター方式がこれまで以上に普及し、日常の「あたりまえ」の道具として活用されていくことへの期待が高まっています。

そこで今回、センター方式をより身近な道具として、全国の支援関係者の方々に活用していただけるよう、「四訂　認知症の人のためのケアマネジメント　センター方式の使い方・活かし方」を発刊することといたしました。これまでの三訂版を、現在とこれからの認知症施策や社会の動向を踏まえた内容に加筆修正するとともに、日々の中でセンター方式を実際に活用していくためのヒントとなる情報を随所に追加しました。また、活用事例（５章）として、利用者数が急速に伸びている小規模多機能型居宅介護の事例を加えました。

「いつでも、どこでも、自分らしく」。

センター方式が目指していることやその方法は、人としてごくあたりまえで、シンプルなことの積み重ねです。

センター方式をまだ活用されていない方、そしてすでに初版や改訂版、三訂版をお読みくださっている方も、本書をもとにセンター方式を日々のなかで活かしていただき、認知症とともに生きている本人も、そして関わる自分たちも、お互いがもっと楽に楽しく心豊かに過ごせる日々を一緒に創りだしていかれることを願っています。

2019年２月

認知症介護研究・研修東京センター　研究部長
永田　久美子

初版発刊にあたって

昨今の認知症ケアの新しい流れには目をみはるものがある。その大きな成果の１つが認知症の人のためのケアマネジメントセンター方式と考えている。実は2001年の春、私たちの高齢者痴呆介護研究・研修センターが全国３か所(宮城県仙台市、愛知県大府市および東京都杉並区)に立ち上げられて研究･研修の２事業が始まったときに、アセスメントとケアプランこそが最も重要な研究課題であることが提示され、３センター共同の研究テーマとして取り上げられたのである。

とはいっても全くお手本のない状況での出発であった。検討委員会が３センターでつくられて、さまざまな専門の研究者やケア現場の人々からの意見を集め、討論を深めて、ようやく今回センター方式シート(選択式)を手にすることができた。この間、夕刻からスタートする検討委員会や休日も含めて開催された作業委員会に厚生労働省老健局のスタッフを始め全国から参加して頂いた委員の御努力には、本当に頭の下がる想いであった。

認知症ケアの理念はその人の尊厳と利用者本位の暮らしの継続を支援することである。この理念をいつでもそして、どこでもケアの現場で活かしていくことが重要である。このために、ケアにかかわる私たちがチームをつくって実践していくための共通のツールとしてこのセンター方式がうまれた。これからの認知症ケアを進めていくための第一歩であることを認識したい。

センター方式シートにはいくつかの特徴がある。第１は基本情報を始めとする５つの領域が設けられ、それぞれがいくつかのシートに系統的に分かれている。これらは利用者が暮らし続けていく視点に立ってつくられており、その人全体を、しかも24時間捉えていくうえでは必要な項目である。しかしその全てを１人で記入しなくても、複数でかかわることや、コアになるシートを選択していくことができる。そして在宅から施設へ、あるいはその逆の方向も、また施設から施設へ利用者が移動しても、このセンター方式シートは本人とともに移動して、本人と家族のため、そして職員のために効率的に用いられることが可能になる。

さらにアセスメントからケアプランがつくられ、それを実際にケアにすすめていく過程でモニタリングが行われ、再びアセスメントへと循環していくこと、シートを使って成果と新たな課題を確認しつつ、利用者の状態変化に対応しながら、その人の最期のときまでその人らしく生きることを支え続けるツールとして活用されることを期待したい。

認知症ケアはその人らしさ、その人のもつ中核的なものに触れながら、その人の暮らしを支えていくものである。とはいっても、現場での介護にはそれぞれの状況とカルチャーがあるに違いない。

多様なケア現場で利用されるにあたって、このマネジメント方式がどのように活用されるのか、どのような新しい課題が起こってくるのか、本シートの今後の普及と発展に希望と期待をよせて、より質の高い認知症ケアを創造していくことを念願するものである。

2005年３月

認知症介護研究・研修東京センター　センター長(当時)
(認知症介護研究・研修東京センター　名誉センター長)
長谷川　和夫

目次

四訂　認知症の人のためのケアマネジメント　センター方式の使い方・活かし方

四訂版発刊にあたって

初版発刊にあたって

1章 センター方式とは何か …… 1

1 センター方式とは …… 2
2 センター方式の特徴 …… 2
3 これからの認知症ケアとセンター方式 …… 4
コラム
・本人自身が語る認知症 …… 7
・認知症とともに生きる希望宣言 ～一足先に認知症になった私たちからすべての人たちへ～ …… 8
参考 本人視点にたっての気づきを磨く ～センター方式をよりよく活かすためのワーク～ …… 10

2章 センター方式の「共通の５つの視点」 …… 13

1 支援関係者が「共通の５つの視点」を共有しよう …… 14
2 「共通の５つの視点」の意味とケアの可能性を知ろう ～本人の声より～ …… 14
視点１ その人らしいあり方(私らしさ、自分らしさ) …… 15
視点２ その人の安心・快 …… 17
視点３ 暮らしのなかでの心身の力の発揮 …… 20
視点４ その人にとっての安全・健やかさ …… 26
視点５ なじみの暮らしの継続(環境・関係・生活) …… 29

3章 センター方式の特徴と使い方の実際 …… 33

1 センター方式のシステムとしての特徴 …… 34
2 センター方式に取り組もう …… 40
3 センター方式シートのさまざまな活用方法 …… 49

4章 センター方式シートの活用の仕方 …… 57

～本人本位のケアを導くために～

1 センター方式シートの全体構成 …… 58
2 センター方式シートを活かすために …… 58
3 センター方式シートの記入上の留意点 …… 61
4 センター方式シートの記入上のルール …… 62
5 センター方式シートの見方と共通の記入ポイント …… 64
6 各シートのねらいとポイント …… 66

5章 センター方式シートの活用例 …… 99

■ センター方式シートの活用例について …… 100
1. 地域包括支援センター …… 101
2. 居宅介護支援事業所 …… 113
3. デイサービス …… 129
4. 小規模多機能型居宅介護 …… 143
5. 特別養護老人ホーム …… 151
6. グループホーム …… 166

資料編 …… 187
「認知症高齢者の日常生活自立度判定基準」の活用について …… 188
「障害老人の日常生活自立度(寝たきり度)判定基準」の活用について …… 190

センター方式シート …… 193

執筆者一覧

1章

センター方式とは何か

1章 センター方式とは何か

1 センター方式とは

「認知症を発症後、初期から最期まで、自分の意思が尊重され、地域の中で自分らしく、よりよく生きていきたい」

誰もが素朴に抱くその願いを実現することを、センター方式では目指している。

その実現のために、**多様な立場や職種の人々が協働でケアを実践していくための共通方法**が本書、そして「センター方式」[*1]である。

センター方式は、2004年に認知症介護研究・研修センター（東京、仙台、大府）が、全国各地のケア現場の人たちの実践成果とアイデア、声をもとに、多様な分野の専門職、研究者とともに共同で開発した[*2]。

以降、在宅サービスや地域密着型サービスの事業所、施設、病院等のケア現場、サービス担当者会議、地域ケア会議、事例検討会など、幅広い場で使用されている。

＊1：センター方式の正式名称は、「認知症の人のためのケアマネジメント　センター方式」といい、「センター方式」は略語である。

＊2：開発は、厚生労働省における2004年度の老人保健健康増進等事業で行われた。

2 センター方式の特徴

①共通の５つの視点（２章参照）

センター方式では、日々のなかで「目指していること（何を目指すのか）」を常に意識しながら、よりよい取り組みをしていくために**共通の５つの視点**を指針にしている。

いつでも、どこでも「今支援しているその人にとって、何が大切か」を関係者が本人視点に立って考えながら、同じ方向を向いてケアを行っていくために、「共通の５つの視点」を合言葉としている（**図表1-1**）。

②センター方式シートを「道具」として使う（３章参照）

１人の人の心身の状態や暮らし、環境、受けている支援・サービスの現状や経過、そして本人の思いや意思、希望を総合的に捉えるため

図表1-1 「共通の５つの視点」

センター方式 「共通の５つの視点」
1. その人らしいあり方 **2.** その人の安心・快 **3.** 暮らしのなかでの心身の力の発揮 **4.** その人にとっての安全・健やかさ **5.** なじみの暮らしの継続（環境・関係・生活）
本人の姿や暮らし方を「共通の５つの視点」であらためて見直すと、さまざまな可能性やケアのヒントが見つかります。 2章 センター方式の「共通の５つの視点」参照

に16種類のシートを共通の道具として使う。

センター方式シートに記入することが目的なのではなく、本人が自分らしく暮らしをしていけることが目的である。その目的を達成するために、シートを１枚ずつ、道具として活かしながら「今、本人が求めていること」「今、必要なケア」を関係者が一緒に見出し、それを実践してみながら１人ひとりその時々にあったケアを生み出していく「プロセス」を、センター方式では重視している。

③チームで活用しながら、暮らしとケアのつながりをつくる

センター方式は、認知症の初期段階から最期まで、すべてのステージの人で使用できる。

本人がたどる長い経過に沿って、本人を中心に関係者がセンター方式のシートを共有しながら、本人の情報や関係者の気づき、ケアの工夫等を関係者の間でバトンタッチしていく。

本人が自分らしい暮らしを継続していくための、**ケアのつながりをつくることができる**ことが、センター方式の大きな特徴の１つである。

④専門職と本人、家族、地域の人とのつながりを育てる

認知症の人の支援は専門職だけで抱え込んでもできるものではない。現在、本人や家族、地域の人たちと専門職とが一緒に力を合わせて、本人の暮らしとケア、そして、地域そのものをよりよいものに変えていくことが重要な課題となっている[*3]。

センター方式は、介護や医療の専門職が活用すると同時に、認知症の本人自身や家族、地域の人たちが一緒に使うことも可能である。

＊3：国の認知症施策の中心である認知症施策推進総合戦略（新オレンジプラン）では、「認知症高齢者等にやさしい地域づくり」が、メインテーマとして掲げられている。

一緒に活用することを通じて、かかわる人たちの間で、本人視点を大切にしたつながりが生まれ、それを深めていくことができる。

⑤実際のケアと同時に、人材・チーム育成を推進

センター方式は、日々のケアに活用できるだけでない。事業所の新人研修やスキルアップ研修に組み込むことで、職員全員が本人視点にたったケアを「あたりまえの発想・方法」として、実践できるようになる。このようにセンター方式を使った研修を組織的に取り組むことで、組織全体の認知症のケアの水準を高めていくことが可能である。

また、自治体や地域でセンター方式を基軸にした人材・チーム育成を継続的に実施することで、事業所や職種を越えて、地域全体で本人視点にたったケアや地域づくりを推進していくことができる。

3 これからの認知症ケアとセンター方式

1　認知症ケアのあゆみ

日本国内で認知症の人の在宅やケアの問題が大きく取り上げられ始めたのは、1970年代頃からである。それから50年、さまざまな問題を抱えつつも、ケアの最前線に立ってきた支援関係者の試行錯誤によって、認知症ケアは少しずつ、しかし、全体的には大きな進化をたどってきている。

しかし、試行錯誤ということばの通り、認知症ケアの進化の歴史は、さまざまなケアの失敗(反省)の歴史でもある。

将来的に、認知症の人の急増が見込まれ、それを支えるために新しい職員の大幅な増員が急務となっている。そのようななかで、新しい職員はもちろん、これまで経験を積んできている支援関係者たちも再び認知症ケアの失敗の道をたどることがないように、認知症ケアの進化の道を振り返り、これからの認知症ケアが何を目指すのか、その方向性を確認することが大切である(**図表1-2**)。

図表1-2のステップを確認してほしい。センター方式はすべての事業所や地域で旧い考え方ややり方から脱して、これからの方向性である「本人が意思を尊重され、自分らしく暮らし続けること」を事業所や地域で実施していくための道具として活用することができる。

図表1-2　認知症ケアの進化の歴史〜これから目指すべき方向性〜

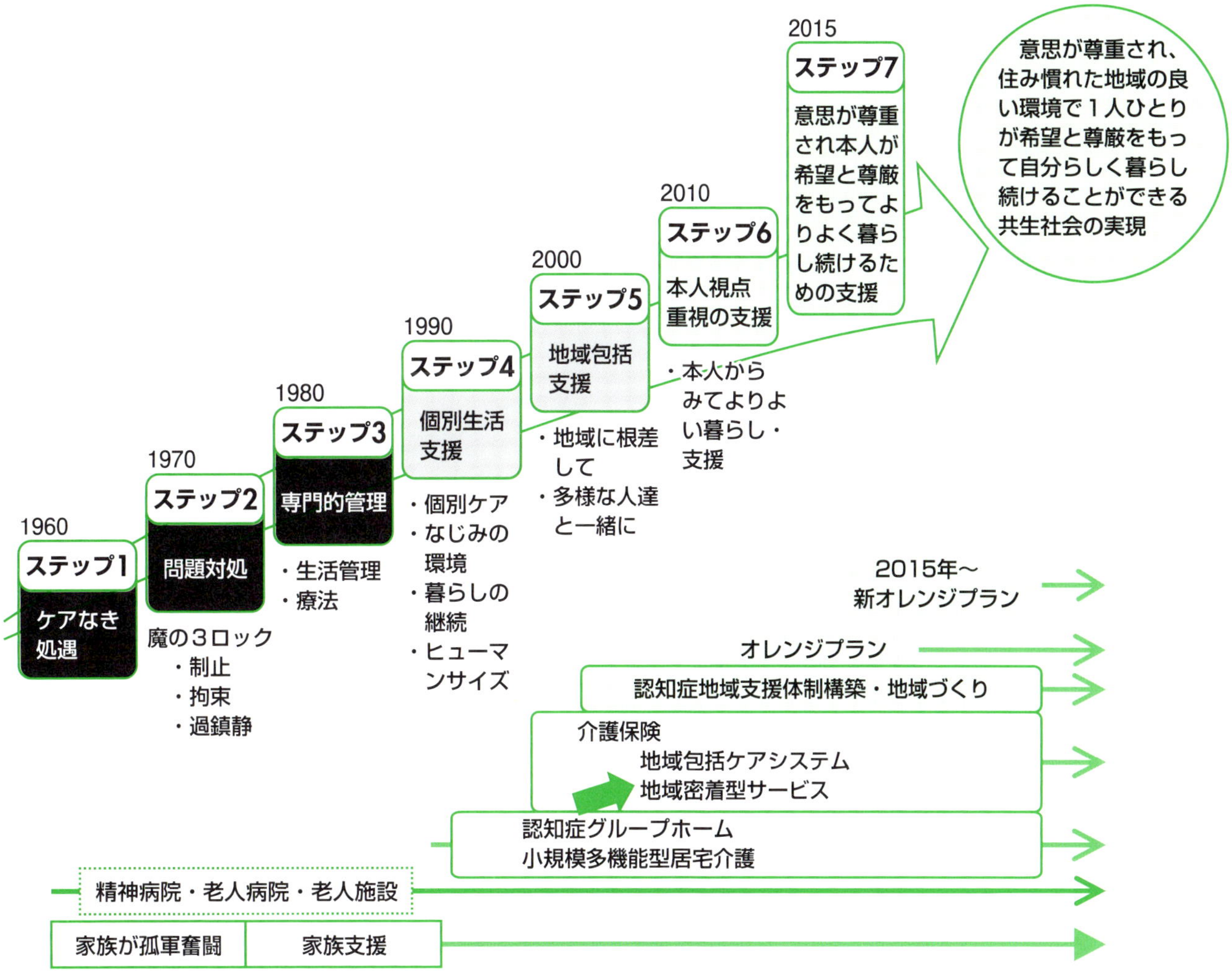

1960
ステップ1
ケアなき処遇

1970
ステップ2
問題対処
魔の3ロック
・制止
・拘束
・過鎮静

1980
ステップ3
専門的管理
・生活管理
・療法

1990
ステップ4
個別生活支援
・個別ケア
・なじみの環境
・暮らしの継続
・ヒューマンサイズ

2000
ステップ5
地域包括支援
・地域に根差して
・多様な人達と一緒に

2010
ステップ6
本人視点重視の支援
・本人からみてよりよい暮らし・支援

2015
ステップ7
意思が尊重され本人が希望と尊厳をもってよりよく暮らし続けるための支援

意思が尊重され、住み慣れた地域の良い環境で1人ひとりが希望と尊厳をもって自分らしく暮らし続けることができる共生社会の実現

2015年〜
新オレンジプラン

オレンジプラン

認知症地域支援体制構築・地域づくり

介護保険
地域包括ケアシステム
地域密着型サービス

認知症グループホーム
小規模多機能型居宅介護

精神病院・老人病院・老人施設

家族が孤軍奮闘　家族支援

2　これからの認知症ケア—求められるモデルチェンジ

「意思が尊重され、住み慣れた地域の良い環境で1人ひとりが希望と尊厳をもって自分らしく暮らし続けることができる共生社会の実現」こそが、これからの認知症ケアに求められるものである。この方向性のために、ケアにかかわるすべての人たちが、考え方やアプローチの仕方を大きく変革することが不可欠となっている[*4*5]（図表1-3）。

知識としてはわかっていても、日々のなかでは、まだまだ旧い「認知症ケア」の考え方・やり方から脱しきれていないことがある。そのことで、本人も支援関係者も過剰な不安や負担を負ってしまっている現状がみられる。「これからの認知症ケア」は、特殊なことではなく、「人として当たり前」のことを実践することであり、センター方式はそのことを一歩ずつ実践していくための手段である。

＊4：この点は、センター方式が開発された2004年当時から提唱されてきた。

＊5：2018年、厚生労働省は、「認知症の人の日常生活・社会生活における意思決定支援ガイドライン」を発表した。これからは、本人にかかわるすべての人たちが「本人が意思決定すること」を支えることが基本になる。センター方式はそのための具体的方法としても利用していける。

図表1-3　これまでの認知症ケアからこれからの認知症ケアへのモデルチェンジ

適切な支援

これまでの認知症ケア
（支援者視点の問題対処、あきらめ）

1. 家族や一部のケア職員が抱え込んでバラバラに → ダメージの増幅 成果があがらない
2. 問題に対処するのが「ケア」周りが**してあげる介護**
3. 問題は認知症のせい、しかたない
4. 認知症になると本人は何もわからない、できない
5. 本人はわからないから環境は最低でいい
6. 危険だから外には出さない
7. とりあえずその場しのぎを

● 本人は、不安・ストレス・無為の日々
● 状態の増悪、要介護度の悪化

介護負担、コストの増大

これからの認知症ケア
（本人視点、可能性重視、人間性指向のケア、希望）

1. 家族や地域の人々、多様な専門職がチームで、ひとつになって（方針、方法を共有） → ダメージ最小化 本人の生きる力を伸ばす成果があがる
2. 認知症の人でも当然本人本位 本人が自分らしく生ききる支援
3. 問題の多くは「作られた障害」緩和や増悪防止策あり
4. 認知症の人でも感情や心身の力は豊かに残っている
5. 環境の力で安心と力の発揮を なじみの環境づくりが鍵
6. なじんだ地域や自然のなかで
7. 初期から最期まで関係者で継続ケアを

○ 本人は、安心・楽しい・生き生き
○ 状態の緩和、要介護度の改善・ 維持

介護負担、コストの最小化

3　本人の声に耳をすまし、本人とともに暮らしとケアをつくる

認知症になったら、何もわからなくなる、言えなくなる…。この誤った考え方を増幅してきたのが「痴呆」ということばである。2004年12月、国が行った「認知症への名称変更」は、これまでの当事者に対する誤った認識を刷新し、認知症の正しい理解と本人本位のケアを推進していくための重要な転換点となった。

認知症に関して、今まで一般的に考えられてきたことや理解しているつもりの専門家の認識が、いかに誤りであったか、近年、認知症の当事者の発言を通して明らかになりつつある。

次頁のコラムを確認してほしい。これは、認知症の自助グループのメンバーが、認知症本人の視点からその体験を整理したものである。これらをみると、これまで私たちがいかに認知症の人の外見のみに目を奪われていたか、そして、認知症の本人たち自身が体験している事実とずれた見極め（アセスメント）をし、本人が求めていることとは異なる提供側本位のケアプランを立てていたか、深く反省させられる。よかれと思って立てたケアプランが、本人たちをむしろ苦しめていた

コラム 本人自身が語る認知症

アルツハイマー病の段階別にみた認知症の特徴と認知症の人自身が語る説明

下表は、正常な人の視点から記述されたアルツハイマー病の段階別特徴と、それらの特徴について、アルツハイマー病の人自らの視点からみると、実際どのように感じているのかを説明した記述の要約である。

〈第一段階／軽度〉

正常な人の視点からみたアルツハイマー病者の特徴（豪ニューサウスウェールズ州アルツハイマー病協会の『手引き』より）	認知症の人自身の視点からみた説明（クリスティーン・ボーデンさん他）
無関心、生気がなくなる	これは、私たちがまわりのすべてのことについていけなくなるからで、何が起こっているのかを理解できず、何かばかなことを言ったり、したりするのではないかと心配しているためなのだ。
趣味や活動に興味がなくなる	これは、すぐに疲れてしまうようになるからで、今までなら簡単にやっていたことをするのにも、これまでより一所懸命に脳を働かさせねばならなくなるからだ。
新しいことをしたがらない	何か新しいことを学ぶのはとても難しく、やり方を教えてくれる人に何回も繰り返してもらわなければならないので、その人を煩わせてしまうだろうと思うからだ。
変化についていけない	物事の古いやり方は、残存する脳のなかで記憶にしっかり定着しているのに、新しく学んだものは次々と忘れられてしまうために、とても混乱しやすくなっている。
決断したり、計画することができなくなる	一つの決断をするためには、心のなかにたくさんの考えを同時に保ち、それらを検索し、決定するということがなされねばならない。ところが、私たちには考えを記憶しておく場所が少なくなっているので、これが簡単にはできないのだ。
複雑な考えを理解するには時間がかかる	決断する時と同じように、私たちは記憶する能力がなくなってしまっているので、複雑な考えを取り入れ、正しく理解することができない。
よく知っているものを求め、見知らぬものを避ける	新しい仕事はどんなものであれ多くの努力を要するので、精神的にすぐに疲れてしまう。そして何か新しいことを試みるように頼まれると、わからなくなったり、失敗するのではないかと心配する。

〈第二段階／中度〉

仕事には援助と監督が必要	私たちはすぐに混乱してしまい、今までよく知っていたものでも、思い出せないことがしばしばある。
最近の出来事をとても忘れやすい…遠い過去の記憶は概してよいが、細かい点は忘れられたり、混乱したりするかもしれない	新しい記憶を覚えておくことは難しいが、古い記憶はまだかなり残っており、自分のまわりのさまざまなことをきっかけにして、過去の記憶を生活に呼び起こすことができる。こういう過去のことを話す方が、現在のことを話すよりずっと楽で、現在、起こっていることを理解するのはとても難しい。
時と場所、1日のうちの時間について混乱する…夜に買い物に出かけるかもしれない	私は、今日が何年、何月、何曜日かを思い出すために、1日に何回も日記を見る。以前は、自分の考えの背景となっているようなことはすぐに理解できたものだった。しかも、すべて自動的にわかっていたことだった。今では、日常の記憶を保っておく場所がなくなっていて、これらを心に留めておくにはとても努力がいる。
よく知らない環境では、すぐに途方にくれてしまう	よく知らない場所では私はうろたえてしまって、うまく対処できない。自分がどの道から来たのかというような、自分のいる場所についての見当識をもつためには、一連の出来事を覚えていなければならないからだ。それに、どうしたものか前に進んでいる時と、振り返って見る時とでは、すべてがひどく違って見える。

クリスティーン・ボーデン著「私は誰になっていくの？－アルツハイマー病者からみた世界」、P.170～173、かもがわクリエイツ、2003年より引用作表

クリスティーン・ボーデン（クリスティーン・ブライデン）氏
　1995年46歳でアルツハイマー病の診断を受け、翌年、首相・内閣府第一次官補を最後にオーストラリア政府を退職。診断前後の自らの経験をまとめて、1998年に「Who will be when I die?（邦訳：私は誰になっていくの？－アルツハイマー病者からみた世界）」を出版。1998年に再婚し、クリスティーン・ブライデンとなる。2003年に「Dancing With Dementia（邦訳：私は私になっていく－痴呆とダンスを）」を出版。

かもしれない(せっかくのケアプランが本人の不安と失意を増幅し、さまざまなダメージを生み出すこともあった)――。

本人の視点とケアサービス提供側の視点とのずれを直視し、本人本位の視点を徹底すること抜きには、認知症ケアは始まらない。

認知症とともに暮らしていくことがどういう体験で、当事者が何を求めているか[*6]。

センター方式では、ケアマネジメントの過程や直接援助を進める基礎として、まずは、本人のありのままの声に耳をすますこと、それを通して本人本位の姿勢をふだんの当たり前にしていくことを大切にしている。激しい症状がみられたり認知症が進行した段階の人であっても、本人自身にしっかりと向き合い、声に耳をすますこと。ことばがうまくでない人であっても、必ず何らかのサイン(声なき声)を発している。センター方式を使いながら、本人の声や全身で発信しているサインから、本人の体験や求めていることをキャッチしていく姿勢を1人ひとりが育んでいこう。

＊6：初版が発刊された2005年当時、日本国内にはまだ認知症の本人同士のグループがなく、前頁のコラムもオーストラリアの本人同士の声をもとに作成された。
それから15年の間に、日本国内でも認知症の本人同士のグループが結成され、よりよい暮らしや地域をつくっていくために、積極的に声をあげる時代になっている。
日本国内の認知症の本人同士の「声」については、下記コラム「認知症とともに生きる希望宣言」を参照。

コラム　認知症とともに生きる希望宣言～一足先に認知症になった私たちからすべての人たちへ～

私たちは、認知症とともに暮らしています。
日々いろんなことが起き、不安や心配はつきませんが、いろいろな可能性があることも見えてきました。

一度きりしかない自分の人生をあきらめないで、希望を持って自分らしく暮らし続けたい。
次に続く人たちが、暗いトンネルに迷い込まずにもっと楽に、いい人生を送ってほしい。

私たちは、自分たちの体験と意志をもとに「認知症とともに生きる希望宣言」をします。

この宣言をスタートに、自分も希望を持って暮らしていこうという人、そしてよりよい社会を一緒につくっていこうという人の輪が広がることを願っています。

一般社団法人 日本認知症本人ワーキンググループ

認知症とともに生きる希望宣言

1
自分自身がとらわれている常識の殻を破り、
前を向いて生きていきます。

2
自分の力を活かして、大切にしたい暮らしを続け、
社会の一員として、楽しみながらチャレンジしていきます。

3
私たち本人同士が、出会い、つながり、
生きる力をわき立たせ、元気に暮らしていきます。

4
自分の思いや希望を伝えながら、味方になってくれる人たちを、
身近なまちで見つけ、一緒に歩んでいきます。

5
認知症とともに生きている体験や工夫を活かし、
暮らしやすいわがまちを一緒につくっていきます。

認知症とともに生きる希望宣言（全文）

1　自分自身がとらわれている常識の殻破りを、私たちは前を向いて生きていきます。

＊「認知症になったらおしまい」では決してなく、よりよく生きていける可能性を私たちは無数に持っています。

＊起きている変化から目をそらさず、認知症に向き合いながら、自分なりに考え、いいひと時、いい一日、いい人生を生きていきます。

2　自分の力を活かして、大切にしたい暮らしを続け、社会の一員として、楽しみながらチャレンジしていきます。

＊できなくなったことよりできること、やりたいことを大切にしていきます。

＊自分が大切にしたいことを自分なりに選び、自分らしく暮らしていきます。

＊新しいことを覚えたり、初めてのこともやってみます。

＊行きたいところに出かけ、自然やまちの中で心豊かに暮らしていきます。

＊働いて稼いだり、地域や次世代の人のために役立つことにもトライします。

3　私たち本人同士が、出会い、つながり、生きる力をわき立たせ、元気に暮らしていきます。

＊落ち込むこともありますが、仲間に会って勇気と自信を蘇らせます。

＊仲間と本音で語り合い、知恵を出し合い、暮らしの工夫を続けていきます。

4　自分の思いや希望を伝えながら、味方になってくれる人たちを、身近なまちで見つけ、一緒に歩んでいきます。

＊自分なりに生きてきて、これからも、最期まで、自分が人生の主人公です。

＊自分でしかわからないこと、暮らしにくさや必要なことは何か、どう生きていきたいかを、自分なりに伝え続けていきます。

＊私たちが伝えたいことの真意を聴き、一緒に考えながら、未来に向けてともに歩んでくれる人たち（知り合いや地域にいる人、医療や介護・福祉やいろいろな専門の人）を身近なまちの中で見つけます。

＊仲間や味方とともに私が前向きに元気になることで、家族の心配や負担を小さくし、お互いの生活を守りながらよりよく暮らしていきます。

5　認知症とともに生きている体験や工夫を活かし、暮らしやすいわがまちを一緒につくっていきます。

＊認知症とともに暮らしているからこそ気づけたことや日々工夫していることを、他の人や社会に役立ててもらうために、伝えていきます。

＊自分が暮らすまちが暮らしやすいか、人としてあたり前のことが守られているか、私たち本人が確かめ、よりよくなるための提案や活動を一緒にしていきます。

＊どこで暮らしていても、わがまちが年々よりよく変わっていることを確かめながら、安心して、希望を持って暮らし続けていきます。

「認知症とともに生きる希望宣言」は、
わたしたち認知症とともに暮らす本人一人ひとりが、
体験と思いを言葉にし、それらを寄せ合い、重ね合わせる中で、
生まれたものです。

今とこれからを生きていくために、一人でも多くの人に
一緒に宣言をしてほしいと思っています。
この希望宣言が、さざなみのように広がり、希望の日々に向けた大きなうねりになっていくことを
こころから願っています。

それぞれが暮らすまちで、そして全国で、あなたも、
どうぞごいっしょに。

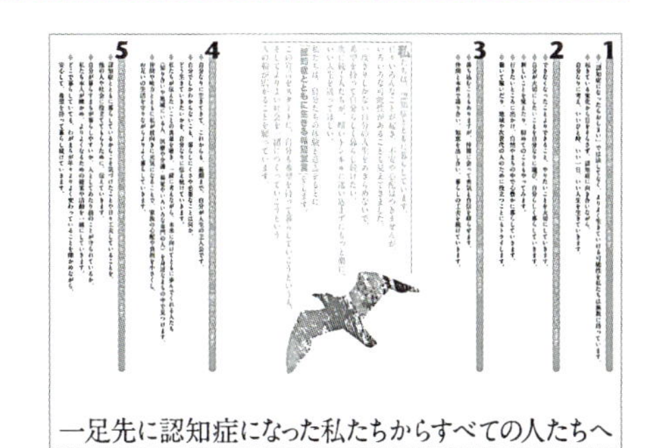
一足先に認知症になった私たちからすべての人たちへ

リーフトレットの入手方法
http://www.jdwg.org/

※「希望宣言」を職場や地域に伝え、希望をもって共に前に進むための「希望のリレー」が各地で広がっています。

日本認知症本人ワーキンググループ　代表理事　藤田　和子

参考 本人視点にたっての気づきを磨く ～センター方式をよりよく活かすためのワーク～

資料：「本人本位の姿勢」を育むトレーニング（演習）
①すべての演習で、本人のプライバシーを守ることを徹底します。
②本人が暮らす現場で行う演習では、本人・家族に、実施のねらいや方法を伝え、同意を得ましょう。演習結果をまとめ、サービス改善に活かす点を本人・家族に報告しましょう。

演習例(1)

「本人本位の視点で振り返る本人の１日」：暮らしの点検演習

ねらい

この演習は、あなたがケア提供側ではなく、「実際の認知症ケアをうける本人にわが身を置き換えて」感じ、考えてみるための演習です。素朴に「その人だったら」とイメージし、少しでも多くの気づきを得ることがねらいです[*7]。グループメンバー間の気づきを伝え合うことで、個々での気づきの幅を広げることもねらいとしています。

方　法

(1)　今、自分がケアしている認知症の人１人を思い浮かべてみよう。

(2)　その人について、以下の点について考え、シートに具体的に書き出そう。

シート

①今の暮らしの場で、１日どんな体験をしているのだろうか？
・どんな気持ちで過ごしている？
・何を求めているだろうか？
＊その人が朝目覚めてから、日中を過ごし、夜眠りにつくまでの１日の流れにそって、考えてみよう。

②もし、自分自身がその人の立場だったら？
暮らしている場で自分は１日どんな体験をしているのだろうか？
・どんな気持ちで過ごすだろう？
・何を求めるだろうか？
＊他人ごとではなく、自分ごととして認知症の人の暮らしを見つめ、気づきをシートに具体的に書き出そう。

(3)　演習グループのメンバーと気づきを報告し合おう。

(4)　これからのケアで活かせる点を具体的にあげてみよう。

＊7：「どうケアするか」など、ケアのあり方を考えがちですが、その前にまずは「本人はどうか」と、本人の視点にたって、本人が感じていることや思い・願いを考えてみよう。

⑸　明日から実践することを明確にして、現場に持ち帰ろう。

演習例⑵

「わたしがこの場で暮らすとしたら」：入居体験を通した現場点検演習

ねらい

この演習は、あなたがケアの提供側ではなく、実際の施設に入居体験をしてみることを通して、本人が体験していること、求めていることへの気づきを深め、本人本位のケアを実践する姿勢を育み具体策を見出すことをねらいとしています。

方　法

⑴　ケアの実務から離れて演習する時間を確保しましょう。
・時間の長さは現場の実情に応じて。
・可能なら24時間体験がベストです。
参考：新人研修でこれを義務付けている職場もあります。

⑵　ケアの役割や立場から離れましょう。

⑶　あなた自身が、深い物忘れ状態となりわが家で住み続けられなくなって、この施設に入居した状態を思い浮かべてください。

⑷　あなたが今、深い物忘れの状態になっていることを想定してみてください。入居者の１人として過ごしてください。職員からほかの入居者と同じようなケアを受けてください。排泄、入浴、食事、着替え、就寝、起床、すべて入居者と同じように過ごし、職員のケアを受けてみてください。

入居体験後、以下の点をレポートしましょう

⑸　どんな体験をしたか、入居体験後、過ごした場面を振り返りながら、以下の点を中心にできるだけ具体的に書き出しましょう。
・どんな場面でどんな気持ちになったか。
・職員のかかわりやケアで気づいた点は？（よかった点、悪かった点）
・（１日の）暮らし方で気づいた点は？
・生活環境やもの、食事、排泄、入浴等の具体的場面で気づいた点は？

◎以上の点について、どんなケアであってほしいか？
入居者本人の視点にたって、具体的に改善すべき点をレポートしよう。

演習例(3)

サービス現場に「居て、みて、感じる」体験演習

ねらい

サービス現場に、何もせずに「居て、みる」時間をもつことを通して本人の動きや求めていること、それらと支援関係者側のかかわりとのずれを発見し、本人本位のケアとなるための具体的場面やあり方を見出すことをねらいとしています。

方 法

(1) ケアの提供者としてではなく、ケアサービスの場(フロア、デイルーム等)の隅でそっと座っているだけの時間と立場を確保します(その現場のケアスタッフや本人、家族らに、演習中でありケアには一切かかわらないことを周知しておきます)。

○時間の長さは、現場の状況や、行う人の条件にあわせて決めてください。短時間でも可能な演習ですが、半日以上の時間を確保できるとより効果的です。

○そこに「居て」、本人とケアスタッフの動きを静かに観察します。

○周囲の利用者やケアスタッフに影響を与えない配慮をしながら、本人の言動、ケアスタッフのかかわり、環境面について気づいた点をメモしましょう。

○時間を終えたら、メモをもとに、本人の言動とケアスタッフのかかわりとのずれや、改善すべき点をレポートしましょう。

☆ケアスタッフや組織に対する批判ではなく、今後の改善へ向けてよりよくしていくためのアイデアを示し、話しあいましょう。

2章

センター方式の「共通の５つの視点」

2章 センター方式の「共通の５つの視点」

1 支援関係者が「共通の５つの視点」を共有しよう

本人本位のケアやケアマネジメントを実現していくうえで鍵となるのが、図表2-1の「共通の５つの視点」である。これらの視点は、ケアやケアマネジメントのすべての過程で基本となる視点である。理念にとどめず、日々のなかで本人に接する際に、この「共通の５つの視点」を常に思いおこし、当たり前のこととして自分のなかに根づかせていこう。

同時に、自分だけではなく本人を取り巻くすべての人たち（他の専門職、家族や地域の人たち）と、「共通の５つの視点」を共有し、取り組みの方向性をひとつにして力を結集していこう。

図表2-1 「共通の５つの視点」

センター方式 「共通の５つの視点」
1. その人らしいあり方 2. その人の安心・快 3. 暮らしのなかでの心身の力の発揮 4. その人にとっての安全・健やかさ 5. なじみの暮らしの継続（環境・関係・生活）

2 「共通の５つの視点」の意味とケアの可能性を知ろう～本人の声より～

「共通の５つの視点」のもつ意味とケアの可能性を、認知症の人の声をもとに見てみよう。

これらが、「気づき」を高め、ケアをより個別なものにしていくための原動力である。

なお、以下の＜本人の声＞は、ケアスタッフや家族が本人から聞き取った言葉の記録から抜粋したものである。

視点1　その人らしいあり方(私らしさ、自分らしさ)

＜本人の声＞

「自分でも自分のことがわからなくなっていく…。本当に怖い」

「ばかになってしまった(自分の頭をたたく)。昔は、こんなじゃなかった… (ケアスタッフ注：一流大学、一流企業と生涯「優秀な」が代名詞だったような方です)」

「失敗ばかりして、みんなに迷惑かけて…。自分が情けない。前は、何でもできたのよ。家のことも仕事も。趣味も旅行も、いっぱいしたんだよ」

「なんだその目は…！　みんなで俺をばかにして!!」

「何でもだめだめって。私にだってしたいことくらいあります！」

「したくないことを無理やりされる。それを嫌っていえない。だから手が出るんです。もうやめてって[*1]」

「結構です(ケアスタッフ注：ふだんはまったく話さない方ですが、おむつ交換しようとするたびに、陰部にそっと手をそえて恥じらいながらおっしゃることばです)」

これが僕!!

＊1：認知症介護研究・研修東京センター監修：ビデオ『痴呆の人に学ぶ』シルバーチャンネル

「その人らしさ」のもつ意味とケアの可能性

認知症の本人にとっての最大の苦しみは、自分で自分らしさを保っていくことが次第に難しくなることであり、自分でさえ自分がわからなくなっていってしまう瞬間が徐々に増えていくことである。

それは、自分への苛立ちや悔しさであり、屈辱や怒りであり、恐怖と失望、生きることへの諦め(動かない、話さない、食べない、目を開けないなど)さえ招いてしまうことがある。

周囲から問題とみなされる言動のなかにこそ、その人らしさが表れていることも少なくない。自分らしくふるまえない、自分をうまく伝えられない、だからこそ必死に自分を表そうと同じ言動を繰り返し、うまく表せないもどかしさや怒りを、興奮、乱暴といった姿で表すことで自分であり続けようとしている[*2]。

自己の喪失に拍車をかけるのが、周囲の先入観や偏見、無関心である。周囲の人が、その人の外見に目を奪われてその本人の本来の姿を見失い、認知症だから仕方がないとみなしたり、本人の思いや意思を無視してしまうことが本人を強い存在不要におとしいれる。

家族でさえ、本人をよく知っているゆえに、本人のそれまでのあり

私が選ぶ

＊2：ボーッとうつろな目で座ったまま、寝たままの人は、自分を表すことを諦めたり、怒りさえ表せなくなったりという姿であることが少なくない。問題がない、手がかからない人々ではなく、「自分を失う」、「生きる意欲を失う」という最も深刻な課題をもち、ケアを切実に求めている人々である。

ようから変わっていく外見や言動に戸惑い、その人らしさ（本来の姿や願い、意思）を見失っていきがちである。

身内が認知症になった家族独特の苦悩も、その人らしさが見えなくなっていく点にある。かつての姿を知っている分、また本人への家族としての思いが強いほど、苦悩は大きい。

＜家族の声＞

「長年連れ添った夫が、別人のようになってしまった。頼りがいがあったのに、1日中変なことばかりして。一緒の部屋にいるのも嫌、気持ち悪いくらい（妻）」

「妻は、もう私の顔をみてもわからないんです。情けないというか、悲しいなんてもんじゃないです。私自身も消えてしまいそうです（夫）」

「小さい頃から親父は怖かったけど、その分しっかり者だった。それが何でこんな簡単なこともできないのか、しっかりしろよ、親父、と叱りつけたくもなりますよ。家内の手前もありますし（息子）」

「あのやさしかった姑が、私のことを泥棒呼ばわり。ショックです（長男の妻）」

「テレビを一緒に観ていると、おじいちゃんが突然ものすごい顔で大声で怒鳴りだすんだ、このごろ。怖くなって妹と2人で（子ども）部屋に入ってしまう（孫）」

「たまにくる親戚連中は、夜の様子を知らないんだ。昼間の様子は前と変わんないって言うけれど」

本人のそれまでの「その人らしさ」の崩れに戸惑う家族のまなざしや対応に、本人はさらに傷つき自分らしさを一層保てなくなる悪循環の連鎖が続く。暮らしのトラブルやかかわり（ケア）の困難さも急速に増していく。

認知症の進行の過程で、本人が自分では保てなくなっていく「その人らしさ（本来の姿、思いや意思）」を、支援関係者が見失わずに、それらをキャッチしながら支えていくことは、本人と家族の苦悩を和らげ、本人と家族の絆をつなぎとめ、それぞれの生活の質を維持していくための最大の課題である。

その人らしさを支えるケアは、一朝一夕には難しい。

支援関係者が、本人とともに過ごす場面を通じて、少しずつ「その人らしさ」を探り当て、次に続く支援関係者に知り得た「その人らしさ」を確実に伝えていくことが、認知症のケアのテーマである。

- **本人の声が出るうちに今や過去について、一言であっても多くのことばを。**

・体が動くうちに一場面でも多くその人らしいふるまいを。

・体が動かなくなり声が出なくなったときでも、決して諦めず、その人らしい姿と誇りが現れる一瞬を。

これらを実現することを目指して、支援関係者だからこそとらえることのできた本人のありのままの声や気づき、それをもとに工夫したケアの具体を継承していくことが、センター方式の大きなねらいである*3。

視点2 その人の安心・快

＜本人の声＞

●不安、そして安心

「不安で不安でたまらないんです。わかんないんです。どうしていいか…」

「ここにいていいの？　どうしたらいいの？　何すればいい？」

「何か忘れてるんじゃないか、また何か失敗するんじゃないかって、それぱっかり心配してます」

「ああだ、こうだ、なんか言われても、わかんないんだよー！」

「みんなあっちで笑ってる。きっと私のこと笑ってる」

「あっちに何かあるよー。ほら、あそこに変なのが…（ケアスタッフ注：デイサービスの長い廊下の向こうを指して不安そうに立ちすくんでおられました）」

「ここはいいねえ。ほっとするよ。ここに置いてもらえますか？（涙しながら）」

「あんたがいてくれるだけでいい。そばにいてね」

●不快、そして快

「嫌いよここ。うるさくてうるさくて！　子どもの声…勘弁して！（家族注：子煩悩でかつては孫の夜泣きの世話をいつもかってでてくれたほどの母だったのですが）」

「なんだー！　これは!!!（ケアスタッフ注：濡れた尿を吸収してじっとりした紙オムツをむしりとりながら）」

「（髪をなでてあげようと近づいたケアスタッフの手をバシッと払いのけ）何よ！　いきなり!!!」

「気持ちいいねえー（水道からほとばしる流水を手に受け）。茶碗を洗っているときが一番だ」

「あー、あったかい。あんたの手、あったかい…（ケアスタッフの手をじっと離さず）」

「あー、うまい、うまい（ケアスタッフ注：刻み食だった方が、家族

＊3：その人らしさを知るためには、本人の姿全体と本人の声をしっかりとキャッチすることが出発点である。
C-1-2 私の姿と気持ちシート
また、なじみの暮らしの情報も不可欠である。
B-2　私の生活史シート
B-3　私の暮らし方シート
A-4　私の支援マップシート
家族の要望や思いについては、
B-1　私の家族シート

おいしー!!

からの差し入れの好物の味噌おにぎりをむせずにぺろりと平らげながら)」

「冬だもん、寒いのはあたり前！　ピシッとするくらいの風にあたんないと、ぼけちゃうよ！（ケアスタッフ注：雨の日も雪の日も散歩に欠かさず行かれます)」

安心・快のもつ意味とケアの可能性

○想像を超えた不安・不快の日々を超えて

周囲が認知症に気づく前から次第に深まっていく物忘れや周囲を捉える力の低下、ストレスに耐える力の低下。

それらは一時のことではない。本人にとっては、朝起きてから眠りにつくまで、場合によっては眠りの最中にも、昼夜を通して、何日も、何年も続き、次第に深まっていく過酷な障害[*4]である。

認知症の人の声から、深い物忘れ等をもちながら暮らす日々は、想像を超えた不安と不快の連続であることが垣間みられる。

○環境のなかに潜む不安・不快の引き金：微調整スイッチ役としての支援関係者

認知症のない人にはふつうに過ごせる自分の家やデイサービス、グループホームや施設・病院、そしてそれらを取り巻く地域の環境のなかに、認知症の人の不安・不快を誘発し増強させる刺激[*5]があふれている。音、光、影、広さ、スピード、物(塊)の大きさ、温度、風等々。

それらが本人にとって不安・不快をもたらすか、安心・快の作用をもたらすか、そばにいて本人の反応の経過を読み取り、本人が求める環境に調整することが認知症ケアの重要な点である。

○支援関係者も環境の一部：全身を使って本人を癒す環境となる

傍らに近づきそばにいるという点で支援関係者自身も環境の一部である。アプローチする方向やスピード、声のトーンやスピード、表情も含め支援関係者の全身がもたらしている本人への無数の刺激。同じ１人のケアスタッフでも、その全身の使い方によって、本人を不安と不快いっぱいに脅かす存在にもなれば、ただそばにいるだけで無条件の安らぎと心地よさをもたらす存在にもなりうる[*6]。

○体の奥底からの安心と快を：固有の身体内部環境を整え豊かに

・のどが渇けば、水や好みの飲み物を飲む。

・お腹がすけば、好きなときに食事をしたりおやつをつまむ。

＊4：深いもの忘れなどの中核症状は、「認知症の人だからあって当たり前」と安易に見過ごされやすい。客観的に認知機能を把握することも本人を理解するひとつの入り口であるが、支援関係者の態度として不可欠なのは、中核症状を伴った暮らしのなかで、本人がどんな不安や不快に苦しんでいるかを鋭敏にキャッチすることである。これは本人の傍らでケアする者ならではの重要で独自の役割である。ケアマネジャーや看護職等より本人と長い時間を接するケアスタッフが、アセスメントのキーパーソンである。ケアスタッフの捉えた気づきやケアの工夫が、速やかにケアマネジャーや医療職に伝わる仕組みが重要である。忙しくかつ変化する本人の経過のなかで、それを確実に行うための道具としてセンター方式シートがつくられている。

A-2　私の自立度経過シート

C-1-2　私の姿と気持ちシート

D-4　24時間生活変化シート

＊5：認知症の人の環境刺激に関するアセスメントが欠かせない。

B-4　私の生活環境シート

＊6：認知症の人のアセスメントでは、本人の状態のみの一方的アセスメントではなく、ケアスタッフがどう作用しているか、ケアスタッフ側の点検も不可欠である。

D-5　私の求めるかかわり方シート

・尿意や便意をもよおせば、トイレに行きすっきり出す。

・汗で気持ち悪ければ、肌着を着替えてさっぱりする。

・寒ければ、１枚はおる。

・痛ければ、手当てをする。

・１日過ごした体の汚れや緊張は、お風呂に入ってさっぱりする。

・だるかったり疲れれば、適当に休み、眠る。

渇きや空腹、尿意、暑さ・寒さ・疲れ、眠気等々は、人が生きていくための大切な内部刺激であり、認知症がなければ、ごく自然とこれらに応じた適切なセルフケアを私たちはしている。しかし、認知症のある人にとっては、これらの１つひとつの行為が「とてつもなく難しい」行為である。

適切に対処できない場合、これらの生理的な内部刺激は、不安と不快の震源となる。生きている以上、１日を通じて断続的に生じる内部刺激にさらされ続け、１日のなかで不安・不快の波が認知症の人を翻弄する。問題とみなされている言動の引き金がこれらの内部刺激であり、それが見落とされていることが非常に多い。

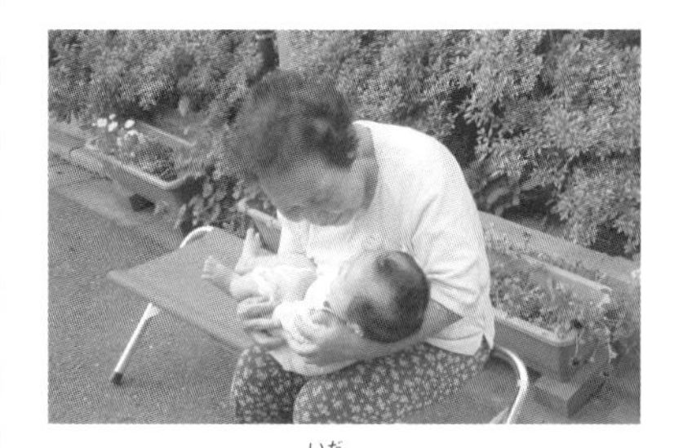

抱(いだ)く

内部刺激に対してどう反応するか、人は長年自分のからだとつきあいながら独特のスタイルを持っている。

・お腹がすくといらいらする人

・尿意が強まると、膝に手を置く人

・眠くなると表情が曇り、眉間にしわが寄る人

など、内部刺激を示す本人固有のサインを見抜き、本人のリズムや暮らしに添いながらさりげないケアを黒衣のように行うことが、認知症ケアの基本であり、しかし徹底が難しいケアである。

見えにくく読み取りにくいこれらのサインをしっかりとキャッチしていくために、本人を取り巻くケアチーム全員が、全身の五感(ヒューマンセンサー)を研ぎ澄まし、気づき、伝え合うことを継続していくことが求められる。

○暮らしのなかでの安心と快の積極的補強：一瞬一瞬の豊かさの創造へ

見えない不安・不快にさらされ通しの認知症の人には、不安・不快の回避という部分対応だけではいかに細やかに対応しても、ストレスが蓄積され続けていく。それらが、思いがけない言動や夕方以降の混乱や不眠、食事や排泄の乱れ、姿勢保持や体温調整の乱れなどの状態増悪や深刻な健康問題を引き起こしていく。

それらを予防していくためには、認知症の人が暮らす環境そのものと暮らし方全体に安らぎや快を意図的に補強していくことが求められる。

やすらぎ

支援関係者がそばにいなくとも、いるだけでほっと安らぎ、心地よさを補充し続ける五感刺激(色彩、光、温度、風、肌触り、音、香り、味)がたっぷりある環境づくりが、認知症ケアのひとつの重要な柱である。

いつもの暮らしの場の環境を手入れしていくこと、そして日常の基本的なケア場面(起床、着替えとおしゃれ、食事、排泄、入浴と全身の清潔保持、移動など)のなかで快を意識したケアを徹底していくことが、認知症の人の心身の安定に大きな成果をもたらす。

暮らしの流れのなかで、刺激はありすぎても少なすぎても認知症の人を不安・不快に陥れる。いかに本人が好む刺激、例えば好きな音楽や好物の飲み物も、不安や不快が高まってしまってからでは、逆に負担で嫌悪を招く悪刺激になってしまう。

１日の本人の不安や不快の波を知り、それを予防・回避するために事前のタイミングを見極め、安心と快を重点的に補強する場面をタイミングよくつくることをケアプランによって徹底していきたい*7。

＊7：１日を通した本人の不安や不快の波を捉えるためには、１人の支援関係者では困難である。本人にかかわるすべての支援関係者が、共通の視点とシートをもとに、気づきを伝え合い、集積して見極めていくことで可能になる。
これらは、限られたケアスタッフで最大のケア成果を引き出すための重要な鍵である。

D-3　生活リズム・パターンシート
D-4　24時間生活変化シート

視点3　暮らしのなかでの心身の力の発揮

＜本人の声＞

「できない、できないんです!!! (ケアスタッフ注：この前まで楽しみにやっていた昼食の配膳ができないと、突然大声で言って、じっと座り込まれました)」

「ねえねえ、どうやったらいいの、教えて、教えてよー。どうやったらいいの…」

「大事なことをこうして書いときます。とにかく忘れるもんで。壊れた頭のかわりです(ケアスタッフ注：H氏が、お風呂に入るときさえ離さない大切な手帳をポケットから出しながら話してくれた)」

「１人じゃできんけど、あんたがきてくれると、うれしいわー (ケアスタッフ注:お茶の入れ方がわからず､飲むことをやめていた方。さりげなく手順を示せばすべてできた)」

「ここを押せばいいのね。これでいいのね？ありがとう。これで大丈夫… (ケアスタッフ注：おもらしで濡れた下着や衣類を隠してしまう方｡全自動洗濯機の使い方を繰り返し伝えたときのことば)」

「あんたたち、だめよ。お坊さんにはちゃんとした座布団を出しなさい(ケアスタッフ注：数分前のことも忘れ、オムツもあてている方のことば)」

心身の力の発揮のもつ意味とケアの可能性

○できること・できないこと、わかること・わからないことの見極めの重要性

認知症の進行とともに、どう本人ががんばってもできない部分・わからない部分が少しずつ増えていく。

それまで、できていたこと・わかっていたことが失われていくことは、本人の強いショック体験である。先にみた不安や不快の背後に、このできない・わからない体験が潜んでいることも非常に多い。

日常のささいなことができない・わからない連続のなかで、自信を失い、自信の喪失が記憶も含めてさまざまな機能の低下や、生活全般の要介護状態に拍車をかけてしまっている。

日常の連続のなかでは、それまでできている・わかっているはずであったことが変化しつつあることを見落としやすい。定期的に冷静な見極めをチームで行うことで、本人のできない・わからなくなりつつある状況を早期にキャッチし、本人を窮地から救わなければならない*8。

＊8：
D-1　私ができること・私ができないことシート
D-2　私がわかること・私がわからないことシート

できない・わからない状況が見られたとき、そこで見極めを終えてはならない。なぜできない・わからない状況になっているのか、その背景の見極めこそが欠かせない。認知症の進行のせいにされがちな、できない・わからない状況が、実は、本人にとってできる・わかる環境やかかわり方が用意されていないためにつくられてしまっていることも少なくない。

○できること・わかることに光を：安定と自信、信頼が蘇る鍵

できなくなりつつあること自体が本人にショックをもたらしているのに、周囲ができないこと・わからないことに注目してしまい、口出しや手出しをしてしまうことは、大人として屈辱的なことである。そのような対応をした人は、本人にとっては、嫌なことをする避けたい人、場合によっては敵となる。

2,863円…

年長者として、長年、自分が他者を支える、世話する立場、家族の場合は関係性の上位として長年暮らしてきたものが、年下のものに指摘されたり世話されるということは、関係や立場の逆転を招き、その人らしさの混乱や崩れに拍車をかけていくことにもなる。周囲が気づかぬうちから、本人はできない、わからない体験が積み重なり自信を失い、恥をかき通しの暮らしとなる。

失われたことに焦点をあてるのではなく、さりげないカバーに徹し、本人に残っている心身の力に光をあてることがケアのポイントである。

残っている力を発揮しながら「自分でできる・わかる」場面をつくり出すことは、本人の全体状態の維持改善に非常に大きな意味をもつ。

たくさんでなくとも、小さな行為ひとつでも「自分でやる・わかる」場面に変えていくことが、心身機能の低下の防止はもとより、認知症の安定や緩和、諦め依存しがちな本人の自信と自分らしさの蘇り、支援関係者との信頼の回復などのきっかけになる。

限られた人員で、本人のどの生活行為のどの点に焦点をあてて、全員で一貫した支援をすることが、本人の自信や喜びにつながり、生活全般を上向きにしていく端緒となるのか、1日の暮らし全体を見つめて見極め、方針と作戦を立てていくことがケアプランで重要となる[*9]。

*9：
D-1　私ができること・私ができないことシート
D-2　私がわかること・私がわからないことシート
D-4　24時間生活変化シート
E　24時間アセスメントまとめシート

○小さな発見をいかなるときにも、最期まで：諦めず本人の傍らでの発見を

朝から晩まで、暮らしていくことは、おびただしい生活行為の連続である。

私たちがふだん何気なく行っている生活行為の1つひとつが、たくさんのより小さな生活行為とそれを支える記憶や判断、実行の集積である。

顔を洗うという行為ひとつをとっても、洗面所に行き、定位置に立ち、蛇口を見定めて、握り、適切な方向に回し、適量の水を出し、手を流水にもっていき、水をすくい、顔に近づけ、顔の各部を順番に洗い、洗えたことを確認し…。

食事、排泄、着替え、入浴といった生活行為は、認知症の人にとって単に「1項目の日常生活動作」ではない。それらが一見できない・わからない認知症の人も、その行為の過程のすべてができない・わからないのではない。ある部分ができない・わからないために、行為自体を始められなかったり、止まったり、混乱してしまう場合が多い。

従来の日常生活動作(ADL)の大まかな見極めだと、認知症の人に残された数々のできる力・わかる力を見落としてしまう。

認知症の人のなかには、体は動くが手順ややり方がわからないために、できないとみなされて、全介助となっている人も少なくない。

また、1日のなかでもできたりできなかったりの変動が現れたり、同じ週のなかでも、家にいる日とデイサービスやショートステイにいる日では違う、ケアスタッフの顔ぶれで違うという変動を現わしやすいのが認知症の人であり、その変動を捉えることがアセスメントで重要である。

本人が実際に暮らす「今の様子」を冷静に見つめ、できるところ・できないところ、わかるところ・わからないところを見極めて、ひとつでも多くのできること・わかることを維持したり、増やしていこう。

どんなに認知症の症状が激しくても(むしろ症状の激しいときこそ)、また最期のときまでその人の可能性を発見していくことが、支援関係者の重要な使命である。

○していなくても、できることの発見を：一緒にやってみるチャンスをつくる

本当にできなくなったのではなく、する場面がない、したいという気持ちが喚起されていない、するためのお膳立てや支援がないために、できない姿で過ごしている人が多い。もはやできないものだ、という周囲のみなしが固定化され、そう申し送られている人も少なくない。

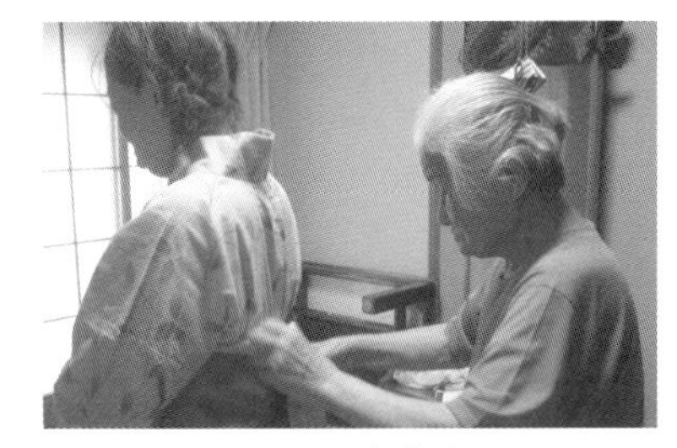

はい、できたよ!!

外部からただ観察や把握をするのでは認知症の人の「実力」を把握できない。認知症の人の場合は、傍らで一緒にやってみる場面を支援関係者側がつくりながら、アセスメントすることが重要である。１人では、始められない、まったくできない人でも一緒にやってくれる人がいると始められたり、できる部分の力を出せるチャンスが生まれ、秘めている力をアセスメントすることにつながる。

○暮らしのなかで認知症の人の底力を引き出し活かす：なじみの生活文化に根ざして

長年体で覚えた記憶(手続き記憶)は、比較的保たれやすい特徴がある。

日常生活動作でできないことが増えていても、より高度にみえる趣味の動作や長年にわたって仕事や家事で鍛えた「技」や社会活動ができる場合が非常に多い。

従来の基本とされていた日常生活動作の点検にとどめずに、視野を暮らし全体に広げてみよう。視点1「その人らしさ」で捉えたそれまでの暮らし方の情報を手がかりに、本人のできそうなことを探っていこう。

この場合、客観的なできる程度に大きな意味があるのではなく、本人にとっての楽しみや張り合い、自信につながる動作や場面をみつけることが大切である。支援関係者はさせる役、点検役ではなく一緒に趣味や作業を楽しむ生活相手である[*10]。

なお、認知症の人が秘めている力は、今は失われつつあるその土地やなじんだ暮らしの生活文化に関する動作であることが少なくない。

＊10：そうした意味で支援関係者は、ケアする者であると同時に、趣味や生活を、本人と一緒に楽しみながら過ごしていく大切な生活相手である。そのための豊かな生活感覚が求められる。支援関係者も個性や自らの生活体験をケアの過程で生き生きと発揮しながら、かかわりたい。若いケアスタッフや学生は、認知症の人から生活文化を学んでいこう。

支援関係者自身がそうした生活文化を知らなかったり、むしろできないために、認知症の人の力に気づけなかったり引き出せないでいる場合がある[*11]。

認知症の人のそうした力を引き出すためには、限られた支援関係者だけではチャンスや気づきが狭められる。(若い)ケアスタッフよりむしろ、地元の中高年の人々が、本人の話し相手、生活相手として接しながら、本人のできる・わかる力に気づき、それを活かすためのアイデアをもたらしてくれる可能性が大きい。本人や家族の同意を得ながら、地元の人々にケアチームの一員として加わってもらう取り組みも広がっている。

＊11：認知症の人の奇異な行動が、土地の風習の現れである場合もある。ケアスタッフ側がその土地のかつての生活文化を知らないために問題行動とみなしていることも少なくない。
例)女性が立っておしっこをする。
→かつて着物の場合はすそをからげて立ってした。
例)洋式便器の水をすくい顔を洗う。
→かつて便器は底がなかった。瀬戸物できれいな水が張ってあるのは洗面台だった。

○つくられた要介護状態からの脱出を

病気の治療や一時的な身体状態の低下のために行われた全面的な介助や、その過程で使用された薬やオムツ、チューブ、軟食、車いすなどが、本人の状態が回復しているにもかかわらず、認知症という理由のみで、また、本人が訴えられないためにそのまま使われ続け、それらが固定してしまっている「つくられた要介護状態」の例が非常に多い。当然、支援関係者のケアの量(手間や体力の負担)やコストの増大も伴っている。「つくられた要介護状態」のために自宅でのケアの継続を断念する家族が後を絶たない。これらは大きな損失であり、社会問題である。

現状の認知症の人の多くは、在宅にせよ、グループホームや施設にせよ、プロの支援関係者に出会うまでの過程で大なり小なり要介護状態がつくられてしまっている。

すでに要介護とされている人でも諦めず、経過のなかのどの時点でどういう理由によってそうしたケアを要するようになったのか、今なされているケアが現段階での本人のできる力・わかる力と合っているのか、今後の全体的状態の見通しはどうかなど、経過全体を見極めながら[*12]、要介護状態を少しでも脱すること[*13]へ向けた積極的支援が不可欠である。それをチーム全員で進めていくためのケアプランが求められている。

＊12：
A-2　私の自立度経過シート

＊13：広い意味での予防(第2・3次予防)である。

○過去に関してわかることを探り、未来へつなげる：一生涯の時間軸の視界を

認知症の特徴は、新しい記憶は刻まれにくく失われやすいが、認知症になる前の古い記憶はしっかりと刻まれ残っている点である。

認知症の基本的知識として常識化しているこの点が、ケア現場で十

分に活かされているとは言えない。

過去に関して本人がわかること、とりわけ本人が繰り返し語る事柄や好む事柄は、他者にとってはいつもの過去の話に過ぎないが、本人にとってはかつての体ごとの体験が生き生きと蘇る瞬間であり、今を生きる活力を生み出す場面でもある。**視点1**の「その人らしさ」を支えるケアのためにも、過去に関して本人のわかる力、特に本人が今を生きていくうえで意味ある過去を思い出す力を見出し、日常会話や暮らしの場面づくりに活かしていくことはとても大切である。

その人の人生の最終盤に近づけば近づくほど、自分にとっての意味ある過去が精神の安定や人生の締めくくりの受け入れに欠かせない。残念なことに認知症の人も、ケアを担い続ける家族も、重度化し終末期に近づくにつれ「その人らしい過去」を見失っていきやすい。

過去を思い出せなくなる前に、本人自身[*14]や「本人をよく知る人」に過去を伝えてもらい[*15]情報として引き継がれることが極めて重要である。1人では思い出せなくとも、ケアスタッフが本人の大事な過去をよく知り、過去にまつわる話題や場面を暮らしのなかで再現するケアプランを立てて、みんなで取り組むことで本人の安心や力の発揮が可能となっていく。そのことが、その人らしさを保ち続けるうえで大きな意味をもつ。

○新しく開発される力への挑戦

認知症の人の力は、失われていく一方ではない。

本人のわかりたい情報をわかりやすく伝えたり、したいと願っていることができるように、有する力に合わせて段階的に繰り返し練習する機会をつくることで、それまでやったことがなかったことを新たに学習してできるようになる場合もある。

そもそもできないのではなく、生活歴のなかでしたことがなかったから、できないもの、無理とみなされている場合もある。**視点1**でみた、その人らしい生活の歴史を尊重することは基本であるが、その人のこれまでの姿に縛られ過ぎずに、その人の今とその後に意味があると関係者が合意し、本人も望むなら、新たな生活行為(例えば、炊事をまったくしなかった人が炊事をしてみる)や趣味、社会的なかかわり(例えば、これまで人と接することが苦手だったが、仲間をつくるなど)を始めてみる積極的なアプローチも、ケアプランを通じて、みんなで取り組んでいきたい。

届いてくれよ！

＊14：本人が過去を思い出すことで、苦しんだり不安になる内容もある。本人が秘したいことに関しては十分な配慮が必要である。
B-2　私の生活史シート：私の好まない話

＊15：同居家族よりも離れて暮らす家族・親族、友人や近所の人が、本人のことをよく知る場合が少なくない。「誰が本人をよく知る人か」キーパーソンの見極めも大切にしたい。
A-4　私の支援マップシート
B-1　私の家族シート

視点4 その人にとっての安全・健やかさ

<本人の声>

●安全と危険

「何で開かない？　なんでだ?? どうして開かないんだ!! (本人はその後、浴室の高い窓をよじのぼり外へ出てしまう)」

「(異食があるからと口に入れそうなものを次々となくした環境のなかで)これ？　わたしのよ!! (ケアスタッフ注：紙を口に入れ、取り出そうとしたケアスタッフの手にかみつこうとしながら)」

「(転倒を防ぐために施設が用意した立ち上がりにくい深いソファーから何とか立ち上がろうとしながら)よいしょ、よいしょ… (全身を使って不自然な格好のままずり落ちてしまっている)」

●健康・不健康

「ここにいていい？ (しばらく過ごし)もう寝るよ(ケアスタッフ注：夜中に一度トイレに起きてしばらくは職員室で過ごしていく方。以前別の施設では夜間徘徊があるということで睡眠薬を使用。夜中はオムツ、朝ボーッとしていて食べこぼしが多かった。ここでは、夜中にしばらく起きていても、自分で寝入ることがわかったので医師と相談し薬をやめたら全体がとてもよくなりました)」

「かゆみ？　もう大丈夫(家族注：前は、濡れたパッドを替えさせてくれず、湿疹や膀胱炎で熱が出たり。みなさんが上手にかかわってくれて今は、私にもパッドを替えさせてくれます。うまくトイレでもできるようになったから布パンツに戻しました)」

「先生も看護婦さんも、みんなやさしいよ(家族注：外来でじっとしていられなくて受診が大変でしたが、ケアマネジャーさんが間に入ってくれて、みなさんがとてもいいかかわりをしてくれるようになり、楽になりました。なじみのヘルパーさんがついてくれて検査も受けられました)」

自然のなかで…

その人にとっての安全・健康の意味とケアの可能性

○ケアする側にとっての安全・健康対策：本人の危険や不健康を誘発

自分で安全確保や健康管理が困難になりつつある本人をどう支えるかは、大きな課題である。

ややもすると、ケアする側から見ての危険・不健康状態に対して、ストレートに対策がとられがちである。徘徊＝鍵・動かない対策、転倒＝動かない対策、不眠＝睡眠薬・定時に眠らせようとする、異物を口にいれる＝周囲に何も置かない等。

一歩一歩

それらが結果として、本人のストレスや可動性の低下、体調の崩れを招き、認知症の増悪や身体機能の低下、病的状態を誘発する危険が大きい。

これらはケアすることで状態の増悪がつくられる、ケアの過誤ともいえる非常に深刻な事態である。

支援関係者側が、時間や労力、そしてコストを費やしながら一生懸命に行っている安全対策や健康管理・医療が、その人にとっての安全と健やかさを守り高めることになっているのか、冷静な見極めが不可欠である。

○本人にとっての危険・不健康とその背景の見極めを：焦点の合った支援を

暮らしのなかで起きてくる危険や不健康な状態は、そもそもいつ、どんな場面で起きているのか、どんな背景があるのか、本人の視点に立った見極めを丁寧にやること抜きに安全･健康の支援は始まらない。

その見極めなしの、一律・長時間の安全確保策や健康管理は、効果を奏しないばかりか、前述したケアの過誤をつくり出してしまう。

本人の１日の暮らしに沿って点検してみることで、本人が常に危険なことをしたり、不健康な状態を示しているわけではなく、ある時間帯､ある状況を背景とした本人なりの反応であることが浮かび上がり、支援が必要な時間帯や対策の焦点が明らかになる[*16]。

本人の視点に立って暮らしをなぞると、支援関係者の視点では見落としていた本人にとって危険なこと、不健康と感じていることも改めて確認でき､危険や不健康を予防するケアプランの立案にもつながる。

○プロの常識を脱し、徹底した安心・快、力の発揮の支援を：その人らしい暮らしの回復

一見危険にみえる行動や不健康状態の背景をひもとくと、先に見てきた本人にとっての安心や快の確保が不十分であったり、心身の力を発揮できる場面が不足している暮らし方ゆえに、その反応として本人が危険な行動や不健康状態に陥っていることが非常に多い。

ケアや医療がこれまで当然として行ってきた対策や安全・健康管理の方策を脱し、まずは、徹底して本人の安心・快を補強し、心身の力を発揮できる場面づくりに徹するケア（プラン）が求められる。

その過程では、提供側の都合で本人の暮らし方をコントロールしている現状を見直し、本人のその人らしい暮らしのリズムや願いごとに即応していく柔軟なケア（体制）をつくることも必要になってくる。

＊16：
A-3　私の療養シート
B-4　私の生活環境シート
C-1-1 私の心と身体の全体的な関連シート
C-1-2 私の姿と気持ちシート
D-3　生活リズム・パターンシート
D-4　24時間生活変化シート

限られた人手や忙しい現状では無理、として諦めてしまっては、いつまでも提供側本位のケアのレベルにとどまってしまう。

全部を変えよう、すべての人に対応しようとすると立ちすくんでしまいがちである。今、この1人のどの部分なら本人本位の取り組みが可能か、24時間の暮らしのなかとケア体制のなかで現状に合った実践的なケアプランを立案し*17、小さな成功を積み上げていこう*18。

○価値観の対立を超えて：本人本位の方針決定を

いずれにしても、本人にとっての安全･健康を支えていくうえでは、何が安全・健康か、どうすることが安全・健康につながるのか、ケアスタッフ同士、専門職間、事業者側と家族との意見や価値観が対立することが多い。

それぞれの気づきや意見、価値観の違いをむしろ十分に出し合い、本人にとって最善の利益が何か、に焦点をあてた話し合いの過程が欠かせない。

価値観がずれたまま堂々めぐりしたり、提供側本位の旧(ふる)いケアに後戻りしないためにも、具体的なアセスメントの機会を最大限に活かしていこう。本人にとっての安全と健康が何か、全員の合意を図りながらケアプランを立て、試した結果に応じて、また最善策を探っていく試行とモニタリング過程抜きに、本人の安全と健康は守れない。

○時間がかかる取り組み：時熟を待ち、チームで地道な継続を

本人の安全・健康に関する問題は、そこに至るまでの経過のなかで蓄積されてしまった本人の心身のダメージや不健康状態、人間不信などの総和として現れている場合が少なくない*19。

小手先のケアやバラバラの取り組みでは歯が立たない。

短時間で簡単に解決できるものでは決してない課題に自分たちが向き合っていることを、その人を支えるケアチームの関係者全員がしっかりと認識しなければならない。

長い時間のなかで生じた問題を、本人が乗り越え回復していくためには同じように長い時間が必要である*20。

支援関係者が、アセスメントやケアプランを通して視点や方針、具体的方策をひとつにして、期間を区切りながら地道なケアを徹底させていくことで、ようやく少しずつ光(本人のよい状態やケアの成果)が見えてくる場合も多い。

周囲にとっての大変な症状は、本人にまだ多くのエネルギーと生命力が残っているゆえの反応である。

＊17：本人の求めていることのどの点に、現実にどう工夫しながら対応していくかを整理するシートが、E 24時間アセスメントまとめシートである。

＊18：夜間歩き回る行動が激しい人への対応として、夜間入浴のケアプランを立て成功。それが組織全体の夜間入浴の導入、ほかの利用者の不眠減少にもつながった施設がある。

雪の日でも

＊19：
A-2　私の自立度経過シート

＊20：時間をかけてチームで取り組んだ例
- 施設内を落ちつきなく歩き回っていたのが、日中の積極的な散歩で、治まってきたのは1か月目頃から。
- 昼夜逆転が治り、暮らしのリズムができるまで3か月かかった。
- 下剤に頼らずに、食事の充実と日中の活動を増やすことで、3か月かかって便秘が治り、便いじりが解消した。
- 拘束された体験の恐怖で、近づくとかみつく、拒否。スタッフ一丸となった脅かさないケアで、6か月で初めて笑顔が戻った。

基本的ケアの徹底によるダメージの緩和と体調をはじめとした生命力の回復、安心・信頼の回復、そして認知症の進行も加わって、激しかった症状が次第に影を潜める時期が必ずやってくる。

それまでの間をチームで結束して本人に向き合うこと。

その結束のための具体策がケアプランである。

本人が回復するのを待てずに本人本位のケアの方針をゆるがして、提供側本位のかかわりをしてしまうと、本人の生命力をしぼませたり、新たなダメージ(ケアの過誤)をつくっていくことになる(その後の本人と支援関係者がますます大変になる)。

認知症の人のこれまでとこれからの経過全体を見通して、本人が穏やかで健やかに過ごせるときがくる(時熟)ことを最終的な目標に掲げ、チーム全体で実践可能なプランに取り組んで、小さな成果を生み出し、本人、家族、ケアスタッフがともに喜び合えることが、大変な時期を乗り越えていくための鍵である。一歩一歩、実践可能な小さな目標と「できるケアプラン」を立てて段階的に取り組んでいこう。

○本人にとって必要な医療を適時受けられるための支援を

認知症の人のそれまでの経過と現在の状況を重ね合わせてみると、必要なときに必要な医療(検査、診断、治療、療養支援など)を受けられないできている課題が浮かびあがる場合が多い。

本人が、認知症に関する治療、持病に関する治療、老年期に生じやすい病気(高血圧、糖尿病、心疾患、悪性腫瘍など)や症状(視力低下、聴力低下、歯牙の欠損など)への治療、急性の病気やけがへの治療が受けられることを支えるケアプランが求められている[*21]。

＊21：医療内容に関するプランは、医師の治療計画や看護師による看護計画で立案される。ケアプランで必要なのは、本人が適時に必要な医療を受けられるための通院や受療時の支援、治療が適切になされるための暮らしのなかでの観察や記録や具体的支援についての計画である。

視点5 なじみの暮らしの継続(環境・関係・生活)

＜本人の声＞

●なじみの環境

「おれとおんなじでもうおんぼろ(笑)。いいんだ、でも……(家族注：新しい髭剃りだと自分では剃ろうとしない。もう刃がよく剃れないのに、手になじんだ髭剃りを脇に置くと、自分から１人で長々剃っている)」

「こっちですよ、どうぞ(ケアマネジャー注：本人宅を訪ねたケアマネジャーがトイレにいくのを気遣って、自分からトイレの場所を教えてくださる。デイサービスやショートステイではトイレがわからなくて廊下の隅で用を足されてしまう方)」

いつもの時間、なじみの道を…

「いい色になってきたねー、今年も(ケアスタッフ注：いつもの神社に散歩。長年、見慣れたいちょうの木を見上げながら。ショートステイの施設内では、おびえて目をつむって寝ている)」

●なじみの関係

「『(Sさん)息子は東京で働いてるの…』『(Tさん)そしてあれ、ほら、私言ってあげたのよ…』(ケアスタッフ注：話の内容はまったくちぐはぐですが、和気あいあいの会話を楽しまれているお2人)」

「(閉じていた目を開けて) …おはよう(うれしそう) (ケアスタッフ注：私が行くと、近づいて声をかける間もなく本人から挨拶してくれる。なじみのないケアスタッフだと無視して起きない)」

俺とお前…

●なじみの生活

「ありがとう。ご飯あげてくるね(ケアスタッフ注：朝、必ずお部屋にあるご主人と娘さんの位牌の前に炊き立てのご飯をお供えしてから、自分の朝ごはんになる。この朝の「儀式」を抜かすと食欲もなく1日元気がない)」

「車、洗うのか？よし、俺がやってやるよ(ケアスタッフ注：食事も風呂も他一切自分から動こうとしない。ケアスタッフがホースとブラシを準備していたら自分から。かつてマイカーの手入れが週末の日課だった方)」

「(町の昔からのお祭りの大名行列を見ながら)次にはきれいなお姫様がくるよ、ほら、きただろ、ほら見て見て！ (ケアスタッフ注：いろいろなアクティビティでも活発な方ですが、こんなに活き活きした様子は初めて見た)」

なじみの暮らしの継続の意味とケアの可能性

「ジグソーパズルのようにバラバラになっていく」[*22]記憶を駆使して、なんとか自分なりに考えをまとめ自分なりに行動しようと懸命な認知症の人。それを助けるのが、いつもの、なじみの環境(場所、もの)、なじみの関係(なじんだ存在、かかわり)、なじみの生活(暮らしのリズム、なじみの過ごし方、なじみの場面)である。

なじみの暮らしを保つ配慮があれば、失敗や恥をかく場面が減り、人の手を借りなくても自分でできる・わかる状況を保ちながら暮らせる可能性が広がる。本人のなじみの環境・関係・生活を探り、それを整えていくことは、**視点1「その人らしいあり方」、視点2「その人の安心・快」、視点3「暮らしのなかでの心身の力の発揮」、視点4「その人にとっての安全・健やかさ」**のそれぞれのための重要な基盤である。

＊22：クリスティーン・ブライデン著『私は私になっていく』クリエイツかもがわ、2003年

おふくろの味

いかに専門知識に基づいていたとしても、周囲が一方的に用意した特別な環境・関係・生活は、認知症の人にダメージを与え、本人らしく生きていく基盤を奪うことになる。なじみの暮らしでない毎日は、「大地から木が引っこ抜かれた」ようなものという。周囲から見て立派な環境、接遇マニュアルに沿って動く職員、盛り沢山の活動・行事があっても、本人にとってなじみでない場合、自分の存在や力を発揮するチャンネルが絶たれ、萎えていく。

提供側の視点で考えるのではなく、それまで本人が慣れ親しみ、自身で営んできた暮らし(環境・関係・生活)をまずはよく知り、それを損なわずに本人が保っていけるような支援が必要である[*23]。

自宅や自宅に代わる暮らしの場といわれるグループホーム・個室のあるユニットケア施設であっても、周囲が本人にとってのなじみの暮らしを配慮できない場合は、よりどころのない場に一転してしまう。

逆に、自宅から離れて新たにデイサービスやショートステイに通ったり、グループホームや施設・病院に移り住む場合であっても、移り住む早期の段階で、１人ひとりのなじみの暮らし方が丁寧に把握され[*24]、再編されれば、リロケーションダメージが最小限に予防され、そこが本人のなじみの場となっていく。

いずれにしても支援関係者すべてが、認知症の人にとって生命線となる『なじみの暮らし』に深い関心と敬意を払っていきたい。本人を中心に、家族・親族、知人・友人、地域の人々の力を借りながら、本人にとってのなじみの生活を知り、伝え合い・継承し、リロケーションダメージを防ぎながらその人らしい暮らしを維持していくことが、認知症の人のケアの大切なテーマである。

＊23：
A-4　私の支援マップシート
B-1　私の家族シート
B-2　私の生活史シート
B-3　私の暮らし方シート
B-4　私の生活環境シート

＊24：ゼロからのアセスメントではなく、前段階で支援していた支援関係者からの情報やアセスメント・ケアプランのバトンタッチが求められる。それによりなじみの暮らし方を活かした利用当初のケアプラン立案が可能である。バトンタッチにあたっては、本人・家族への説明と同意を。

3章

センター方式の特徴と使い方の実際

3章 センター方式の特徴と使い方の実際

1 センター方式のシステムとしての特徴

センター方式は、認知症の人が、いつでもどこでも尊厳ある生(生命・生活・人生)を送るために、支援関係者がチームを組んでセンター方式シートを共通して用いながら、ケアの過程を、協働しながら継続的に展開していく方式(システム)である。

特徴をポイント別にみてみよう(図表3-1)。

図表3-1　センター方式のシステムとしての特徴

本人本位のケアに地域の関係者が協働して継続的に取り組むシステム

（1）徹底して本人本位を追求するシステム
（2）本人を中心に関係者が結集した協働連動システム
（3）ケアスタッフ参画システム
（4）なじみを支える継承・蓄積システム
（5）本人の暮らしの流れを大切にした生活支援システム
（6）地元の資源とともに築く「その人のため」の地域包括支援システム
（7）家族の思いと力を活かしたプロと家族の協働システム
（8）みんなでつくる標準的認知症ケア
～現場による現場のためのケアの確立に向けて

（1）徹底して本人本位を追求するシステム

センター方式では、本人本位の姿勢を基盤にしている。それをケアやケアマネジメントで確実に実践していくために、シートはすべて「本人を主語」に書き込む方式となっている。ケアマネジャーやケアスタッフ、そして家族らが共通のシートを活用することを通して、本人本位に「みて」、「気づき」、「話し合い」、「共に考える」方式となっている。

（2）本人を中心に関係者が結集した協働連動システム(図表3-2-①)

センター方式は、本人が暮らす地域のなかで、本人を中心に、さまざまな支援関係者が結集し、本人本位の認知症ケアを実践していくシステムである。

本人が自宅で暮らす(在宅の)場合、ケアマネジャーと各居宅サービス事業所のケアプラン作成担当者らがセンター方式シートを用いて、認知症ケアのポイントを押さえた情報交換や検討を行い、ケアマネジャーが現場情報に基づく居宅サービス計画を作成する。各事業所では、それを基盤に目的達成に向けたより具体的な個別援助計画を立案し実践していく。

本人の住む場が、介護保険施設等[*1]の場合、サービス計画作成者を要に、組織内外の多様な支援関係者がセンター方式シートを用いながら協働してケアマネジメントの過程を進んでいく。

＊1：グループホーム
特定施設
介護老人福祉施設（特養）
介護老人保健施設（老健）
介護医療院　等

(3) ケアスタッフ参画システム

ケアスタッフの日ごろの観察や聞き取り等の成果が、センター方式シートを通してケアマネジメントやケアに活かされる。本人と現場の実情にそったケアプランの立案は「使える」「自らも参画したケアプラン」となり、日々確実に実践していくことにもつながる。ケアスタッフが実践した結果（本人の変化等）を、センター方式シートを通じて確認し、ケアマネジャーや家族らに発信していくことは、ケアスタッフの成果を見えやすくし、やりがいにつながっていく。センター方式は、ケアスタッフの力をフルに活かして現場に役立つケアマネジメントにしていく「ケアスタッフ参画システム」である。

図表3-2-①　センター方式の共同活用を通したチームづくりと協働

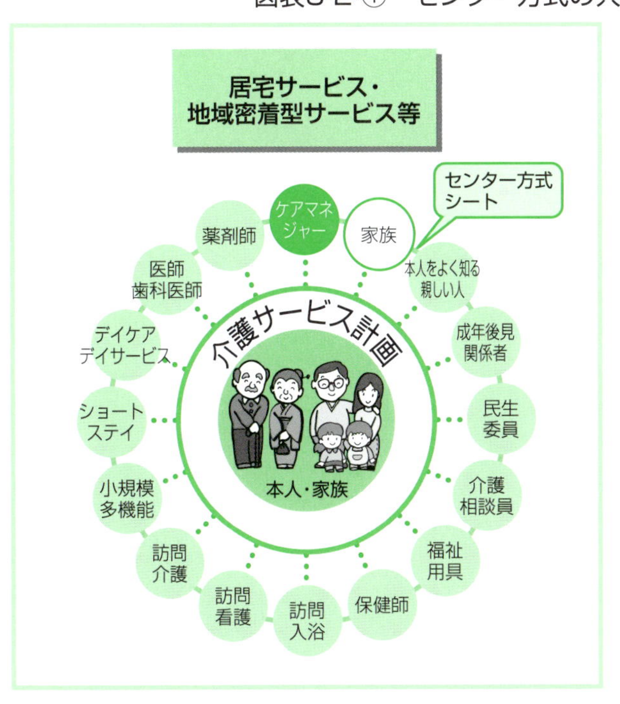

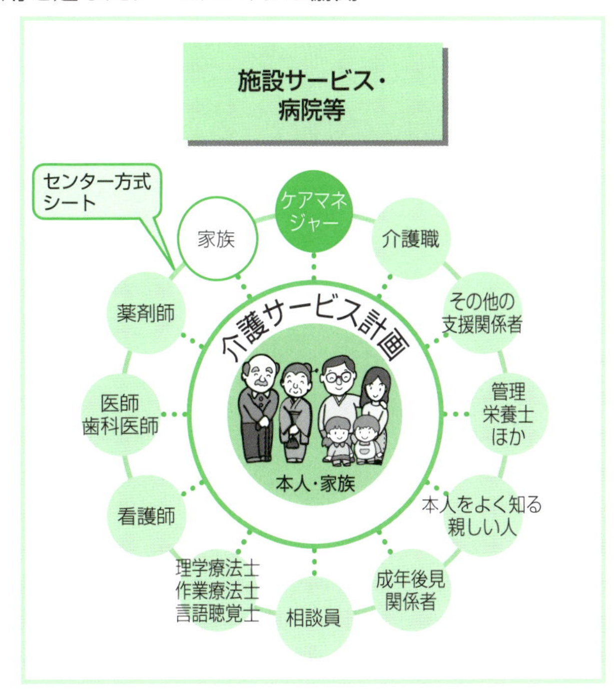

(4) なじみを支える継承・蓄積システム

①センター方式の共用でリロケーションダメージを最小に：継承により予防を

認知症の人にとって、なじみの生活(なじみの環境、なじみの関係、なじみの暮らし方)の継続は、不安を最小にしながら、もてる力を活かして自分らしく暮らしていくための最重要テーマである。認知症の人がなじみの場から離れて居所移動(入所や入居、転居等)せざるを得ない事態になっても、なじみの生活を継続させていくための重要なシナリオとなるのが、ケアプランである。

現状では、せっかく作成されたアセスメントやケアプランが、本人の居所移動の際に、次に引き継がれることが少ないため、移動先のケアマネジャーが別のアセスメントツールで、またゼロから本人のアセスメントとケアプラン立案をし始めることが多く、時間のロスとケアマネジャーやケアスタッフの負担の原因のひとつとなっている。なによりも本人と家族にあらためて情報提供のための多大な負担をかけてしまっており、事業者やケアへの不信も生んでいる。

支援関係者が事業所を越えて協働しながら、認知症の人のリロケーションダメージを最小にしていかなければならない。センター方式では、本人・家族の同意のもとに地域の関係者がセンター方式シートを共用しながら、本人の居所移動時に引き継ぐことを重要なルールとしている。引き継いだケアマネジャーやケアスタッフは、本人の暮らし方に関する具体情報が書かれたアセスメントとケアプランを手にすることができ、当初の作業を大幅に軽減できる(**図表3-2-②**)。

認知症の人の場合、新たなサービスを受ける当初(より現実的には利用初日)に、本人にとってなじみのケア(かかわり方、暮らしの支援のあり方)を受けられるか否かが、その後の状態の安定やケアスタッフとの関係づくりに大きく影響する[*2]。

リロケーションダメージを起こしてしまい、マイナス状態に陥っている本人にケアスタッフが後追い的に対応するむだの多いケアサービスではなく、センター方式を使うことによって前任者のアセスメント・ケアプランが引き継がれ、本人の状態が維持された段階からスタートし、新しい暮らしの場ならではの一歩進んだケアに挑戦していきたい。

②認知症のなり始めから最期まで、支援関係者がバトンのリレーを：本人の真意の蓄積で代弁を

本人の意思やその人らしい願い、あり方を本人自身から聴いたり、捉えたりすることは、認知症が進むにつれて困難になっていく[*3]。

*2：前任のケアマネジャーから継承したアセスメントとケアプランをもとに、新しいケアマネジャーが本人のその人らしさやなじみをよく知っておき、初日と利用当初のケアプランをあらかじめ立てることが望ましい。それをもとに、本人が安心して移り住めるような暮らしの場と過ごし方をケアスタッフが準備し、迎えたい。

*3：その人らしさを表せる早期の段階からセンター方式を使い始めよう。プランを立案する段階の本人にセンター方式を使ってみよう。場合によっては、本人に記入してもらおう。

図表3-2-② 共通シートを活かしてリロケーション時の確実なバトンタッチ ―本人中心の地域包括支援に向けて―

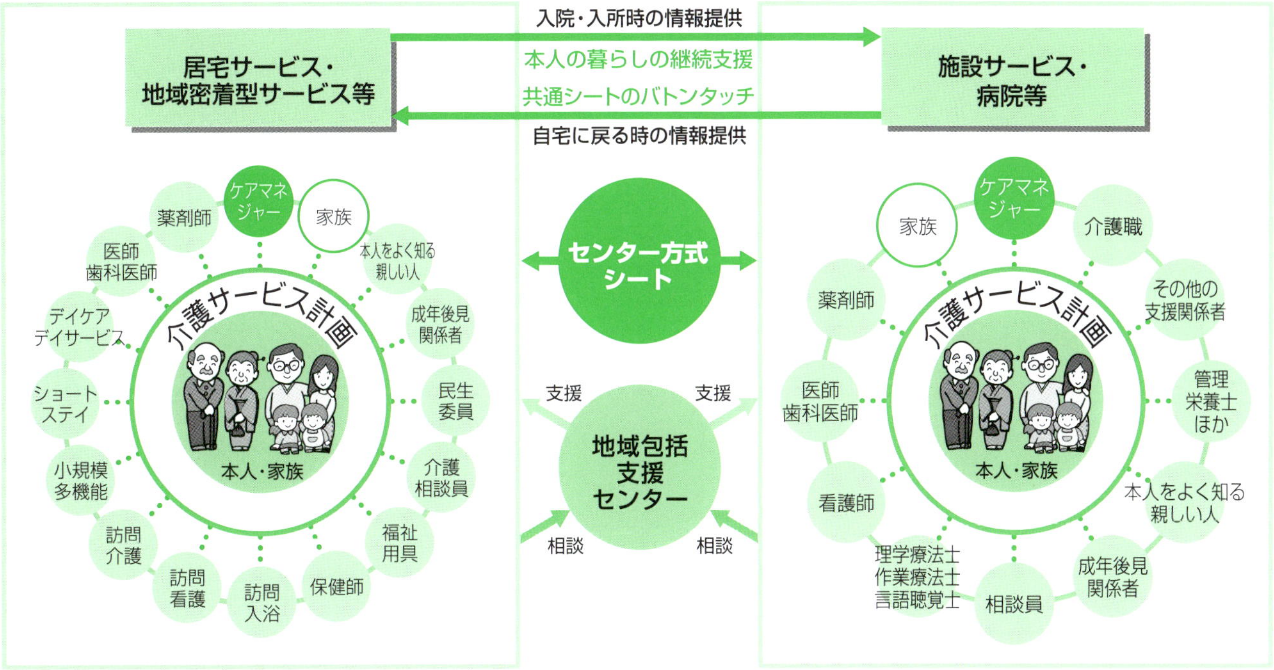

いかに本人本位の視点にたって十分に検討したアセスメント・ケアプランであっても、本人の真意を把握できない状況では、支援関係者側の推測や「善意の思いこみ」、「コントロール」に陥る危険も大きい。

できるだけ認知症の初期段階でつかんだ本人の意思や生活の具体的内容が盛り込まれたアセスメント・ケアプランを、関係者がその後にバトンタッチしていくことが、認知症ケアの重要な鍵である。

センター方式は、認知症の人の願いや暮らしやケアの情報[*4]を、支援関係者同士が共有のシートを用いて引き継ぐことで、最期のときまで本人の傍らの支援関係者がその人らしさを大切にしたケアを実践し、真の代弁役をはたし続けていくことを目指すシステムである。

(5) 本人の暮らしの流れを大切にした生活支援システム

認知症の人は、深いもの忘れに終始苦しんでいる。加えて1日のなかや1週間のなかで状態の変動が大きい特徴がある。従来のアセスメントは、本人の状態をある一時点の断面で評価をしているものが主であり、本人が暮らしの流れのなかで有しているニーズや「状態の日内変動(週内変動)」の特徴が明確になりにくい。センター方式では、24時間の変動や週内変化など本人が暮らす流れや変動を把握するシートを用いて、本人が安定しその人らしい暮らしを継続していけるための課題と支援策を探っていく。

＊4：従来の多くのアセスメントは、状態等のレベルの把握に基づくものが主流であったが、センター方式では、「その人らしさ」や「その人にとっての安心・快」「なじみの暮らし」等の、その本人にとって固有の質的な情報とそこからのニーズの把握を最重視している。

(6) 地元の資源とともに築く「その人のため」の地域包括支援システム

認知症があっても安らかに生き生き暮らし続けていくためには、本人がいて欲しい時間に、本人が望む支援を充当していくことが求められるが、家族や介護保険のサービス提供者が支えうるのは、時間的にもコスト的にも本人の暮らしのある一部分にとどまる。

本人の1日、1週間、1月といった時間の経過を視野に入れて、いつ、どんな場面で本人の生活不安の谷間(支えの欠如)があるかを見極めながら、本人のなじみの暮らしが保たれるよう、地域のなかで介護保険事業者はもとより、自治体独自のサービスや地域の多様な資源(人、もの、場等)を見出し、プロと町の資源がともに力を合わせて、本人と家族を支える体制を生み出していくことが、認知症ケアでは欠かせない。

探し出し、一緒に動き出さないと、認知症の人を理解しともに支えていく資源は地域に増えていかない。

センター方式では、支援関係者がシートを共有しながら、地域の多様な資源を発掘していくことを目指している。認知症の人と家族を支える資源は、まだまだ少ない現状にあるが、「その1人の人」から「1つずつ」探し出す取り組みを地道に続けていくことが、認知症の人と家族の身近な理解者、応援団が広がり、当事者のために機能する地域包括支援システムが育っていくことにつながる。

これからの時代、施設や病院で暮らす本人[*5]にもセンター方式シートを通じて地域資源を発掘し、地域で暮らし続ける支援を現実のものにしていこう。

*5：施設や病院で暮らしていても、本人は「地域の一員」である。

(7) 家族の思いと力を活かしたプロと家族の協働システム

①家族が有している思いや力を知る：家族がその思いや力を伝えるチャンスを

認知症の人の家族は、その介護者である前に、個人としての生活を持っている。認知症によって本人の暮らしに生じつつあるさまざまな事態に直面しながら、各自の流儀で自らの暮らしと介護を営んでいる。

これまではややもすると家族を、介護者、しかも大変で介護負担に苦しんでいる人としてのみ捉えがちであった。しかし、その家族なりの暮らしや思いを培ってきている力があるということを知ることが大切である。

センター方式では、「この家族は無理だ」「家族が遠い」等、ケアする側の思い込みや限られた情報での見方を切り替え、シートを使って家族の有する情報、家族の思いや力を発見していく。互いの忙しさや話し合う機会のなさのために、提供側が家族を誤解している(または家族側が提供側を誤解している)ことも少なくない。

直接会ったり、電話をかけあう余裕のない家族も増えており、シートを活かすことで家族の空き時間に記入してもらい、郵便やファクシミリ、Eメールを利用するなどの工夫で、家族との情報のやりとりを効率的に行うことが可能となる*6。

②家族の危機を知り、乗り越えることを支える

家族なりの思いや力を有しつつも、認知症の人とかかわる過程で、家族には生活や介護に多様な混乱や危機が生じている。シートの活用を通し、家族が経過のなかで直面している多様な混乱や危機を早期に発見し、家族自体が有する思いや力をうまく活かしながら、それを乗り越えていけるよう支援していくことが可能となる。

③本人と家族が折り合いをつけながら、ともに進むことを支える

家族なりの思いや力を、認知症になった本人の状況にうまく合わせられず、混乱していることも多い。家族の思いや力と、本人の思いや力がぶつかりあって、認知症の状態やケアの事態を悪くしていることも少なくない。

支援関係者がシートを共有して見えにくい家族情報を集約し、本人の状況と家族状況双方を視野にいれながら、本人や家族とともに話し合いをしていくためにセンター方式シートを活用していく。その〈家族〉*7として折り合いをつけながら進んでいけるよう、シートで経過を整理しながらケアを展開していく。

④本人らしい生を支えるために、家族の力を活かす、協働する

何が「その人らしさ」であり、「安心や快」であるのか、また本人が「暮らしのなかで発揮する力」や、「本人にとっての安全や健やかさ」、そして「なじみの暮らし」とは何か、これら認知症ケアの焦点のうちどれひとつとってみても、他人である支援関係者のみでは、情報収集にも具体的なケアをあみだすにも限界がある。また家族自身も、暮らしのなかでさまざまな情報をもっていたり具体的なかかわりの工夫や技を培ってきていても、そのことを支援関係者に伝えきれていなかったり、それを活かしきれていないことが多い*8。

プロだけでケアしようとするのではなく、本人をよく知る家族の情報や気づき、ケアの工夫等を伝達してもらい、日々のプロのケアに活かしていくことが不可欠である。

センター方式では、家族への聞き取りや自己記入の機会を積極的につくることで、家族の力を活かしながら、協働でケアマネジメントを行っていく。

*6：家族が遠隔地や海外にいる場合でもメールでセンター方式シートをやりとりしているケースもある。

*7：家族への配慮やケアも欠かせない。その中で本人が本人の人生の主人公であること、本人の意思が尊重された暮らしを通じて本人が健やかに安定して暮らせるようになることをシートを通じて具体的に伝えよう。
本人が健やかに安定して暮らせることが、結局は、家族にとっても安心やよろこび、負担軽減につながる。

*8：一見、忙しそう、大変そうに見えても、センター方式シートを渡すと、貴重な情報を書き込んだり、話してくれる家族が少ない。

(8) みんなでつくる標準的認知症ケア
〜現場による現場のためのケアの確立に向けて

①現場だからこそ知っている：ケアの具体情報の記録と集積

ケアスタッフは、本人にかかわるさまざまな情報をつかみ、気づき、かかわりの工夫を重ねているが、それが記録として記され、伝達・蓄積されることがこれまで十分にはなされてこなかった。

今向き合っている「その本人」のよりよいケアのためにも、また今後出会うであろう新たな認知症の人のためにも、現場だからこそ気づき、工夫していることがらの集積が貴重である。

これまで記録としては残りにくかった本人の生の「ことば」や「姿」、変動する状態とそのときの背景、ケアスタッフの気づき等を、センター方式シートを通して系統的に記録・蓄積していくことができる。

②現場の記録の集積から導く、標準的ケア

現場で１人ひとりの認知症の人と向き合いながら取り組んでいるなかには、ほかの利用者にかかわる場合にも活かせるヒントや貴重なかかわりの技がふんだんに織り込まれている。

見えにくい認知症の人のニーズやケアを、共通の視点やシートを通して記録していく集積を通して、現場が生み出しているケアがまとまり、支援関係者が共通に活かしていけるケアのあり方を明らかにしていく（ケアの標準化）ことが可能になっていく。

ケアマネジャーやケアスタッフの日々の努力の集積で、これからの現場に活きる標準的ケアを導いていくことが、センター方式のもうひとつの大きなねらいである。

2 センター方式に取り組もう

■センター方式活用のステップ：一歩一歩、本人本位のケアの実現に向けて

センター方式シートは、いつでも誰でも利用を始めることができる。

しかし、本書で何度も繰り返し呼びかけているように、シートが単なる情報収集や記入するだけの使われ方だと意味がない。

シートの活用をきっかけに、これまでの認知症の人のケアのあり方を見直し、チームで本人本位のケアを実践していくために、図表3-3のようなステップを踏んでいこう。

図表3-3　センター方式を効果的に活用するためのステップ

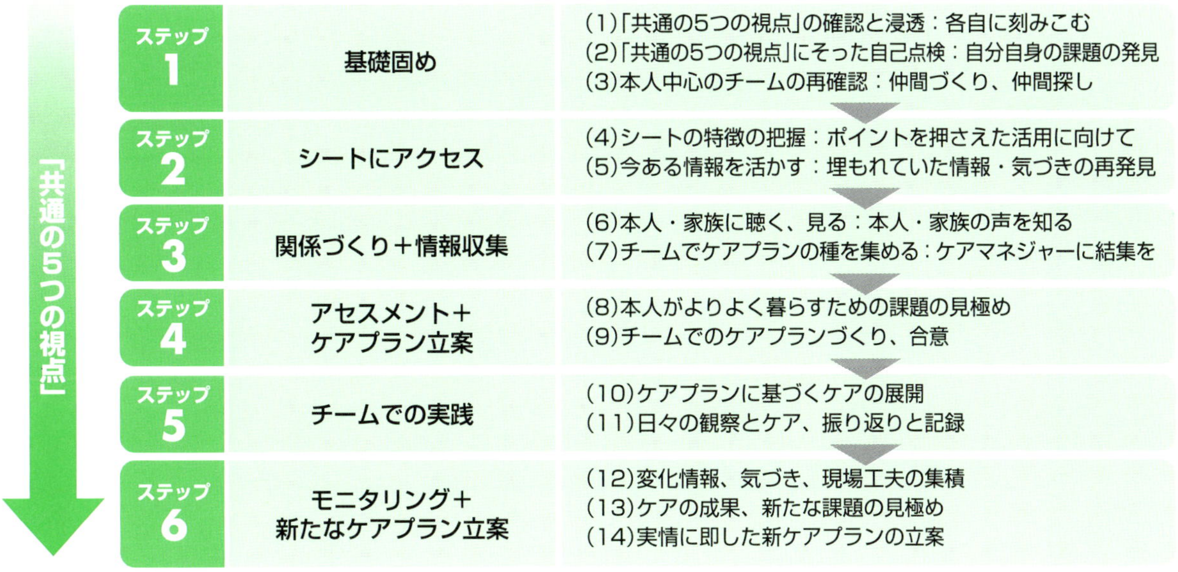

ステップ1	基礎固め	(1)「共通の5つの視点」の確認と浸透：各自に刻みこむ (2)「共通の5つの視点」にそった自己点検：自分自身の課題の発見 (3)本人中心のチームの再確認：仲間づくり、仲間探し
ステップ2	シートにアクセス	(4)シートの特徴の把握：ポイントを押さえた活用に向けて (5)今ある情報を活かす：埋もれていた情報・気づきの再発見
ステップ3	関係づくり＋情報収集	(6)本人・家族に聴く、見る：本人・家族の声を知る (7)チームでケアプランの種を集める：ケアマネジャーに結集を
ステップ4	アセスメント＋ケアプラン立案	(8)本人がよりよく暮らすための課題の見極め (9)チームでのケアプランづくり、合意
ステップ5	チームでの実践	(10)ケアプランに基づくケアの展開 (11)日々の観察とケア、振り返りと記録
ステップ6	モニタリング＋新たなケアプラン立案	(12)変化情報、気づき、現場工夫の集積 (13)ケアの成果、新たな課題の見極め (14)実情に即した新ケアプランの立案

■ステップ１：基礎固め

(1)「共通の５つの視点」の確認と浸透：各自に刻みこむ

現場で今、取り組まなければならないのは、本人本位のケアをできるところから、わずかずつでも確実に実践していくことである。センター方式もそのためにある。

何のために、何を大切にケアしていくのか？　何のために情報を集め、ケアプランの立案やケアをしていくのか。一連の作業を確実に進めていくために、ケアマネジャーや計画作成者、ケアスタッフ１人ひとりが明確な視点を常に一貫してもつことが求められる。

「共通の５つの視点」を日々意識し、「あたり前の視点」として、定着していくよう情報収集や話し合いの場で活かしていこう。

(2)「共通の５つの視点」[*9]にそった自己点検：自分自身の課題の発見

「共通の５つの視点」の１つひとつが、これまでの自分のアセスメントやケアプラン、もしくはケアで大切にされていたか、わかっているつもりではなく日々のなかに反映されていたか、具体的に文章化されていたかを点検してみよう。

点検する際、図表3-4のシートに書き出し、今後ケアやケアプラン立案の際の補強点を明確にしよう。

(3) 本人中心のチームの再確認：仲間づくり、仲間探し

ケアの対象者である本人を中心において、どのような人が本人のケアや暮らしの支援にかかわっているのか、支援関係者以外の資源にも視野をひろげて確認してみよう。これらの人たちを、本人を支えるチームの一員として呼びかけていこう[*10]。現実に知っている情報や実際

＊9：２章参照

＊10：プライバシー保護の徹底を

図表3-4　自己点検：これまでの自分のケアプランやケアを共通の５つの視点に沿って振り返ろう

〈作業方法〉

●漠然と点検するよりは、「１人の利用者」に絞って点検してみよう。

●手元に自分の書いたその利用者の記録やケアプラン等を置いて、本人の視点に立って具体的に点検してみよう。

共通の５つの視点	これまでの自分のケアプランやケアで把握できていた内容（具体的に）	点検をして気づいた点や、今後に活かしたい内容
その人らしいあり方		
その人の安心・快		
暮らしのなかでの心身の力の発揮		
その人にとっての安全・健やかさ		
なじみの暮らしの継続（環境・関係・生活）		

に行っている具体的な支援やかかわり・工夫等をケアマネジャーやケアスタッフに伝えてもらい、それらを集約しながらケアプランを立案し、それらの人々と協働でケアに取り組んでいこう。

■ステップ2：シートにアクセス

(4) シートの特徴の把握：ポイントを押さえた活用に向けて

センター方式シートは、本人が暮らしていくうえで必要な全体的な情報を系統的に集め、アセスメントやケアを行っていけるように、大きく５つの領域、計16のシートで構成されている。

たくさんの情報収集や課題にふり回されないよう、まずは全体的な構成と各シートのねらいをしっかり確認しよう。なお、実際に活用する場合、16のシートをすべて埋める必要はない。また、Ａから順番に記入していかなくてもよい。前出ステップ１で行ってみた自己点検を通して見えてきたそのケースの補強点に関するシートを、まずは選択的に記入してみるやり方もある。点検した共通の５つの視点に特に関連するシートは、図表3-5にまとめた。１枚からでも使ってみよう。

(5) 今ある情報を活かす：埋もれていた情報・気づきの再発見

これまで家族や支援関係者らがもっていたが、記録に残されていなかったり、日誌等に散らばって一本化されていない情報が、１人の利用者にたくさん存在している。シートに向き合いゼロからのスタートではなく、すでにある情報や気づきを掘り起こし、シートに記入できる部分から記入していこう。

図表3-5 「共通の5つの視点」に対応したセンター方式シート

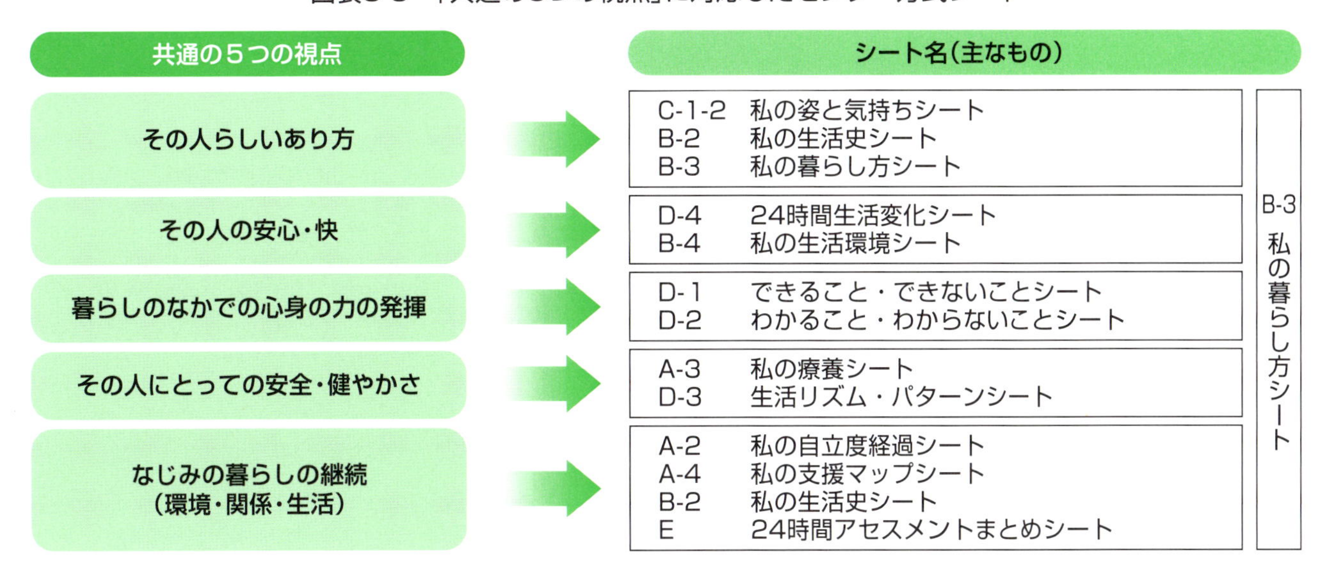

■ステップ3：関係づくり＋情報収集

(6) 本人・家族に聴く、見る：本人・家族の声を知る

シートに記入しようとすると、情報が足りない点が見つかってくる。特に、本人自身の声や姿、本人のこれまでの情報、家族の意向等については、「書けない」「わからない」点が、数多く発見されることだろう[*11]。

「この人から聴くのは無理」、「この家族には聴けない」という見方をしていないだろうか。シートの活用をきっかけに、再度本人そして家族との関係づくりを試み、アプローチしてみよう。

こちらの聴く姿勢、みる姿勢を変え、アセスメントの機会にひとつずつでも本人本位の情報をつかんでいこう。

家族から情報を得たいシートに関しては、ねらいを家族に十分に説明しながら、家族に渡して記入を依頼してみよう。記入をきっかけに、家族が気づきや意向を表せるチャンスをつくり、互いが互いを知り合い、気軽に話し合える関係づくりに発展させていこう。

(7) チームでケアプランの種を集める

例えば、ケアマネジャーがもっていない情報でも、ケアスタッフがもっている情報、気づいている点がたくさんある。1人だけで記入しようとせずに、図表3-6のような方法を参考に各ケースでもっとも適した方法を選んで、情報を集めよう。

■ステップ4：アセスメント＋ケアプラン立案

(8) 本人がよりよく暮らすための課題の見極め

センター方式の各シートは、情報収集のためにあるのではなく、情報を集めながら、「本人がよりよく暮らすための課題」が何か、「それ

＊11：本人と家族は、それぞれが大切な個人であり、決して同じではない。家族からの情報だけをもとに本人をとらえたつもりにならずに本人自身の声、声なき声(全身のサイン)をとらえることを徹底していこう。

図表3-6　ケアスタッフからの情報の集め方の例

■シートを選択してケアスタッフに記入を依頼する

シートをみてもらい、具体的情報として知っていることがあるシートを選んでもらい、わかる部分について具体的な記入をしてもらおう。

＊ケアスタッフにも、そのシートのねらいをしっかり伝えよう。

■必要項目に関する情報や気づきのメモだしを依頼する

シートへの書き込みを求めなくても、ケアマネジャーで特に集めたい情報項目をケアスタッフに提示して、項目に応じてある期間(1週間など)を設定して、観察内容や気づきに関して、ケアスタッフからメモをだしてもらおう。

■ケアスタッフと短時間集中の情報収集・気づきの話し合いの機会をつくる

本人に普段もっともかかわっているケアスタッフに集まってもらい、ケアマネジャーが特に集めたい情報項目に関して、短時間、集中的な話し合いをする。

10分間でも集中すると、かなりの情報が集まる。情報収集のみではなく、現場での気づきやケアの努力・工夫もあわせて伝えてもらおう。

を支えるために必要なケアが何か」を考えながら書くシートとなっている。

各シートには、支援関係者の気づきや支援のアイデア・ヒント欄がある。各シートで記入しながら気づいた課題やケアのヒントは、その欄に直接書き込んでいこう。それらをまとめると最後のＥシート[*12]「24時間アセスメントまとめシート」がおのずと埋まっていく。

(9) チームでのケアプランづくり、合意

センター方式シートは全部の欄を埋める（記入する）ことが目的ではない。

書き込み量にとらわれず、今、捉えられている情報を大切に、本人本位の共通の５つの視点に立ちながら「暮らしをよりよくしていくための課題」を導こう。

本人にとって優先順位の高い課題から順に、ケア現場で実践可能なケア内容を検討していこう[*13*14*15]。

新たなケアプランは、家族はもちろんのこと、わかりやすいことばで、本人にも説明し、合意を得ることを試みよう。認知症の人であっても、今後どのように本人が暮らしていくのか、それを周りがどう支えていこうとしているのか、本人自身が知りたいと願っている場合も少なくない。ケアプランをわかりやすく伝えることで本人が安心し、支援関係者の支援がスムーズに進みやすくなる。転倒予防や危険回避、他の人とのトラブルの回避など、ややもすると、支援関係者だけでケアプランを進めがちな内容こそ、本人に説明し、対話していく機会に変えていこう。

最前線のケアスタッフに新たなケアプランのねらいとポイントをきちんと伝え、合意を得よう。本人を支える身近なケアスタッフにこそ、主体的に進んでもらう動機づけが認知症の人のケアでは重要である。十分な説明時間がとれない場合、ケアマネジャーが要点メモやメッセージのメモをケアプランに添えるなどの工夫をしながら、ケアプランが現場に活きるように働きかけよう。

■ステップ５：チームでの実践

(10) ケアプランに基づくケアの展開

ケアスタッフが、各ケースのケアプランを意識しながら、日々のケアを徹底していくことが不可欠である。その人のケアプランが何か、ケアスタッフがそのことを念頭においてケアにあたれるように、ケアプランを日誌とセットにして配置する、日々の申し送り時などでケアプランを必ず確認してからその日の業務をスタートする、などの工夫

＊12：Ｅシートがセンター方式では特に重要である。

＊13：ケアプラン立案時は、まず「現場では無理」という意識をいったん捨てよう。この課題のためにどんなケアが必要か、現場で工夫しながらできそうなケアがないか、現実的なケアの可能性を探っていこう。

＊14：ケアマネジャーが不可能と思っていても、現場の支援関係者は、「これを何とかできないか」と積極的に取り組みたいと考えていることが多い。ケアマネジャーは支援関係者の実際をよく聴き、ともに次の一歩を考えよう。

＊15：**センター方式を活かしたケアプラン記入のポイント**
ケアプランを書く際は、文章や表現を考えることにどうしても意識がとらわれやすい。
しかし記入の前に、今一度、C-1-2シートで捉えた本人の姿や気持ちをしっかりみつめてみよう。そして、本人の願いや支えてほしいことを中心にＥシートに集約した内容を、ケアプラン第１・２表に展開しよう。
ケアプランを立案する際は、共通の５つの視点、とりわけ「その人らしさ」や「その人にとっての安心・快」、「暮らしのなかでの心身の力の発揮」に関する支援計画を積極的に盛り込んでいこう。

をしよう。

(11) 日々の観察とケア、振り返りと記録

漠然とした観察や記録ではなく、ケアプランに即した点に、特に注意を払って観察し、実践した内容や本人の状況・変化、ケアスタッフの気づきを、まずはケアスタッフが「口に出して伝え合う」場面を日常のなかできちんとつくっていこう。

認知症の人の変化やケアは外見上では見えにくく、ケアプランに沿って観察やケアをしてみることによる日々のケアスタッフの気づきが最も重要である。１人ひとりのケアスタッフが小さな気づきを「ことば」にしてみることで、変化をより意識化したり、ケアスタッフ相互の気づきを高めたり、捉え方のずれをすり合わせていくことにつながっていく。

ケアプランを意識した取り組みの結果を中心に、日誌に記録していくことをケアスタッフで徹底していこう。同時にケアを行った結果、本人の状況がどのように経過したか、シートを使って情報が整理されていくと、次のアセスメント時に役立つ。立案したケアプランに即して、本人の状況・変化を明らかにしたいシートを選び、ケアスタッフの手元においてもらい、現場での最新情報を追記してもらう活用方法を試みてほしい。

■ステップ6：モニタリング＋新たなケアプラン立案

(12) 変化情報、気づき、現場工夫の集積

先にあげた『(11)日々の観察とケア、振り返りと記録』といったケアスタッフの日常の取り組みを集積し、ケアマネジャーにフィードバックしてもらう流れをつくることで、実情にあった実効性のあるモニタリングにしていこう。

一方現場は、本人の様子がよくわかっているようでも、日々のつながりのなかで本人の変化や新たな課題を見出しにくい面もある。ケアマネジャーが中心となって、ある時間幅（ケアプランの期間）を通して、あらためて本人とケアの状況を全体的に見直し、本人の現状に合った現在の課題の発見に努めよう。

「指定居宅介護支援等の事業の人員及び運営に関する基準」（平成11年厚生省令第38号）第13条第14号において、ケアマネジャーは特段の事情がない限り、㋑少なくとも１か月に１回、利用者の居宅を訪問し、利用者に面接をすること、㋺少なくとも１か月に１回モニタリングの結果を記録することが定められている。

本人自身が変化や希望を的確に伝えることが難しい認知症のケース

スタッフメモ

ケアマネジャーの依頼で短期間集中的に1人の利用者の言動を、ケアスタッフがメモにしてケアマネジャーに提出した例（メモの一部）。メモをもとに、本人の気持ちと力が浮き彫りになっていった。

10/2　6:30
自分で部屋から出てこられ
「どうする〜どうする〜
うらめしか〜」
連発でした。

10/20(木)
PM17:00前　自室より出られ　四つんばいで
詰所あたりまで行かれる。
「さみしかよー。」
ガラス窓の前で立ってトイレの方へ
歩かせるも行かれず、しばらく
歩く。車イスの前に来たので、乗車を
うながすが「よかよ！」と拒否。
またUターンして歩きつづけ、
疲れたのかまた四つんばいにな
すぐトイレへ誘導。
興奮度UP

10/28 AM 7:45 D-Roomへ行く前に
洗面所の鏡をみながら
ブラシを渡すと自分でとかしながら
「白髪の多かね——」と言われます
「この座布団はほんによかなぁ」←円座の事
28日 AM 9:40
「おはようございます」と笑顔
おならがプップーと出ると声を出し
「アハハー」と笑顔
PM 0:50
テーブルに足をかけ、テーブルを押す行為
PM 13:00
「私はねらんとだけんとかねー」と真顔、
「ねたくないですか？」「うん」
「うーん。つまらんもん」真顔で手をたたき

29日 18:20　夕食後
「こりゃいかん」「アーアー」と大きな声
出しながら、TVを見ながら手をたたいている。どうしましたかと聞いても
私をたたき「アーアー」と言って車椅子をたたいている
(も)
19:25　ニコニコはしてありませんが
興奮気味。車いすを叩いて
30日 9:25　あくびした
「おはようございます」と言うと、
ニコニコし、
「どげんやったとね」
9:30 お部屋へ戻り「寒くないですか？」と
聞くと「寒かよー」と言われた。
ニコニコ。

10/28(木)
AM 11:00頃
部屋を再度出て来られたので、そのまま四つんばいで歩かせ
詰所まで来られ「立って歩こうかね。」と言われたので、後ろで支えな
がら歩かせる。手すりづたいに313号室あたりまで歩き、「疲れた
と少し息切れしてきたので四つんばいになりしばらく座りこまれる。
「車イス持ってきたから、どうぞ！」と誘導すると、さっと乗ろうとされる
車イスに乗ってDルームでTV観賞。落ち着きをとりもどし、昼食まで
TV見て過ごす。

の場合、月１回の面接の機会も実質的なモニタリングの機会として、最大限に活かそう。そのためにケアマネジャーは、本人のケアプランにもっとも関連するシートを中心に、ケアチームのメンバーから最新情報を事前に入手したうえで本人や家族と面接しよう。

なお、モニタリングの主な内容は、**図表3-7**のとおりである。

加えてモニタリングの機会には、家族やケアスタッフが試みているケアの工夫や苦労を具体的にキャッチし、統一的なケアとして取り組むべきものは、ケアプランの立案に発展させていこう。

(13) ケアの成果、新たな課題の見極め

モニタリングは、今後のよりよいケアのためになされる作業であるが、そのためにも、関係者が積み上げている日々の努力と成果を明確にすることを大切にしたい。

特に認知症のケア特有の、本人の状態が悪くなる一方、ケアをやれどもやれども出口がみえない、という無力感や諦めに陥りがちな家族や支援関係者が前向きに取り組んでいけるよう、モニタリング時には、「成果の確認」をしっかり行おう。

図表3-7　モニタリングの主な内容

①ケアプランどおりにサービスが提供されているか
②総合的な援助の方針で、想定された本人の生活が実現しているか
③アセスメントで明確にされていた個々の課題が、短期目標に掲げた状態に改善されているか、あるいは長期目標で掲げた状態に近づきつつあるか
④ケアサービスの内容について、本人や家族が満足しているか、不満や改めてもらいたいことがないか
⑤期間中に新たな課題が生まれていないか

小さな変化でも、事実として確認され、関係者に伝えていくことができると、支援関係者のよろこびや達成感、やりがいにつながり、その後のケアの推進力につながる。

ケアプランに支援関係者がともに取り組んだことで、本人や家族の状況、ケアのあり方、支援体制等に何らかの改善した点がないか、シートを活かして量、質の両側面から変化を明確にしていこう。

成果の確認を行う過程で、本人の状況とケアの両面に関して、現実的に生じている課題や実行可能なケアのあり方、短期目標の具体的な掲げ方等を特に見直していきたい。

(14) 実情に即した新ケアプランの立案

以上のモニタリングの過程全体で、本人、家族、支援関係者が表している実際の声や姿に関心を払い、新ケアプランが、「今」に合うものに、そして支援関係者の工夫と努力をより集約したものになるよう、

書き込みを充実させていこう。

3 センター方式シートのさまざまな活用方法

センター方式シートには、図表3-8のようなさまざまな活かし方がある。

ケアプランを展開する以外にも、ケアを本人本位にするための具体的なツールとし、日常的に使いながら*16関係者のスキルアップを図っていこう。

*16：センター方式シートは1枚からでも活用が可能である。各自の立場や本人の状況に応じて、まずは1枚からでもシートを使い始め、使いながら本人本位の視点やアセスメントのあり方になじみ、職場や地域の「あたりまえの水準」を高めていこう。

1．本人本位にアセスメントとケアプランを展開する共通道具として活かそう

○新規の事業者の場合

認知症の人を支援する新たな事業やサービス(地域密着型サービス、ユニットケア、介護予防事業、地域包括支援センターの各種事業、地域支援事業、家族会支援など)をスタートさせる場合、新しい事業のビジョンや方針と連動させて、スタート時からセンター方式を導入していくことが望まれる。

新規の利用者を受け入れる際の情報収集からシートを活かしていくと、その後の利用者1人ひとりのケアマネジメントを効果的、効率的に進めていける。ケアスタッフの認知症ケアに関する基本的考え方やスキルの基盤をつくる人材育成の一環として、また事業スタート当初

図表3-8　センター方式シートの活かし方

やれるケアプランで即実行、成功体験の連鎖を生みだし、みんなの喜びと自信につなげていこう

1. 本人本位にアセスメントとケアプランを展開する共通道具として活かそう
   - ★新規の事業者やユニットでは、始めから取り入れて活用していこう。
   - ★既存のツールを使っているところでは補強シートとして取り入れていこう。
2. 本人や家族とのコミュニケーションや情報交換のための道具として使おう
   - ★本人や家族の見落とされやすい力や希望を引き出すための道具として使おう。
   - ★家族からシートを通してケア関係者(ケアマネジャーやケア担当者)に伝えてもらおう。
   - ★家族のほうからシートを使って、情報や要望をどんどん伝えていこう。
3. 日常の気づきや情報集約のための道具として使おう
   - ★支援関係者は、本人や家族とのふだんの会話のなかにシートの項目を盛り込んで情報を集めていこう。
   - ★支援関係者がシートを手元において、新たにつかんだ情報を追記していこう。
   - ★必要なシートを記録や日誌代わりに使っていこう。
4. 他事業者との情報配信や会議に活かそう
   - ★共通シートで効率的に情報を配信しよう。
   - ★共通シートを活かしてケース担当者会議等を効率的に展開しよう。
5. 本人が住み替えるときは次の事業者に必ずバトンタッチをしていこう
6. これからの認知症ケアの視点と具体を実践的に学ぶ教育の道具として使おう
   - ★新人研修で早速使ってみよう。
   - ★現任者のケアの振り返りで使ってみよう。
7. 相談を受けたケースの問題解決や助言のために使おう
8. 地域ケア会議で活かそう

からの本人・家族との関係づくりにも活かしていこう。

○既存の事業者の場合

本人本位のケアサービスに向けた組織的な見直しに取り組み始めている事業者も増えている*17。ケアスタッフの考え方や取り組みを統一的、効果的に進めるために、センター方式シートの導入と活用を図ってほしい。

すでに既存のアセスメントツールの利用やソフト等が導入されていて、全利用者について一度にセンター方式を導入することが困難な場合、苦慮しているケースや新規のケースから試験的に活用を試みていこう*18。

○支援関係者個人の場合

事業所ではセンター方式が導入されていないが、ケアスタッフが自分の担当ケースで少しずつセンター方式シートを活用し始める動きも広がっている。他のケアスタッフと視点の共有やシートの共用が進まないと、シートの記入やケアプランの展開が進みにくい状況にぶつかる。むしろそうした機会を活かして、認知症ケアで大切な視点やシートを周囲に伝え、シートを通じて捉えられた本人本位の課題やケアプランの内容を具体的に話し合う場面につなげていこう。使い始めたことでの小さな発見や成果を具体的に示しながら、本人本位に取り組む仲間を増やし、組織的な導入を提案していこう。

○自治体の場合

センター方式の普及を通して本人本位の継続的ケアマネジメントが地域で浸透していくことは、今後の重要課題である地域包括ケアの基盤を育ていくことそのものである。本人のたどる経過にそって、予防から早期の相談・診断体制、地域の人々も含めた地域支援事業の展開、本人と家族を多職種協働で継続的に支援していく体制づくり、権利擁護や虐待・身体拘束の防止等、いずれも関係者協働のネットワークとケアマネジメント力を育てていくことが不可欠である。

個々の事業者の努力のみでは協働の実現は難しく、協働を具体化していくために地元自治体の果たす役割は大きい。事業者間の壁を乗り越え、広く住民や地域の関係者とも一緒になった支援を実現していくために、「共通の５つの視点」や共通シートを使って関係者が情報共有していくあり方を、諸事業の共通項目として組み込んでいくことが求められる。

本人本位の視点に立って効率的に協働するチームを地域で育てていくためには、地元の福祉・医療関係者、民生委員、権利擁護関係者、家族会関係者等を対象として、多職種地域一体型研修の開催が効果的

＊17：新オレンジプランの根幹として「本人の視点の重視」が掲げられており、自治体や地域全体でそれへの期待が高まっている。

＊18：既存の方式ややり方が定着しているなかでセンター方式を効果的に導入していくためには、それまでその事業者でケアやケアマネジメントが認知症の人本位のものになっていたかの点検(図表3-4参照)を行い、センター方式の特徴(図表3-1)を管理者とケアスタッフが一緒に理解しながら進むことが不可欠である。

である。研修時に、参加者各自が実際に支援途上のケースをもとにシートの記入を行いグループで検討する演習を行うと、視点の振り返りやチームで取り組む必要性の実践的理解につながる[19]。

今後、認知症の人の地域包括ケアを実践的に推進していくためには、地域で推進役を担うコア人材の確保が重要な鍵となる。関係者と協力して研修や事例検討会を開催したり、参加者のその後の実践的支援を行う地域の推進役の育成に、自治体として取り組む必要がある。

*19：単発研修ではなく、センター方式を現場で少しずつ活用した結果と課題を持ち寄りながら参加者が学びあう継続研修や事例検討会を、自治体や地域包括支援センター、事業者等の組織が主導しながら開催すると、事業者間での共通理解や協働が進んでいく。

2．本人や家族とのコミュニケーションや情報交換のための道具として使おう

○本人・家族とのコミュニケーションを深めるために

認知症の人と何を話していいのか？　話のきっかけがつかめない、話がつながらない、という支援関係者が少なくない。本人との具体的な対話のきっかけとして、シートの具体的項目を活かしていこう（特にB-2「私の生活史シート」、B-3「私の暮らし方シート」、C-1-2「私の姿と気持ちシート」など）。

情報収集する、質問するというよりも、ケアマネジャーやケアスタッフが本人に教えてもらいたい、話を聴かせてもらいたい、という姿勢で、１つひとつのシートの項目を活かして丁寧に聴く機会をつくっていきたい。すでに、シートの項目を通して捉えられている情報（例えばB-2シートの「生活歴」や「私の好む話」など）がある場合、それらを入り口に本人と対話し、なじみの関係を築くきっかけとしていこう。

家族とも同様である。家族は介護者や情報提供者である以前に、各自それぞれの背景をもちながら生活している。情報収集やアセスメントとしてのみではなく、シートの項目を手がかりに、家族と短時間でもじっくり話してみる、一緒に今と今後について考えてみる、などの場面をつくっていこう。

○見落とされやすい力や希望[20]を引き出すためのツールとして

*20：「希望宣言」を参照（8頁）

認知症の人や家族の場合、支援関係者や周囲の人に、自分たちが秘めている力や希望を理解してもらえずに苦しんだり、諦めている場合も少なくない。コミュニケーションが難しい、なかなか情報収集できないケースとして、支援関係者側がコミュニケーションをとることを躊躇したりやめたりしてしまうと、その時点で本人や家族が発信するチャンスが途絶えてしまう。

コミュニケーションが困難なケースや以前コミュニケーションがうまくいかなかったケースにこそ、あらためてシートを活かし、話を聴き、また記入をお願いし、有している力や希望を本人が表すチャンス

をつくりつづけていこう*[21]。

○家族からシートを通して、本来有している情報をもっと伝えてもらう

サービス利用の開始時やその後に会う機会を大切に、シートをもとに家族から系統的に情報を伝えてもらおう*[22]。

直接聴き取る時間がない場合や家族が離れて暮らす場合、聴くよりも記入してもらった方が詳しい情報や本音を寄せてもらえるような場合は、家族に必要なシートを委ね(手渡す、郵送やファクシミリをする、Eメールで送るなど)、情報を書きためていくようお願いをしよう*[23]。

○支援関係者と協働して情報収集していく担い手として

本人の状態やケアの様子に関する日誌や記録をつけていたり、日々の中で様々な気づきや工夫をしている家族は多い。それらはアセスメントやケアを充実させるための貴重な情報であり、むしろケア側が教わる点も少なくない。シートのねらいを説明し、観察や情報収集したことを伝えてもらえるよう依頼してみよう。

○支援関係者の日々の観察やケアの報告、家族の理解向上のために

家族から情報を集めるだけでなく、ケアマネジャーはもちろん、ヘルパーやデイサービスのケアスタッフ、居住サービスのケアスタッフらが把握した本人の状態像やケアの意図、ケアを行った結果を、家族に具体的に知らせるツールとしてシートを活かしていこう。特にD-3「生活リズム・パターンシート」やD-4「24時間生活変化シート」、D-1「私ができること・私ができないことシート」、D-2「私がわかること・私がわからないことシート」、D-5「私の求めるかかわり方シート」、C-1-2「私の姿と気持ちシート」等は、ケアスタッフの観察や気づき、かかわり方や成果を具体的に家族に伝えるツールである。報告やケアプランの説明時にシートを家族にみてもらい、家族が本人の思いや力に気づいたり、本人の言動の意味や具体的なケアのあり方に気づいてもらうきっかけとして活かしていこう。

3. 日常の気づきや情報集約のための道具として使おう

○支援関係者の日々の情報を集約する道具として

センター方式は、認知症の人の具体的な声や姿が情報源であり、現場のケアスタッフや家族が捉えた情報を、ケアマネジャーに結集していく使い方が最も効果的である。シートをケアスタッフの手元におき、シートのねらいやケアプランに沿って集中的に情報を集めたり、日常のなかでの変化やそれまで捉えられていなかった点(シートが空欄となっていたところ)の情報を共同で集め系統的に記録していく情報集

*21：予防教室や初期から中期の段階の人のなかには、自分で記入できる場合がある。シートに直接でなくとも、「わたしの手帳」の活用や本人が書きやすい用紙や筆記用具を工夫し、文字を書ける力を本人のケアプランに結び付けよう。

*22：家族会の集まりの機会に、家族がセンター方式の学習と記入を始めて、ケアマネジャーや支援関係者にシートを手渡すという、家族との協働が進んだ例が各地で見られている。

*23：シートを埋めるための聞き取りは厳禁である。シートのねらいを伝え、家族の思いや知っていることを具体的に伝えてもらいたいという丁寧な依頼をしよう。
シートを少しずつ渡した方がいいか、全体を渡して家族に選んでもらった方がいいかは、家族によって、また関係づくりの段階に応じて工夫しよう。
シートを大きなサイズにコピーして渡した方がいい場合もある。

約のツールとして活用していこう。

○サービス担当者会議やケース検討会の効率化のために

サービス担当者会議やケース検討会を短時間で効果的・効率的に行うために、事前にそのケースの検討で焦点になるシートを選び、関係者が各自最新情報を書き込んだシートを持ち寄ったり、当日情報を持ち寄ってシートに一緒に書き込みながら、互いの情報や気づきを集約し、本人本位で検討する資料として活かそう。

4．他事業者との情報配信や会議に活かそう

○本人の変動やケアのヒントを情報交換するために

１人の利用者が複数の事業者のサービスを受けている場合、支援担当者の顔ぶれやサービスの場(生活環境)によって、本人の状態や力が変動しやすいのが認知症の大きな特徴である。全員でなくともサービスの利用当初のケースや、本人の状態が安定していないケースなどについて、事業者間で必要なシートを選んで、ある期間互いの観察結果やケアの工夫をシートに記入し情報共有しあい、日々のケアの見直しや現場に合ったケアプラン立案やケアの実際に活かしていこう。

○「職員が捉えたとっておきの情報」を速やかに伝える

本人や家族の本音、過去のエピソードやなじみの暮らし方に関する情報、本人の言動や変化の引き金になる事項など、普段の本人とのかかわりのなかでケアスタッフが大切な情報をキャッチしている場合が多い。日常記録に埋もれさせずに、少しずつシートに記入し情報を蓄積していこう。また、ケアプランの更新を待たずとも、本人の安心や力の発揮のためにすぐにでも活かした方がよい情報も少なくない。シートの該当欄に捉えられた情報を記入し、ケアマネジャーを介しながら他の事業者にもいち早く伝え、日常のケアにつなげる取り組みをしていこう。

5．本人が住み替えるときは次の事業者に必ずバトンタッチをしていこう

○リロケーションダメージを最小化し、なじみの暮らしの継続に向けて

認知症の長い経過をたどりながら暮らすなかで、本人が住み替え(リロケーション)を体験する場合は多い。ショートステイも含め家からグループホームや施設・病院に移る場合や、逆に施設等から家に戻る場合、また、転居する場合など、住み替えによって生じる本人のダメージを最小にすることが認知症ケアの重大課題である。本人・家族らと相談のうえ、次に担当するケアマネジャー等にそれまで記入してきたシートを引き継ぐことが重要である。数枚のシート、部分的な記述で

あっても、それらは本人のそれまでの暮らしとケアに関する貴重な情報であり、住み替え初日からの暮らしとケアの大事な手がかりである。

住み替え前のケアマネジャーらがセンター方式の記入をしていなかった場合でも、それまで知りえた情報やケアのポイント等を、関連シートに部分的であっても書き込んで住み替え先に引き継ごう。引き受ける担当者も、住み替え前の担当者等がそれまで集めた情報やケアの工夫などを、引き継ぐ際に伝えてもらうよう働きかけをし、聞き取れた事項をシートに記入しよう*24。

6．これからの認知症ケアの視点とその具体を実践的に学ぶ教育の道具として使おう

センター方式シートには、認知症ケアで核となる本人本位の視点や、今後の認知症ケアで焦点となるケアサービスのあり方（なじみの環境づくり、なじみの関係づくり、なじみの生活づくり、予防的ケア、自立支援、地域密着の暮らしの支援、リロケーションダメージを防ぎながら初期からターミナルまでの継続支援等）を具体的に導くための個別シートや項目が用意されている。

職場や地域の研修の機会や学校教育の現場で、基本的な知識技術をより具体的、実践的に学ぶための教材として活用していってほしい。

事例検討会や実践報告会等でケースを伝える場合、ケースからの学びを効果的に引き出すための共通フレームとしても、センター方式シートを活用してみよう。

7．相談を受けたケースの問題解決や助言のために使おう

職場内や地域のなかで困っているケースに関する相談を受ける立場の人の役割は大きい*25。

実際には会ったことのないケースや日々の様子をよく知らないケースの相談を受けた際、相談時の情報が部分的であったり、ケア者側の相談内容が問題点中心のことが少なくない。本人の全体状況や意向、背景等があいまいなままの相談は、提供側の視点や問題志向に陥りやすく、適切な助言につながりにくい。

相談を受ける際は、今の最新状況や知っていることを事前に焦点情報シート（D-4，D-1など）や暮らしの情報シート（A-1，A-2，B-1，B-2）に記入した上で相談してもらったり、相談を受けた側が話を聞き取りながらシートに記入し、本人の実情や意向を知る上で不足している（シートの空白部分の）情報を聞き足そう。相談者自身が冷静に事実を振り返り、本人本位の視点にたって課題整理とケアの手がかりを探っ

＊24：関連シートを渡して書き込みをお願いしたところ、在宅時の情報がケアマネジャーやヘルパーらから寄せられ、それをもとに自宅での暮らしの流れや本人の好みを活かしたケアを入居当初から行い、本人が混乱せずに新しい場で暮らし始めることができた。それ以来、居宅ケアの関係者と施設職員との関係が深まって、他の利用者のバトンタッチもスムーズになった例がある。

＊25：新人や非常勤の人にも教材として活用でき、本人本位のケアを体験的に学ぶ効果が確認されている。導入時に負担感を抱くことがないよう、ねらいを伝えて、C-1-2などを1枚からでも活用してみよう。新人に受け持ちを1人決めて、本人が話してくれた言葉や観察した事実を少しずつ書き込んでもらう方法も効果的である。今後、認知症地域支援推進員、地域包括支援センター職員や行政職員、認知症介護指導者や主任ケアマネジャー、地域で認知症ケアの推進役の立場の人など、これまで以上に相談を受ける機会が増えることが予想されるが、相談を通してそのケースの課題解決につなげていくことに加えて、相談者が本人本位の視点と方法を具体的に学ぶ機会として活かしてほしい。

ていけるよう、シートの書き込みをもとに一緒に検討しよう。相談者が困っている場面を、本人側の問題としてのみとらえていないか、かかわる側の基本的姿勢を振り返ってみるためにD-5シートを活かす方法もある。

4 章

センター方式シートの活用の仕方

～本人本位のケアを導くために～

4章 センター方式シートの活用の仕方 ～本人本位のケアを導くために～

1 センター方式シートの全体構成

■センター方式シートの全体構成と５つの領域

センター方式シートは、**図表4-1**のような構成になっています。全体でＡ～Ｅの５つの領域からなり､Ａ～Ｄの各シートの内容をＥ｢24時間アセスメントまとめシート｣に集約していきます。Ｅシートに記入された内容が､ケアプランに展開されていくしくみになっています。

■センター方式各シートのねらい

センター方式シートは、**図表4-2**のように16のシートからなっています。各シートには、内容を表す固有の名称があり、各々がアセスメントのための明確なねらいをもっています。

16のシートのなかでも、**図表4-2**の★マークのシートは、本人本位のケアを導くことを目指したセンター方式のコアとなるシートです。コアになるシートを中心に記入するようにしましょう。

2 センター方式シートを活かすために

1）各シートには、具体的な｢ねらい｣があります。｢ねらい｣は、シートの上部に◎で記されています。
　そのシートの｢ねらい｣を意識しながら情報を記入しましょう。

2）記入しながら｢本人の今や今後の暮らし｣をよりよくしていくための課題や具体的ケアをつねに考えましょう。思い浮かんだ点を、各シートの右端の｢ケアのヒントやアイデア｣の欄や余白にどんどんメモしていきましょう。

＊各シートのメモが､最後のＥ｢24時間アセスメントまとめシート｣の記入を助けます。

3）記入ができない（情報が未収集など）欄はとばして、まずは書けるところから記入していきましょう。今ある情報を大切に、それを最大限に活かした本人本位のケア(プラン)を導きましょう。

注)記入できない空白の欄が明確になることも大切です。その内容を今後、観察や情報収集の重点項目として活かせます。すでに、その項目についてよく知る人がいないか、あるいは誰に情報を集めてもらうか、チームの力を活かしましょう。

4)まず、記入上の留意点(61頁)および記入上のルール(62頁)を十分に確認してから記入を始めましょう。

図表4-1　センター方式シートの全体構成と5つの領域のねらい

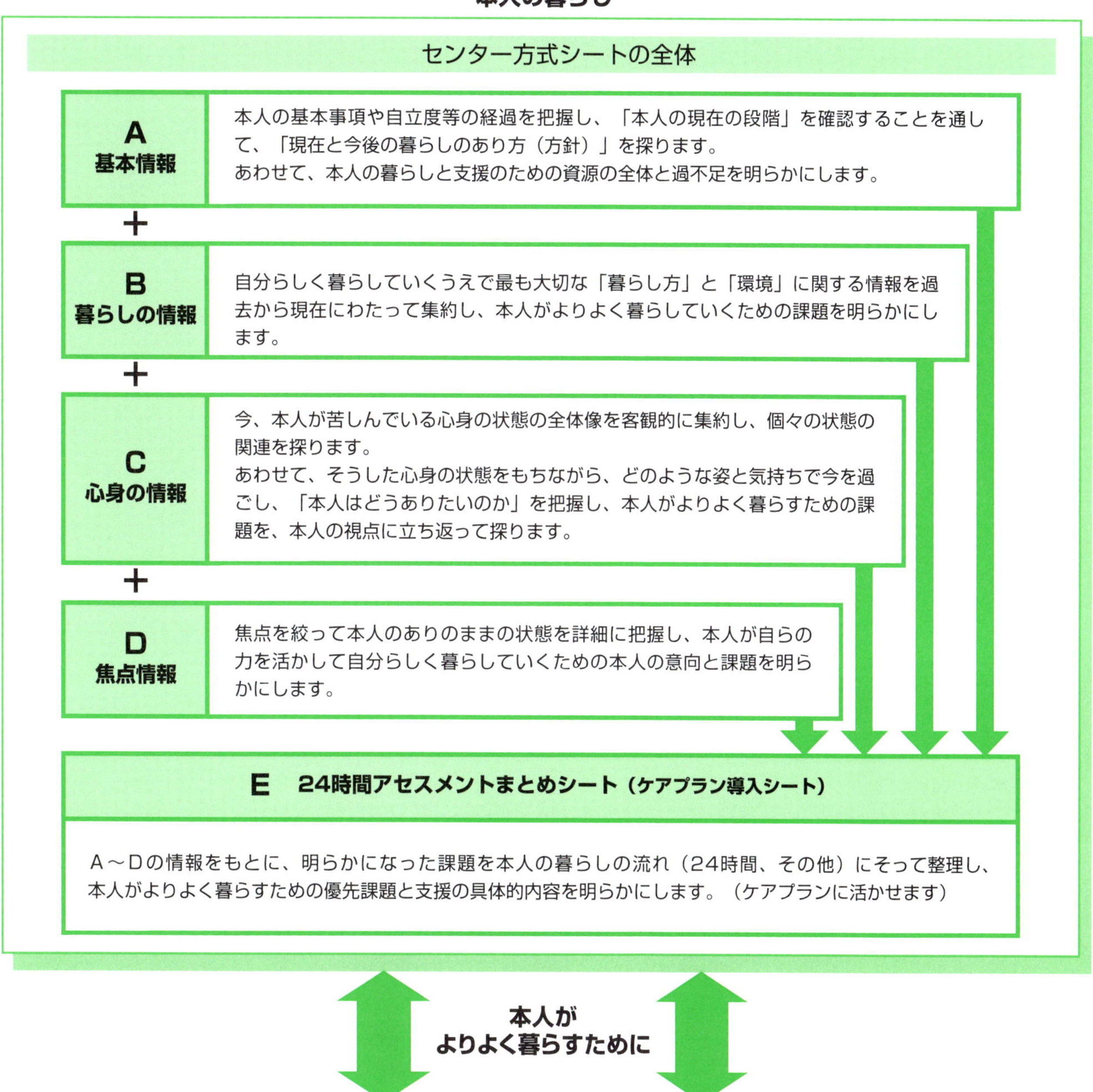

図表4-2　センター方式各シートのねらい

領域	シート名	ねらい
A 基本情報	A-1　私の基本情報シート	私の基本情報とサービス利用までの経過をみんなで共有してください。
	A-2　私の自立度経過シート	私の自立状態が保てるように、私の状態と変化の経過を把握し、共有してください。
	A-3　私の療養シート	今の私の病気や、のんでいる薬などを把握し、健康で安全に暮らせるように支援してください。
	★A-4　私の支援マップシート	**私らしく暮らせるように支えてくれているサービスや、なじみの人や物、動物、なじみの場所などを把握して、よりよく暮らせるための支援に活かしてください。**
B 暮らしの情報	B-1　私の家族シート	私を支えてくれている家族です。私の家族らの思いを聞いて、家族と私がよりよく暮らせるよう支えてください。
	★B-2　私の生活史シート	**私はこんな暮らしをしてきました。暮らしの歴史の中から、私が安心して生き生きと暮らす手がかりを見つけてください。**
	★B-3　私の暮らし方シート	**私なりに築いてきたなじみの暮らし方があります。私が大事にしたいなじみの暮らし方を継続できるように支援してください。**
	B-4　私の生活環境シート	私が落ち着いて、私らしく暮らせるように環境を整えてください。
C 心身の情報	C-1-1　私の心と身体の全体的な関連シート	私が今、何に苦しんでいるのかを気づいて支援してください。
	★C-1-2　私の姿と気持ちシート	**私の今の姿と気持ちを書いてください。**
D 焦点情報	**★D-1　私ができること・私ができないことシート**	**私ができそうなことを見つけて、機会を作って力を引き出してください。** **私ができる可能性があることは、私ができるように支援してください。もうできなくなったことは、無理にさせたり放置せずに、代行したり、安全や健康のための管理をしっかり行ってください。**
	★D-2　私がわかること・私がわからないことシート	**私がわかる可能性があることを見つけて機会を作り、力を引き出してください。** **私がわかる可能性があることは、私がわかるように支援してください。もうわからなくなったことは放置しないで、代行したり、安全や健康のための支援をしっかり行ってください。**
	D-3　生活リズム・パターンシート	私の生活リズムをつかんでください。私の自然なリズムが、最大限保たれるように支援してください。 水分や排泄や睡眠などを、支援する側の都合で、一律のパターンを強いらないでください。
	★D-4　24時間生活変化シート	**私の今日の気分の変化です。24時間の変化に何が影響を与えていたのかを把握して、予防的に関わるタイミングや内容を見つけてください。**
	D-5　私の求めるかかわり方シート	私へのかかわり方のまなざしや態度を点検してみましょう。
E	**★E　24時間アセスメントまとめシート（ケアプラン導入シート）**	**今の私の暮らしの中で課題になっていることを整理して、私らしく暮らせるための工夫を考えてください。**

3 センター方式シートの記入上の留意点

1 ケアプランはチームみんなでつくろう！

本人が「私らしく、安らかに、生き生きと」暮らしていけるケアプランを本人を中心としたチームのみんなでつくっていきましょう。

※センター方式で大切にしているのが「チーム」です。チームとは、本人を支えていく家族、支援関係者、町の人々が含まれます。

※本人、家族に関するプライバシーや個人情報を徹底して守るために、チームメンバー全員の誓約や配慮が常に求められます。

2 センター方式は、一度にすべてのシートを記入する必要はありません！

①今、捉えられている情報を基盤に、まずは記入できるところから埋めていきましょう。

②「共通の５つの視点」に沿って本人が捉えられていますか？
足りない点を把握していくために必要なシートを選んで記入していきましょう。

3 大切なことは、ケアプランをチームみんなで実践し、モニタリングすること！

ケアプラン作成や実践は１人では不可能です。本人を中心に、ともにケアをするチームのメンバーを明確にし、協働していきましょう。

※一緒にケアをする家族や仲間は誰ですか？　B-1、B-2シートから協力者を明らかにしましょう。

※チームのメンバーと一緒に、情報や気づきを寄せ合ってシートを充実させ、本人が豊かに暮らしていくためのケアを１つでも多く実践していきましょう。

◆すでに活用しているアセスメントシート（ツール）がある場合

現在活用しているシート（ツール）を「共通の５つの視点」に沿って振り返り、センター方式のなかから本人を捉えるうえで役立つと考えられるシートを選び、補強として利用してください。

◆センター方式ではあえて専門用語は使っていません

現実の暮らしの姿や様子から事実を具体的につかんで日常の言葉でアセスメントしていく方法になっています。中核症状やBPSDという専門用語をあえて使っていません。

最も大事なのは…

1. 本人と家族の声

表面的な声や状態だけではなく、その人の真意に気づこう！
可能なら、職員だけでなく、本人や家族にシートを渡して記入してもらおう。

2. 本人の視点に立ったプロの見極め

すべての記入内容は、本人である『私』の視点に立って書き進め、本人がよりよく暮らすための課題とケアを見極めていこう。

4 センター方式シートの記入上のルール

①事実を具体的に書こう

・本人がよりよく暮らしていくための手がかりが、本人の言葉や声、表情、まなざし、しぐさなど全身であらわしている姿(サイン)のなかにあります。センター方式では、これら本人の言葉や声、サインをとらえてシートにそのまま書きとめます。
・支援の手がかりには、事実情報が具体的に書かれていることが役立ちます。
・事実情報を具体的に書くには、そのときの本人の表情、しぐさや視線、周囲の状況など見たまま・聞いたまま、ありのままを書きとめていきましょう。

②誰からの情報かわかるように書こう

・とらえた情報がどの立場からの情報なのかを明らかにするために、下記のマークを文頭に入れて書いていきます。
・文末には誰からの情報かがわかるように( )内に、本人からみた家族の続柄や支援者の名前を書いておきましょう。

●本人が言ったこと	・本人が言ったこと、アー、ウーなど言葉にならない声も、「●」をつけてそのまま書く。 ・言い方や語尾を変えないで方言もそのまま書く。 ・繰り返しであってもそのまま書く。 ・話の意味がおかしかったり、意味不明でもそのまま書く。 ・文や単語になっていなくても、そのまま書く。 ・本人の声が出たときの場面とそのときの様子も( )をつけて書く。 ・発語がないことも1つのサインです。そのときの場面と本人の様子を「●(…)」として( )の中に書く。 例：●おーい、おーい(通る人を見ながら) ●行こう、行こう(立ち上がりながら) ●(眉間にシワを寄せて目をきつく閉じている)
△家族が言ったこと	・家族・親族が言ったことは、「△」をつけてそのまま書く。 ・言い方や語尾を変えないで方言もそのまま書く。 ・本人と言っていることが違ってもそのまま書く。 ・文末には、本人からみた続柄を( )の中に書く。 例：△できるわけないですよ〜。(次女) △子供の頃は釣りが好きで、よく一緒に行ったもんだ(いとこ)

<table>
<tr><td>○支援者が気づいたこと</td><td>

・支援者が言ったことをそのまま書くのではありません。
・記入した１つひとつの「●」や「△」をもとに、「本人はどう思っているのか」をじっくり考えてみよう。考えたことや気づいたことを「○」をつけて書く。
・その場面について考えたことや気づいたことを、ちょっとしたことでも書いておく。
・文末に支援者の名前を(　)で書く。

<table><tr><td>例</td><td>●光男はどこだ～？（困った顔をしながら）
△最近、会社が忙しくて…（先週、息子さんからの電話で）
○やっぱり息子さんに会いたいのかなぁ？（鈴木）</td></tr></table>
</td></tr>
</table>

③メモするつもりで気軽に書きはじめよう

・記録することに慣れることが大事です。きちんと書こう、全部書こう、専門用語で書かなければ…と力まずに、見聞きしたこと、気づいたことなど、メモするつもりで書いていきましょう。

・ちょっとした情報、こんなこと…と思える情報の中にヒントがあります。

④わかる項目から書こう

・シートは埋めることが目的ではありません。わかる項目から１項目でも１行でも書いていきましょう。

・書けなかったところは、次回から意識して見たり、聞いたり、情報を集めていきましょう。

⑤「記入日」は必ず書こう

・最初にシートに記入しはじめるときは、シート右上の「記入日」に日付を書いておきます。

・情報が得られたら、どんどん追加していきましょう。その際、文末には記入者名と記入日も一緒に書き加えていきましょう。

⑥１人で全部書こうとせずにみんなで書こう

・みんなで書いていくことで、自分では気づいていなかったことが見えてきます。

⑦埋もれていた情報や工夫を掘り起こそう

・見聞きしている情報の中に、埋もれたままになったり、あたりまえすぎて伝えていないことがないかを考えてみよう。気づいたことは書き加えていこう。

⑧シートの欄が足りない場合は、欄外に書いたり用紙を添付して書き足そう

⑨書いたシートをもとに考えよう

・書きっぱなしにせずに時々見直し、かかわりの工夫や支援の手がかりがないか確認してみよう。

・家族との話しあいやカンファレンスなど、本人について話しあう場面にシート情報を活かしていこう。

⑩プライバシーや個人情報保護に十分留意しよう

5 センター方式シートの見方と共通の記入ポイント

センター方式では、原則西暦で記入します。

A-1 基本情報（私の基本情報シート）

事業者名　　　　記入日：20　年　月　日　／記入者

◎私の基本情報とサービス利用までの経過をみんなで共有してください。

フリガナ 名前		□男 □女 歳	要介護度	認知症の人の日常生活自立度	障害高齢者の日常生活自立度	認知症関連の評価（スケール名：　）
誕生日	□明治 □大正 □昭和　年　月　日		家族や知人の連絡先（連絡しやすい手段を記入）			
住民票がある住所	〒　－ 電話　FAX		氏名	続柄	TEL／携帯番号／メール／FAX	
			1			
			2			
			3			

認知症の診断名　　診断を受けた医療機関　　（いつ頃か　年　月）

サービスを利用するまでの経過（家族や周囲の人が認知症の状況に気づいてからの経過）

年　月	様子	その時にあった事など（背景）
	※症状に気づいた時期、要介護認定を受けた時期、サービス開始時期など	

追加記入する場合は、追加内容の箇所が分かるよう下線や色分けで明示しながら、文末に記入年月日、記入者を明記します。
記入欄が足りない場合は、追記があることをその箇所に明記し、シートをコピーしたものや白紙のA4用紙を添付して書き足します。

シートのねらいです。このねらいを意識しながら記入します。

A-3 基本情報（私の療養シート）　名前　記入日：20　年　月　日／記入者

◎今の私の病気や、のんでいる薬などを把握し、健康で安全に暮らせるように支援してください。
（薬剤情報提供シートがある場合は、コピーをこのシートの裏に添付してください。）

かかり始めた年月日 病院・医院名 （連絡先）	医師	受診回数	通院方法（所要時間）	私の病名	私がのんでいる薬の名前（何の薬かも記入）	回数・量	医療機関から気をつけるようにいわれていること	私の願いや支援してほしいこと
		月＿回 週＿回	徒歩、自家用車など、往診は「往」	高血圧や糖尿病は、今の数値を記入しましょう。	薬剤名と使用目的 例：○○（血圧を下げる）	3回／日、各1錠又は頓服、点眼等	水分をとる、塩分を控えるなど	●私が言ったこと △家族が言ったこと ○支援者が気づいたこと、支援のヒントやアイデア

※この章での説明シートは、各シートの記入のポイントがわかりやすいように例示したものです。１人のケースを一貫して記入したものではありません。

シートはA～Eの領域から構成されています。
今、記入するシートが、全体のなかのどの部分にあたるのか、位置づけを確認してから記入します。

各シートには、シートのねらいに沿ったシートの名称（通称）がつけられています。

各シートに必ずこの欄があります。情報確認して集約した年月日、記入者名を必ず記入します。
複数で記入する場合は、記入の責任者名を記します。必要に応じて各記入者名も明記しましょう。

センター方式の大きな特徴です。
各項目について「本人（私）がどうか（どうだったか）」を意識しながら記入しましょう。

①情報源を明確にします。以下の記号を必ず文頭につけます。

●本人
△家族
○ケアスタッフ

②「私の願いや支援してほしいこと」に関する、「生の声」を記入します。（記入者側の用語や要約でまとめてしまわない）
③各シートの情報をもとに、ケア関係者の気づきやアイデアをどんどんメモしましょう。
④この欄の内容をEシートに集約していきます。各シートを書きながら、発見できた重要点を、即、Eシートにおとしていく（転記していく）ことも可能です。特に重要な記載にはマークをつけておきましょう。

6 各シートのねらいとポイント

A-1　基本情報（私の基本情報シート）

A-1　基本情報（私の基本情報シート）

事業者名　　　　　　　　記入日：20　　年　　月　　日　／記入者

◎私の基本情報とサービス利用までの経過をみんなで共有してください。

フリガナ	○　マツ　○　コ	□男 ☑女	要介護度	認知症の人の日常生活自立度	障害高齢者の日常生活自立度	認知症関連の評価（スケール名：　　）
名前	○松 ○子	84歳	4	Ⅲa	B1	

誕生日	□明治 □大正 □昭和　　年　　月　　日
住民票がある住所	〒　　－ 電話　　　　FAX

誕生日のみ元号を使用。

家族や知人の連絡先（連絡しやすい手段を記入）

	氏名	続柄	TEL／携帯番号／メール／FAX
1	○○ ○○	長男	090-0000-0000 mook@itsu-doko.net
2	◎○ ○○子	妹	00-0000-0000
3			

認知症の診断名　　　　診断を受けた医療機関　　　　（いつ頃か　　年　　月）

サービスを利用するまでの経過（家族や周囲の人が認知症の状況に気づいてからの経過）

年　月	様　子 ※症状に気づいた時期、要介護認定を受けた時期、サービス開始時期など	その時にあった事など（背景）
20××年9月	畑に出かけて帰り道がわからずウロウロすることが多くなる	2か月前に、夫が亡くなった
⋮		
20××年4月	夜間になると大声を上げたり、落ちつきなく外へ出ようとする	

認知症に気づいてから現在のサービスを利用するまでの本人や家族等の様子の経過を要点をまとめて整理します。
本人や家族の努力、苦労などもできるだけ把握し記入します。

○介護保険　被保険者番号
保険者番号
資格取得　平成　　年　　月　　日

○経済状態（年金の種類等）
国民年金・厚生年金・障害年金・生活保護
その他（　　　　）月額　　　円

○健康保険　保険の種類
被保険者名
被保険者との続柄（　　　）

○公費負担医療　適用　□有・□無
（　　　）障害者手帳　　種　　等

○就労状態（　　　）

★プライバシー・個人情報の保護を徹底してください。　A−1　©認知症介護研究・研修東京センター（1305）

1　A-1シートのねらいと視点

①**A-1**は利用者台帳に準じた項目です。

②現サービスの利用に至るまでの経過を一覧で把握し、「本人が、今、どのような段階にあるのか」確認し、「今に至った経緯」と「背景」を関係者が共有するためのシートです。

③本人や家族がくりかえし問われることがないよう、本人や家族が出会った当初の相談者やケアマネジャー等の情報をベースに、各ケア関係者が把握した情報を共有し記入していきましょう。

2　情報収集と記入上のポイント

認知症評価のスケールをケア関係者が利用する場合は、本人の日常を観察して評価できるスケールが望ましい。

「認知症の人の日常生活自立度」は、現行の正式名称は「認知症高齢者の日常生活自立度判定基準」です。シートを本人や家族に見てもらったり、記入してもらうことを想定して、センター方式シートでは「認知症の人の日常生活自立度」と表記しています。A-2シートも同様（資料編参照）。
要介護認定の更新時には必ず認知症の人の日常生活自立度・障害高齢者の日常生活自立度等も最新のレベルを確認し、記入しましょう（過去のデータの変遷はA-2「私の自立度経過シート」でまとめます）。

キーパーソンの連絡先。
キーパーソンは、本人の視点からみて連絡をとる際の優先順位順に記入します。
そのなかで本人のことを最もよく知る人の氏名に◎をつけます（家族関係のなかで連絡を入れるべき順番が本人の視点からみた優先順位と異なる場合は、注意書きを添えます）。
キーパーソンが、情報のやりとりをしやすい手段を、よく相談しましょう（電話よりも、携帯やメール、FAXを希望される家族も増えています）。
夜間であれば何時まで連絡してもよいかを、聞いておきましょう。

認知症の確定診断名（最終のもの）。
診断を受けた年月。

左欄に記した様子（認知症の状態や本人の変化）の背景となったと思われることをできるだけ具体的に記入します（そのころ起きたこと、暮らしの出来事など）。

この欄は、当初、情報が少なくとも、本人・家族や関係者から次第に情報を集めていきましょう。追記する場合は、文末に記入年月日、記入者名を入れます。欄が足りない場合は別紙添付します。

本人・家族と関係を築きながら、月額を把握しましょう。

A-2　基本情報（私の自立度経過シート）

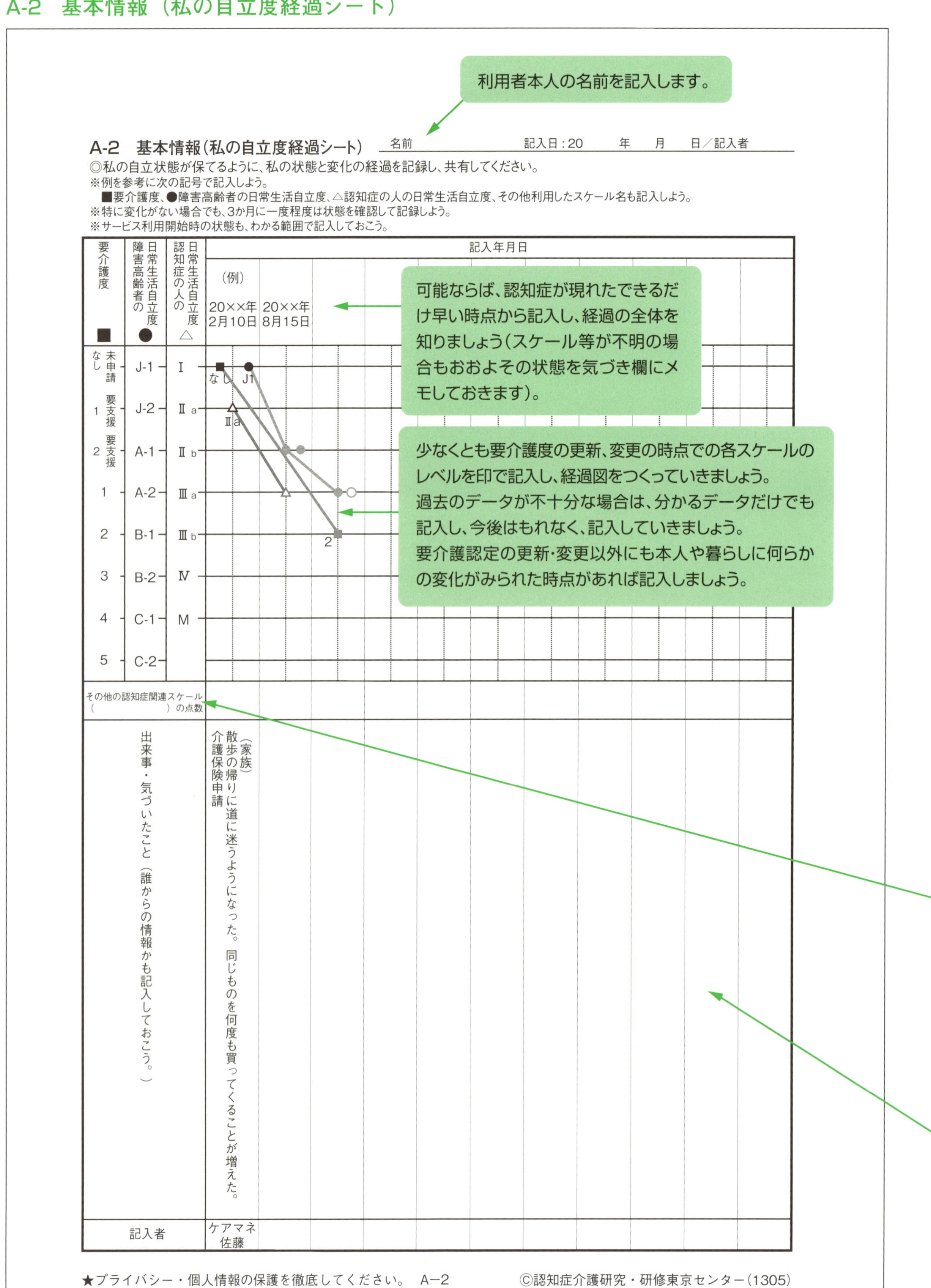

1　A-2シートのねらいと視点

①本人のこれまでの自立度の経過全体を一目で把握し、今、長い経過のどの段階に本人があるのか、自分たちがどの段階でかかわっているのか、関係者で確認するためのシートです。家族も含め支援関係者全員の認識や方向性（ケアプラン立案上の方針、目標）を共有することに活かします。

②現状認識についてケアマネジャーと各支援関係者、家族との間で認識のずれがないか､図をみながら確認します。
　＊家族・親族間の認識のずれがある場合、この図を説明や話し合いで活かしましょう。

③認知症の人はいったん自立度が落ちてしまっても適切なケアで自立度を改善できる場合もあります。自立度を落とさないことや改善をケアプランでは常に重要視しましょう。

④これまでの経過のなかで、自立度が下降した時点の背景が何であったか、さかのぼって検討しましょう。今、まだ改善の可能性がないかを見出し、改善に向けたケアプランを作成しましょう。

⑤これからこの経過（線）がどう変化するかを予測します。その人らしい暮らしの実現を目標にすえて、そのために自立度をできるだけ維持、改善していくケアプランを皆で共有しましょう。

⑥重度化したりターミナルに近づきつつある経過が把握できた場合には、家族（可能なら本人）に経過を説明し、今後どうすることがこれからの日々を充実できるか、一緒に考えるきっかけとしてこのシートを使いましょう。
　＊ケアマネジャーらが立案する本人本位のケアプランが､家族の合意を得られない場合がしばしばあります（例：①ケアマネジャーが、本人の歩行や自由な行動を支援するプランを立てても､家族は動かすことに反対、②本人には不可能で負担になる過剰な訓練や課題を家族が求める場合など)。その際､本人のこれまでの経過と今後の予想、そして、本人にとってのよりよいあり方に向けたケアの方向性をプロとして冷静に説明する根拠資料として、このシートを活かしましょう。
　＊経過をよく知る家族からみて、現状のケアサービスが、本人の力を活かしきれていなかったり、逆に本人に無理を強いると感じられる場合もあります。家族がプロの支援関係者に気づきを伝え、よりよいケアに向けて話し合っていくための資料としても活かしましょう。

2　情報収集と記入上のポイント

他のスケールを利用している場合は､(　)にスケール名を記入します。
支援関係者が､かかわりながら活用しやすい評価スケールとして観察方式が用いられることが望ましいといえます。
　＊支援関係者が使いやすい観察方式のスケールの例
　　①N式老年者用日常生活動作能力評価尺度(N-ADL)　②N式老年者用精神状態尺度(NMスケール)
　　③Functional Assessment Staging(FAST)
いずれのスケールも､何のために利用するのか､本人と今後のケアにとっての意味が確認されたものを記入します。
＊標準的スケールでなくとも､本人個人の自立度の経過を把握するうえで､分かりやすい指標になるものがあれば独自な目盛をつくって記入します(例：①歩行範囲〈最大5〉スーパー～〈最小1〉ベッド上､②排泄自立度〈最大7〉自分でトイレへ～〈最小1〉1日中オムツ)。

状態が変化した背景にはどんなことがあったのか､出来事や気づいたことを記入します。
また､ケアに役立ちそうなことも記入します。
詳しい経過は｢A-1基本情報シート｣に記し､ここでは経過図を見るうえで参考になるポイントのみを記します。

A-3　基本情報（私の療養シート）

A-3　基本情報（私の療養シート）

名前　　　　記入日：20　　年　　月　　日／記入者

◎今の私の病気や、のんでいる薬などを把握し、健康で安全に暮らせるように支援してください。
（薬剤情報提供シートがある場合は、コピーをこのシートの裏に添付してください。）

かかり始めた年月日 病院・医院名（連絡先）	医師	受診回数	通院方法（所要時間）	私の病名	私がのんでいる薬の名前（何の薬かも記入）	回数・量	医療機関から気をつけるようにいわれていること	私の願いや支援してほしいこと
		月＿回 週＿回	徒歩、自家用車など、往診は「往」	高血圧や糖尿病は、今の数値を記入しましょう。	薬剤名と使用目的 例：〇〇（血圧を下げる）	3回／日、各1錠又は、頓服、点眼等	水分をとる、塩分を控えるなど	●私が言ったこと △家族が言ったこと 〇支援者が気づいたこと、支援のヒントやアイデア
20××年〇月 〇〇クリニック	〇〇	月1回	往診	糖尿病	〇〇〇〇〇 （血糖降下剤）	2.5mg 朝1回	食事内容に気をつける	●好きなだけ食べたい △いつも食べ物を探している 昔はたくさん食べていた 〇食事量でも満足感を得たい
		月1回	往診	高血圧	〇〇〇〇〇 （降圧剤）	2.5mg 朝1回	塩分制限 （1日の目安）	●味が薄い △醤油をかけたがる 〇温かいものは温かく、冷たいものは冷たくして食べられれば

場合に応じて本人のケアにあたる組織や地域の医療関係者（医師、看護師、薬剤師等）の情報や気づきを収集しましょう。それらの人にシートの記入を依頼してみましょう。効率的に情報を集めましょう。

過去に治療を受けた病気（今の暮らしに配慮が必要な病気や感染症）

年　月	病　名
20××年 8月	肝炎

今の暮らしの中で気をつけていること（アレルギーや禁忌なども記入）
※便秘しないため、足が弱らないためなど、本人や家族が気をつけていることを具体的に記入しよう。

★プライバシー・個人情報の保護を徹底してください。　　A−3　　

1 A-3シートのねらいと視点

①「その人にとっての安全・健やかさ」、「その人の安心・快」、「暮らしのなかでの心身の力の発揮」に向けて「本人が医療を受ける」うえで支援関係者が支援すべき点を明らかにするためのシートです。

②認知症関連以外の事柄も含めて、本人が現在利用しているすべての医療の情報を一覧できるように集めましょう。
このA-3シートは、現在（ケアプラン立案時点）の受療状況を把握しておくものです。
＊このA-3シートがストックされていくことで、本人の受療の経過も必要時たどることが可能となります。
＊医療機関や受療内容の変遷で重要なものは、A-1シートやA-2シートに記入しておきましょう。

③複数の医療機関から薬を使用している場合、何のための薬か、「本人にとって」の安全や健康につながっているか、本人の日常生活を支える支援関係者として、他のシートもあわせて総合的に確認してみましょう。

④医療に関してはプロの判断が先行しやすいですが、「本人の願いや支援してほしいこと」も必ず確認してケアプランの方向性や目標・内容に反映させましょう。
例：よかれと思う薬の調整（ふやす、へらす、止める）が本人の誤解を生み、「見捨てられた」等の気持ちを抱かせ、本人を惑わす場合も少なくありません。本人の思いに沿いながら納得できる受療となるための支援のあり方を考えていきましょう。

2 情報収集と記入上のポイント

本人が薬や治療に関して言っている言葉がないか、家族や支援関係者からも情報収集します。

食材等によるアレルギーについても記入します。

本人が長年やってきている（やってきていた）自分なりの体の手入れや療法も把握しましょう。

A-4　基本情報（私の支援マップシート）

認知症が進んでいる人でもあきらめずに日常的な会話のなかでさりげなく本人に尋ねつづけていきましょう。

A-4　基本情報（私の支援マップシート）　名前　　　記入日：20　年　月　日／記入者

◎私らしく暮らせるように支えてくれているサービスや、なじみの人や物、動物、なじみの場所などを把握して、よりよく暮らせるための支援に活かしてください。

※家族は実際の関わりがある人を記入しましょう。
（家族、親族の全体像はB-1に記入）
※施設で暮らしていても私が関わっている人、会いに来てくれる人、会いに行く人、私の支えとなっている人を線で結び、どんな関係なのかも付記しておこう。
※新たにわかったことも書き加えていこう。

※誰からの情報かを明確にしよう。
●私が言ったこと、△家族が言ったこと、○支援者が気づいたこと、支援のヒントやアイデア

①私にとってなじみの場所は　△リビング　です。
②私が行きたい場所は　●生まれ育った××　です。
③私にとってなじみの人は　△隣のAさん　です。
④私が会いたい人は　●（亡くなった）夫　です。
⑤私が一番頼りにしている人は　●C子（長女）　です。
⑥私が支えたい人は　●F也（長男）　です。

本人が最も信頼している人。

誰か会いたい人がいないか、ぜひ把握したい点。

たとえば、息子、娘など自分が面倒をみないといけないと思っている人。

私
- 訪問介護 ヘルパー Aさん・Cさん
- 隣のAさん（話し相手）
- スーパーT（一緒に選んでくれる）
- △子さん 長男の嫁・生活全般
- C子さん 長女・生活全般
- 主治医T先生 1月1回受診
- ケアマネジャー
- デイサービス Sさん
- ××駐在所

週単位で利用しているサービス支援を記入します。

施設で暮らしている場合も地域を視野に入れてマップをつくります。

◎ 上記の情報をもとに、私の暮らしを支えてくれ……記入してください。関係者が連携して一緒に私を支えて下さい。
※ 介護保険サービス以外でも支えてくれてい……3表（週間サービス計画表）を検討しよう。

時間	月	火	水	木	金	土	日	私の願いや支援してほしいこと ●私が言ったこと △家族が言ったこと ○支援者が気づいたこと、支援のヒントやアイデア
4:00								●デイサービスはいいよ! お友達3人いてバカ話しばかりしてるのさ。△デイを増やしてあげたいけど金額的に厳しい、限度額内でプランしてほしい（嫁）
6:00								
8:00	娘さん			娘さん		娘さん		
10:00							訪問介護	
12:00	デイサービス	訪問介護	訪問介護	デイサービス	訪問介護	デイサービス	長男の嫁	
14:00								
16:00								
18:00		訪問介護	訪問介護		訪問介護		訪問介護	
20:00								
22:00								
0:00								
2:00								
4:00								

地域のボランティアや近隣者などによる安否確認の訪問や電話など。

月単位や年単位で利用しているサービス等を記入します。

毎週でないが、利用している介護保険サービス（例：ショートステイ）	毎週でないが、介護保険以外で支えてくれている人や場など（民生・児童委員、成年後見人、地域の集い・見守りなど）
ショートステイ　月3日×2回（担当○さん）	駐在所の○○さんが気にかけて立ち寄る 近所の人ともやりとり

※支援者とは、本人を支える人（介護職、医療職、福祉職、法律関係者、地域で支える人、家族・親戚等）であり、立場や職種を問わない。
★プライバシー・個人情報の保護を徹底してください。　A−4　

1　A-4シートのねらいと視点

①認知症の人の暮らしを家族やケアのプロだけで支えきるのは困難です。本人を中心に日々かかわっている人や暮らしの支え手になっている人を浮かび上がらせましょう。

②認知症になって以降、本人のみでは接する人や活動の場が狭まり、「その人らしい暮らし」や「なじみの暮らし」「心身の力の発揮」の機会が減ります。そのために不安やストレス、無為な暮らしとなって、BPSD等を現している人が少なくありません。本人は、もともとは地域のさまざまな人と接点を持ち、なじみの場所を持っていた人です。それらを掘り起こし、今本人がその人らしく生き生きできる人とのかかわりや活動の場を広げていけないか、考えてみましょう。自宅や施設のなかのみをケアの場とするのではなく、「今本人が暮らしている地域」を資源として活かしていくケアプランを立案します。

③今暮らしている場の近くで、接する人やなじみの場がない人も少なくありません。ない、しかたないとあきらめず、本人の行きたい場所、会いたい人や楽しみにしていること、願いごと（→C-1-2参照）、なじんだ1日のすごし方（→B-2参照）などの情報を活かして地域のなかで活かせる資源を探し出しましょう。

④この支援マップで浮かびあがった人々が、本人をともに支えていくケアの仲間です。これらの人々を大切にし常日頃から情報をやりとりしたり、支え手同士のつながりを深めていきましょう（なお、当然のことながら、本人と家族のプライバシーを守る配慮は十分に）。
この支援マップの広がりがケアマネジャーや支援関係者の取り組みの成果の1つです。「1人の利用者」の支援マップを時間をかけて地道に広げていくことが、他の利用者のケアプランにも今後、多いに役立っていきます。

⑤支援マップで浮かびあがった地域の人が、場合によっては本人や家族の暮らしの脅やかし手（無理解や偏見によるダメージ、認知症であることを悪用した金銭搾取など）であることが発見されることがあります。早期の発見や対応を図っていくために、支援関係者が、気になっている人物に関する情報を抱えこまず、このシートを活かして事実を早期に伝え合いましょう。

2　情報収集と記入上のポイント

いつも立ち寄る場所。そこにいると落ちつける場所など。
認知症や身体面の障害が進むにつれ、建物内のある場所であることも。ただし、重度になっても戸外での「なじみの場所」を大切にし、ケアに活かしていきましょう。

山、海、お墓、故郷、パチンコ店…などどこでも。
行くのは無理、今の人員体制では無理、としてしまわないこと。日常的な実現は無理でも、実現できる機会が年1回でもつくれないか、日常の話題に取り入れる工夫等も。関係者と相談し、職員にとってもやりがいとよろこびの生まれるケアプランをつくりましょう。

暮らしのなかで本人がよくなじんでいる人。親しい人。
これら本人にとって大切な人物と会えたり、連絡を取り合ったり、交流できることを支えるケアプランを立案しましょう。
離れていたり、すでに亡くなっている人でも情報として大切です。安心やその人らしい言動を支えるために、これらの情報をケアに活かすプランを立てましょう。

介護保険で利用するサービスも記入しますが、それ以外の時間帯を支える支援も含めます。
本人と家族の暮らしのなかで、支援が必要な曜日、時間帯（具体的にはA-4シートの下図のコマ各々の□）に支援者が全くなく、困っている部分がそのままになっていないか、そこを支えるために現行のサービスの曜日や時間帯の調整ができないか、新たなサービスや地域資源を導入できないか、関係者で検討します（→D-4　24時間のなかで本人の状態が悪い時間帯に、サービスや資源が対応できているか（限られた介護保険料内でのサービスが効果的に作用できているか）点検しましょう）。

B-1　暮らしの情報（私の家族シート）

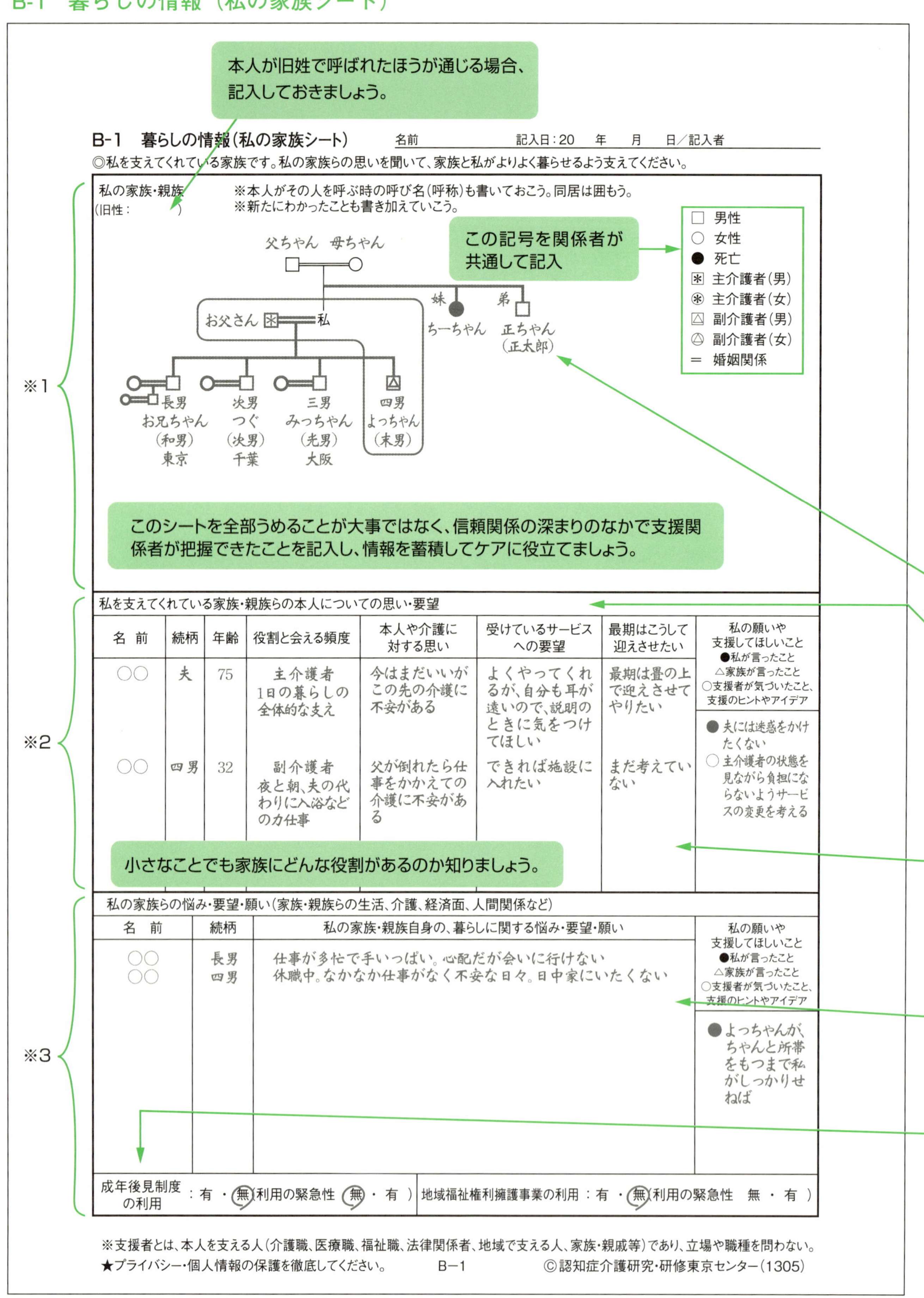

本人が旧姓で呼ばれたほうが通じる場合、記入しておきましょう。

B-1　暮らしの情報（私の家族シート）　名前　　記入日：20　年　月　日／記入者

◎私を支えてくれている家族です。私の家族らの思いを聞いて、家族と私がよりよく暮らせるよう支えてください。

※1

私の家族・親族
（旧性：　　）

※本人がその人を呼ぶ時の呼び名（呼称）も書いておこう。同居は囲もう。
※新たにわかったことも書き加えていこう。

このシートを全部うめることが大事ではなく、信頼関係の深まりのなかで支援関係者が把握できたことを記入し、情報を蓄積してケアに役立てましょう。

※2

私を支えてくれている家族・親族らの本人についての思い・要望

名前	続柄	年齢	役割と会える頻度	本人や介護に対する思い	受けているサービスへの要望	最期はこうして迎えさせたい	私の願いや支援してほしいこと ●私が言ったこと △家族が言ったこと ○支援者が気づいたこと、支援のヒントやアイデア
○○	夫	75	主介護者 1日の暮らしの全体的な支え	今はまだいいがこの先の介護に不安がある	よくやってくれるが、自分も耳が遠いので、説明のときに気をつけてほしい	最期は畳の上で迎えさせてやりたい	●夫には迷惑をかけたくない ○主介護者の状態を見ながら負担にならないようサービスの変更を考える
○○	四男	32	副介護者 夜と朝、夫の代わりに入浴などの力仕事	父が倒れたら仕事をかかえての介護に不安がある	できれば施設に入れたい	まだ考えていない	

小さなことでも家族にどんな役割があるのか知りましょう。

※3

私の家族らの悩み・要望・願い（家族・親族らの生活、介護、経済面、人間関係など）

名前	続柄	私の家族・親族自身の、暮らしに関する悩み・要望・願い	私の願いや支援してほしいこと ●私が言ったこと △家族が言ったこと ○支援者が気づいたこと、支援のヒントやアイデア
○○ ○○	長男 四男	仕事が多忙で手いっぱい。心配だが会いに行けない 休職中。なかなか仕事がなく不安な日々。日中家にいたくない	●よっちゃんが、ちゃんと所帯をもつまで私がしっかりせねば

成年後見制度の利用：有・(無)（利用の緊急性 (無)・有）　地域福祉権利擁護事業の利用：有・(無)（利用の緊急性　無・有）

※支援者とは、本人を支える人（介護職、医療職、福祉職、法律関係者、地域で支える人、家族・親戚等）であり、立場や職種を問わない。
★プライバシー・個人情報の保護を徹底してください。　B−1　©認知症介護研究・研修東京センター（1305）

1　B-1シートのねらいと視点

①本人がその人らしく安心して暮らしていくために家族は大きな意味を持ちます。

②シートで本人と家族とのつながりや家族の思い、家族への本人の思いを知り、本人と家族が今後の時間をともに乗りこえていけるための支援のあり方を考えましょう。

③家族の内面にふれる内容が多いので、情報収集をなぜ行うか、このシートのねらいを確実に伝えます。情報収集をあせらずに、家族の信頼を得られるような態度で接し、表してもらえた声は、大切に記入し、できる限り記入を家族にも確認してもらいましょう。情報の取り扱いには十分な配慮を要します。

④可能な家族にはシートを渡し、ねらいを説明してから記入をお願いしましょう。

⑤(※1欄について）本人と何らかのつながりのある家族・親族について本人を中心に図示し、支援関係者が本人と家族のつながりを一目で共有できるようにしましょう。

⑥(※2欄について）家族は、支援関係者の大切なパートナーであり、本人のその人らしさや、なじみの暮らし、なじみの支援に関する貴重な情報提供者です。家族は本人本位の代弁者としての面と家族本位の思いや願いの持ち主としての面とがあります。

⑦(※3欄について）家族は、直接の支援役か否かにかかわらず、本人にとっての「重要な存在」である一方、各自の生活を持っています。本人の認知症の経過に沿って、家族自体が暮らしの支援やケアを必要としている場合も少なくありません。本人が自分のことより家族のことを心配している場合も多く、本人の家族への思いを把握しましょう。

2　情報収集と記入上のポイント

本人が呼ぶときの呼び名(呼称)を具体的に記入します(例：正ちゃん)。本人が今、誰を呼んでいるのかがわかりコミュニケーションや支援の大切な手がかりとなります。
誰のことを呼んでいるのかわからない場合は、その続柄を家族や親族に聞いてみましょう。

家族が表しきれていなかった思いや要望をしっかりと聴き取りましょう。

認知症ケアの大きな課題が最期のあり方です。
早い段階から時間をかけて家族の思いを聴きましょう。シートへの記入をきっかけに家族にも最期のあり方を考えてもらう糸口にしましょう。
最期の迎えさせ方についての家族の思いは、多くの場合、変わっていき揺れ動きます。現時点での思いを聴いておきましょう。

家族自身の悩みをたずねるか、書いてもらいます。
家族の負荷に配慮しながら支援体制をともにつくっていくために、信頼関係を築きながら、家族自身の暮らしに関する悩み・要望・願いもキャッチしましょう。

本人の代弁を誰がしていくのが適切か、家族のいる場合も本人本位に検討します。必要な場合には、成年後見制度や日常生活自立支援事業、あるいは任意後見の利用支援に早めに取り組みます。

B-2　暮らしの情報（私の生活史シート）

B-2　暮らしの情報（私の生活史シート）　名前　　記入日：20　年　月　日／記入者

◎私はこんな暮らしをしてきました。暮らしの歴史の中から、私が安心して生き生きと暮らす手がかりを見つけてください。

私の生活歴（必要に応じて別紙に記入してください）
※住み変わってきた経過（現在→過去）をわかる範囲で記入しておこう。認知症になった頃に点線（…）を引いておこう。

年　月	歳	暮らしの場所（地名、誰の家か、病院や施設名など）	一緒に暮らしていた主な人	私の呼ばれ方	その頃の暮らし・出来事	私の願いや支援してほしいこと ●私が言ったこと △家族が言ったこと ○支援者が気づいたこと、支援のヒントやアイデア
現在 20XX年8月	76歳	○○町 娘の家	娘夫婦 孫2人（男・女）	おばあちゃん	デイサービスを週2回使い孫の面倒を見ている	△孫をかわいがっている ○孫と過ごせる場面づくりをする
	65歳	△△町 自宅	夫	お母さん	夫と2人で月1回旅行していた	

※1

○○町という地名だけでなく暮らしていたのが誰の家かもわかれば記入します。

生活史は生まれたときから記入を始める方法もありますが、あまりにも昔になりすぎて情報収集や記入が困難なケースが少なくありません。今を起点にその前、その前…と少しずつさかのぼりながら、本人の生活史をたどっていきましょう。
情報が入手できない時期があっても構いません。
断片的であっても、今捉えられる情報を記入しましょう。

一日の過ごし方（私にとってのいい過ごし方を見つけてください。）

長年なじんだ過ごし方（いつ頃　夫と2人暮らしの頃）

時間
4時
6時　起床
散歩
7時　朝食
家事
（洗たく・そうじ）
12時　昼食

現在の過ごし方

時間
4時
8時　声をかけたら起きてくる
9時　朝食
食後ボーッとして過ごす

私の好きなこと、好まないこと

好む話
夫とでかけた箱根の話

好まない話
戦争中疎開していた頃の話

私がしてきた仕事や得意なことなど

編み物（棒編み・セーター）

具体的に、いつどんな流れで生活していたか、ポイントを具体的に記入します。

本人のその人らしさ、安心、力の発揮の場面づくり、なじみの暮らしの支援などに活かします。

支援者と…関係者、地域で支える人、家族・親戚等）であり、立場や職種を問わない。
★プライ…　B−2　

1　B-2シートのねらいと視点

①本人の「その人らしさ」や「力の発揮」、「安心」などを支えるうえで、本人が生きてきた歴史（生活史）やなじみの仕事、話題、過ごし方を知ることが非常に重要です。

＊1：本人、家族が「昔のことはわからない」、「伝えたくない」という場合があって当然です。シートを埋めるために「聞き出す」ことは禁忌です。信頼を得た関係者に伝えてもらえた情報を同意を得ながら少しずつ共有し、記入していきましょう。

＊2：本人や家族が知らないところで、一方的に生活史を記入していくことは、プライバシーの侵害にあたります。サービスの利用当初から、シートのねらいや活かし方をくり返し伝え、記入の合意と内容の確認をお願いしましょう。

②（※1欄について）これまで把握している情報が、単に基本情報として埋もれていないか再点検しましょう。すでにある情報をもとに「私の願いや支援してほしいこと」やケアのヒント・アイデアに展開し、生活史を日々の「その人らしさ」や「力の発揮」、「安心」等に向けたケアに活かしていくプランを立案しましょう。

③認知症が現れる前後以降については、暮らしの場所の変化（リロケーション）や暮らしの出来事がどのくらい本人に影響を与えてきているか把握しましょう。本人の現状の理解および支援の方針や内容を検討する情報として活かします（関連シート→A-1、A-2）。

2　情報収集と記入上のポイント

本人のなじんだ暮らし方と、現在との違いを見直し、「その人らしさ」や「安心･快」、「力の発揮」、「安全･健やかさ」のために、なじんだ暮らし方を一部でも再現するかかわりができないかを検討します。

認知症になって自立した生活が営めなくなる以前に、本人が営んでいた過ごし方を記入します。
（「長年なじんでいた」と本人が最も感じられ、今再現したいと考えている過ごし方が捉えられることが望ましいです。
→具体的な生活の内容については次のB-3シートで詳しく捉えます。）
ここでは本人らしい1日の過ごし方のポイントを記します。

B-3　暮らしの情報（私の暮らし方シート）

B-3　暮らしの情報（私の暮らし方シート）　名前　　　　　記入日：20　　年　　月　　日／記入者

◎私なりに築いてきたなじみの暮らし方があります。私が大事にしたいなじみの暮らし方を継続できるように支援してください。

暮らしの様子	私が長年なじんだ習慣や好み	私の現在の状態・状況	私の願いや 支援してほしいこと ●私が言ったこと △家族が言ったこと
毎日の習慣となっていること	毎朝、朝食後、新聞（○○新聞）を30分読む		
食事の習慣	朝はパン食（トースト4枚切り1枚と目玉焼1ケ、紅茶）	3食とも飯食 朝ご飯を食べない	○ 朝パンがよいかを聞いてみる
飲酒・喫煙の習慣	ビール（○○○ビール）が好き（毎晩500cc）		
排泄の習慣・トイレ様式	和式トイレ 昔は、和服のすそをからげて立ってしていたことも	洋式トイレ	
お風呂・みだしなみ（湯の温度、歯磨き、ひげそり、髪をとかすなど）	お風呂は毎日、寝る前に入る 洗髪は2日に1回	昼間14時頃入っているがなかなか入ろうとしない たまに拒否もある	● 今日はいいです ○ 入浴順を遅らせてみる
おしゃれ・色の好み・履き物	外出するときは必ず着替える 花柄が好き（ピンク系）		
好きな音楽・テレビ・ラジオ	演歌（美空ひばり） 県歌を歌う。朝の連続ドラマをかかさない		
家事（洗濯、掃除、買い物、料理、食事のしたく）	料理は得意（和食煮物） 掃除は長ほうきを使う		
仕事（生活の糧として、社会的な役割として）			
興味・関心・遊びなど			
なじみのものや道具	朝、新聞を読むときの座いす		
得意な事／苦手な事	編み物（棒編み、セーターなど）		
性格・特徴など	世話好き 買い物が好き。多めに買って近所にくばる（くだものなど）		
信仰について	朝仏壇にお水をあげ、お参りをする		
私の健康法（例：乾布摩擦など）	朝起きたらお茶（ほうじ茶）を1杯飲む		
その他	人に物をあげるのが好き		

日常のなかで実現可能なケアを立案できるように具体的に記入しましょう。

※支援者とは、本人を支える人（介護職、医療職、福祉職、法律関係者、地域で支える人、家族・親戚等）であり、立場や職種を問わない。
★プライバシー・個人情報の保護を徹底してください。　　B−3　　©認知症介護研究・研修東京センター（1305）

1　B-3シートのねらいと視点

①60年、70年、80年…と長い年月を暮らしてきている１人ひとりの本人には、暮らしのなかで「長年なじんだ習慣や好み」が必ずあります。

②自分らしく、安心して生き生きと過ごすためには、なじんだ習慣や好みに沿った暮らし方を維持していくことが求められます。

③なじんだ習慣や好みとずれた日常や支援のあり方が本人の不安や不快、ストレスを募らせ、BPSD等や自立度の低下、危険や体調の悪化を招いてしまっている場合があります。

④このシートは、本人の「長年なじんだ習慣や好み」と「現在の状態・状況」との違いを浮きぼりにし、本人なりに築いた暮らし方を足場に、その人らしく暮らし続けることを支えるためのケアのヒントを発見するためのシートです。

⑤齢を重ね、認知症になって以降に、新たな習慣や好みを獲得していく場合もあります。今、その人が求める「その人らしい暮らし方」を見出していきましょう。

2　情報収集と記入上のポイント

①本人や家族と話す場合は、動作や要介護のレベルのみを聞くのではなく、「本人の習慣や好み」がどのようなものかを具体的に聞きます。家族には「本人のいつものこだわりやくせ」も具体的に伝えてもらいます。

＊ 文字情報のみではなく、場合によっては認知症になる以前の本人の姿やなじみの物の写真等もシートに添付しましょう。

②利用当初やケアプランの更新時、家族にこのシートを渡して記入をお願いしましょう。
家族らの集まる機会（お正月、お彼岸、お盆、誕生日等）に、このシートをもとに話し合ってもらい、後で教えてもらったり、記入をお願いするのも一策です。

③ケアスタッフは、食事、排泄、着がえ、入浴、お茶のみ、散歩、車いすや歩行介助など普段本人と接する暮らしのすべての場面を活かして、習慣や好みをみつけたり（観察）、会話のなかでさりげなく問いかける取り組みを日常的に行い、小さな発見をケア関係者に伝えていきましょう。

④本人や家族らから情報が得られず、これらの項目がほとんど空白のケースもあります。無理とあきらめずに、本人と同年代の人の習慣や好みについて会話をしてみたり、実際に物を見てもらう、音楽を聴いてもらう、味わってもらう等の試みをしながら、「本人の求めていること」をひとつでも探り出しましょう。

⑤認知症が進むにつれて、本人の求める「なじんだ習慣や好み」がより若い頃、幼い頃の状況に移行していく場合もあります。本人が表す言動をヒントに「どの時代の暮らし」を求めているのかを探っていきましょう。家族や親族にも、ケア関係者がキャッチできた本人の記憶の世界や求めていることを説明し、なじんだ暮らしを思い起こしてもらうきっかけを、くり返しつくっていきましょう。

B-4　暮らしの情報（私の生活環境シート）

B-4　暮らしの情報（私の生活環境シート）　名前　　　　　記入日：20　　年　　月　　日／記入者

◎私が落ち着いて、私らしく暮らせるように環境を整えてください。

※本人がよりよく暮らすために、今の暮らしの中で課題になっている項目に✓を付け、その項目番号（1～83）と具体的な状況を右欄に記入しておこう。

1. 私が緊張せずにいられる場所ですか
1 ☐ 不安や不快な
2 ☐ 不快なにおい
3 ☐ 落ち着かない
4 ☐ 刺激の強い光
5 ☐ 不安になる場
6 ☐ その他：

寝るときに豆電球をつけて寝る人、真っ暗にして寝る人など。

2. 私が安心して居られる場所が確保されていますか
7 ☐ 食事をする場所や席は安心できる場所ですか
8 ☐ 寝る場所は安心できる場所ですか
9 ✓ 寝るときの明るさは私が安心して眠れる明るさですか
10 ☐ ベッドや布団・枕の位置は私にあっていますか
11 ☐ 私にとってなじみの家具がありますか
12 ☐ 安心して過ごせる好みの場所がありますか
13 ☐ その他：

3. 私が心地よく過ごせる環境が用意されていますか
14 ✓ 居室の明るさと温度は適切ですか
15 ☐ 色彩、音、香りは私にとって心地よいですか
16 ☐ 飲
17 ☐ 触
18 ☐ 木
19 ☐ そ

ショートステイ利用時など、自宅でいつも使っている枕やかけ物などを持っていくことを求めているケースもあります。

4. 私の暮
20 ☐ 居
21 ☐ 居
22 ☐ トイレがわかる工夫がありますか
23 ☐ 浴室がわかる工夫がありますか
24 ☐ その他：

5. 私が過ごしている時や支えてくれている人をわかる工夫がされていますか
25 ☐ 私がわかる時計がありますか
26 ☐ 私がわかる暦・カレンダーがありますか
27 ☐ 季節の行事やならわしに関する物がありますか
28 ☐ 季節を感じられる自然のもの（花、食べ物、外の風景）がありますか
29 ☐ 支えになっている人の写真がありますか
30 ☐ なじみの人がわかるサイン（服装・名札など）がありますか
31 ☐ その他：

6. 私の持っている力が出せる場がありますか
32 ☐ 炊事の場
・自分でやれたり動作ができる場が用意されていますか
33 ☐ 掃除の場
・自分でやれたり動作ができる場が用意されていますか
34 ☐ 洗濯の場
・自分でやれたり動作ができる場が用意されていますか
35 ☐ 使い慣れた身だしなみの道具はそろっていますか
36 ☐ 趣味（縫い物、編み物、大工仕事など）を楽しめる道具がそろっていますか
37 ☐ 長年やってきた仕事道具（培った能力）がそろっていますか
38 ☐ その他：

7. 私が自然や地域と関われる場が確保されていますか
39 ☐ 住まいの周囲に自然や地域と関われる場所が確保されていますか
40 ☐ 散歩道に自然や地域と関われる場所が確保されていますか
41 ☐ 買い物に行けるお店が確保されていますか
42 ☐ 私が行きたい場所が確保されていますか
43 ☐ その他：

8. 室内にいても自然と触れ合える場づくりがされていますか
44 ☐ 自然光はありますか
45 ☐ 風とおしはよいですか
46 ☐ 植物と触れあう場を作っていますか
47 ☐ 動物と触れあう場を作っていますか

9. 私を取り戻せる場の工夫がされていますか
48 ☐ 私の昔の写真、家族の写真、思い出の品物、私の好むもの（洋服や化粧、アクセサリー、時計、音楽など）をそばに置いていますか
49 ☐ その他：

10. 人とのかかわりの場が確保されていますか
50 ☐ 家族とのかかわりの場が確保されていますか
51 ☐ 近所とのかかわりの場が確保されていますか
52 ☐ 町の人とのかかわりの場が確保されていますか
53 ☐ 子供たちとのふれ合いの場が確保されていますか
54 ☐ その他：

11. 私のいつもの居場所を知ってくれていますか
55 ☐ 私のいつもの居場所を知っていますか
56 ☐ 近所の人は私が好む場所を知ってくれていますか
57 ☐ 私の行きそうな場所を知っていますか
58 ☐ その他：

12. 私が危険な状況にならないように工夫がされていますか
〈誤嚥の予防〉
59 ☐ 私にあった食事（形、硬さ、量）が工夫されていますか
60 ☐ 食事の姿勢が保てるイスや物品が工夫されていますか
61 ☐ その他：

〈転倒・転落の予防〉
＊ 床の状態
62 ☐ 滑りやすいものはないですか（水こぼれ、玄関マット）
63 ☐ 歩行の障害になる物がないですか
64 ☐ 段差は適切ですか
65 ☐ 絨毯などのひっかかりやすい素材がありませんか
66 ☐ その他：
＊ 衣類の状態
67 ☐ 靴下やスリッパは私にあっていますか
68 ☐ その他：
＊ ベッド等の状態
69 ☐ 私にとってベッド、布団のどちらが適切かを見極めていますか
70 ☐ 高さ、広さ、ベッド柵は適切ですか
71 ☐ その他：
＊ イス
72 ☐ 高さや安定感は適切ですか
73 ☐ その他：
＊ 車いす
74 ☐ 移動具としてのみ使えていますか
75 ☐ ストッパー、フットレストは安全に使えていますか
76 ☐ 座り方は安定していますか
77 ✓ その他：立ち上がり

〈感染の予防〉
78 ☐ 手をすぐに洗える場や用意がありますか
79 ☐ 腐ったものがありませんか
80 ☐ カビなどがありませんか
81 ☐ ホコリがたまっていませんか
82 ☐ 害虫等が繁殖していませんか
83 ☐ その他：

私の願いや支援してほしいこと
●私が言ったこと
△家族が言ったこと
○支援者が気づいたこと、支援のヒントやアイデア

9
○ 夜、部屋の電気を消すと寮母室の前に度々出てくる
○ 眠るときの習慣を家族に聞いてみる

77
● 帰る！
○ 車いすから立ち上がろうとする
立ち上がる場面を見たら、どこへ行きたいのかを聞いてみる、いつ、どんな場面で立ち上がろうとするかを見てみる、車いすからいすに座りかえる

※支援者とは、本人を支える人（介護職、医療職、福祉職、法律関係者、地域で支える人、家族・親戚等）であり、立場や職種を問わない。
★プライバシー・個人情報の保護を徹底してください。　B−4　

1　B-4シートのねらいと視点

①認知症の人は、直接的なケアと同時に（人によってはそれ以上に）自分らしく安心して暮らしていくための生活環境（居住環境、地域環境）を求めています。

②本人がふだん暮らしている環境やサービスを受けている場のなかには、本人の不安や不快、ストレス、無為、危険や不健康を招いてしまっている環境要因がたくさん潜んでいます。認知症の進行とともに本人が求める環境も変化していきます。

③本人が一見落ちついているように見えて、実は本人が秘めている心身の力を発揮するための環境が不足しているなかでの「つくられた穏やかな状態」の人が少なくありません。

④それらのなかにはケアによって変えていくべきもの、変えていけるものがたくさんあります。自宅でも、環境の点検と支援が必要です。

⑤本人が落ちついて、もっと生き生きと暮らしていけるよう、生活環境づくりに向けて取り組むべき課題と具体策を明らかにするのが、このシートのねらいです。

＊まずは今の場、今の支援関係者ですぐに取り組める小さな環境づくりのプランを立てましょう。

＊すぐには実現できない環境上の課題もあきらめず、ケアプランで目標時期を定めながら計画し、実現を図っていきましょう。

⑥特に本人が複数のサービスの場を利用している場合や居所移動が予定されている場合は、環境変化によるダメージ（リロケーションダメージ）が起きる危険があります。それらを予防したり、最小化に努めることが支援関係者の重要な役割です。移動前の環境に関する情報を移動先に伝え、受け入れのための環境づくりに活かしてもらいましょう。

2　情報収集と記入上のポイント

小項目の点検を前に、環境づくりのポイントである1～12の内容に目を通しましょう。
各項目について点検し、実現できていなかったり、課題がある場合に□に✔を入れ、具体的な内容をシートの余白あるいは右欄に記入します。
点検は、ケアする側の視点ではなく、認知症をもちながら暮らしている本人から見て環境がどうか、本人の視点に立って点検しましょう。
本人や家族にも、環境をどう受けとめているか、願いや支援してほしいことを聴いてみましょう。
家族が周りの人の目を気にせずに、本人とかかわれる場所があるか確認しましょう（場面、場所への配慮）。
文字で表しにくい内容は（見取り）図やイラストを描く、写真やビデオを添付するなど、実情や工夫を関係者間で伝え合う工夫をどんどんしてみましょう。

家族など大切な人を、できるだけ忘れないで暮らせるよう写真をおいて、会話に取り入れるなどのプランに展開しましょう。

職員の○○と並ぶとほぼ同じ

体重計にじっと立つこと困難
職員が抱いて一緒に計測

目安の500ccペットボトル2本強

C-1-1　心身の情報（私の心と身体の全体的な関連シート）

月　日／記入者

◎私が今、何に苦しんでいるのかを気づいて支援してください。

※本人が苦痛になっていることがないか、心身状態をよくみて該当する項目に✔を

健診データがわかれば記入します。

身長	150 cm	体重	38 kg	栄養状態	貧血なし	食事の形態	主食：ふつう 副食：ふつう	飲水量	1,100 cc／日

1. 私の体調	状態
1 ✔ 食欲がない	2日ほど前から食事の量が半分以下になり食べるとき苦痛な表情になる
2 □ 眠れない	
3 □ 起きれない	
4 □ 痛みがある	
5 □ 便秘して	
6 □ 下痢して	
7 □ 熱がある	
8 □ 手足が冷	
9 □ その他	

この欄には、要介護認定調査の区分7の項目をあげています。（用語をそのまま用いています）項目を本人の視点で検討し、なぜその症状がでているのか、関係していると考えられる項目を線で結びます。

2. 私の行動心	状態
10 □ 盗られたなど被害にあっていると言う	
11 □ 状況に合わない話をする	
12 □ （ないものが）見える、聴こえる	
13 □ 気持ちが不安定	
14 □ 夜眠らない	
15 ✔ 荒々しい言い方やふるまいをする	人がそばに寄ると「あっちに行け」と怒鳴る
16 □ 何度も同じ話をする	
17 □ （周囲に不快な）音を立てる	
18 □ 大きな声を出す	
19 □ 声かけや介護を拒む	
20 □ 落ち着かない	
21 □ 歩き続ける	
22 □ 家に帰るなどの言動を繰り返す	
23 □ （一人では危険だが）外に出ようとする	
24 □ 外出すると一人で戻れない	
25 □ いろいろな物を集める	
26 □ 火を安全に使えない	
27 □ 物や衣類を傷めてしまう	
28 □ 排泄物とわからず触ってしまう	
29 □ 食べられない物を口に入れる	
30 □ その他	

3. 私の口の中	状態
31 □ 入れ歯が合わず痛みや不具合がある	
32 □ 歯ぐきがはれている	
33 ✔ 口内炎ができている	右の奥に米粒大（食事時顔しかめる、しみる様子）
34 □ 舌が白くなっている	
35 □ 口の中が汚れている	
36 □ 口の中が乾燥している	
37 □ 唇が乾燥している	
38 □ 飲み込みが悪い、むせる	
39 □ その他	

4. 私の皮膚の状態	状態
40 □ 乾燥している	
41 □ かゆみがある	
42 □ 湿疹ができている	
43 □ 傷がある	
44 □ はれている	
45 □ 赤くなっている	
46 □ タコができている	
47 □ 魚の目ができている	
48 □ 水虫ができている	
49 □ 床ずれがある	
50 □ その他	

5. 私のコミュニケーションの状態	状態
51 □ 表情がうつろ、堅い、乏しい	
52 □ 目に光がない	
53 □ 見えにくい	
54 ✔ 聞こえにくい	両耳とも、耳元で言わないと伝わらない
55 □ 意思を伝えにくい	
56 □ 感情を表現できにくい	
57 □ 相手のいうことが理解できない	

※記入欄が足りない場合はコピーして裏につけてください。

★プライバシー・個人情報の保護を徹底してください。　C−1−1

1 C-1-1シートのねらいと視点

①本人は、体の不調や苦痛、不安を言葉でうまく表せなくなっています。全身のシグナルを通してそれらを早期に発見し、本人の安らかさや健やかさを徹底的に守っていくことが支援関係者の大きな役割です。

②本人のくり返しの訴えや激しい症状に目を奪われて、本人が最も苦しんでいる症状や求めているケアを見落としがちです（見落としは、身体面、心理面、両面に起きます）。課題の見落としがないか点検すると同時に、それぞれの課題のつながりを検討します。

③本人が今、最も苦しんでいること・必要としているケアのポイント（プランの優先順位）が適切か、心身の全体を視野に入れて見直すためのシートです。

2 情報収集と記入上のポイント

①アセスメントする機会に「いつも把握しているつもり」の状態ではなく、今現在の本人の声や姿を直にしっかり観察しましょう。

②支援関係者の目や耳、肌をセンサーにして、「以前と違う」、「どこかおかしい（異常）」等の変化を確実にキャッチしましょう。日常的にも当然のことですが、アセスメントの機会にあらためて全身状態を点検しましょう。

③数量化できるものは、最新の数値や正確な情報を集めて記入しましょう。

④機器や道具に頼らなくとも、ふだんから支援関係者の「からだ」を道具にして、数量として把握するワザを磨きましょう（例：抱いて○kg、手で持って約○g、自分の身長や掌、腕、足のサイズをもとに約○cm、目分量で○cc、触れてみて○度位など）。

⑤頻度は漠然とした表現ではなく、数量にできるものは、数値で記入します。
例：眠れないことがよくある→週に１～２回、12時すぎまで眠れない。
＊支援関係者が協働して情報を集め、課題を見極めるためにD-3やD-4シートをあわせて使います。

⑥本人の声や姿と、客観的な情報を重ね合わせて、課題がある項目の□に✓を入れましょう。

⑦状態欄は、今後の現場に活きるケアプラン内容を導けるよう、本人の状態のありのままを具体的に記入します。

⑧各項目の点検で終わらせずに、課題となった項目間につながりがないか検討し、関連がある項目は線でつなぎます。

C-1-2 心身の情報（私の姿と気持ちシート）

C-1-2 心身の情報（私の姿と気持ちシート）

名前　　　記入日：20　年　月　日／記入者

◎私の今の姿と気持ちを書いてください。

※本人のふだんの姿をよく思い出して、まん中に本人の姿を描いてみよう。いつも身につけているものや身近にあるものなども書いておこう。

※本人の言葉や声を思い出しながら、ありのままを●を文頭につけて記入しよう。家族が言ったことは△をつけて記入しよう。

※一つひとつの●（本人の言葉や表情）について「本人がどう思っているのか」を考えてみて、気づいたことや支援のヒントやアイデアを、文頭に○をつけて記入しよう。

※C-1-1のような身体の苦痛を抱えながら、どんな気持ちで暮らしているのか考えてみよう。

私の不安や苦痛、悲しみは…

●もうダメだ…

○身体が思うように動かず、不安や恐怖があるのでは

●バカになっちゃって…

私の姿です

娘さんにもらった大事なかばんいつもかけている

私が嬉しいこと、楽しいこと、快と感じることは…

●演歌はいいねぇ

○TVをくいいるように見ている

私へのかかわり方や支援についての願いや要望は…

●ここに居て…（夜間、ベッドサイドで）

○夜なかなか眠れず、不安やさびしい思いがある

私がやりたいことや願い・要望は…

●畑に行きたいなぁ

○農家の主婦だったから作物が気になる畑を見に行けないか…?

医療についての私の願いや要望は…

●痛いのは嫌!

ターミナルや死後についての私の願いや要望は…

※支援者とは、本人を支える人（介護職、医療職、福祉職、法律関係者、地域で支える人、家族・親戚等）であり、立場や職種を問わない。

C−1−2　　

1　C-1-2シートのねらいと視点

①C-1-1シートの心身の状態をもちながら、現在本人がどんな姿で暮らしているか、どんな気持ちでいるか、アセスメントの機会に、本人のありのままの姿と気持ちを知るためのシートです。

②本人についてたくさんの情報をもち、ケアに取り組んでいても、肝心の本人の「今」の姿や声を捉えていないことが起こりがちです。「よく知っている」「きちんとケアをしている」と思えるケースであっても、今一度、本人と向き合い、その姿と声をもとに、本人がその人らしく安心して生き生き暮らしていくための課題を探りましょう。

＊その人らしさを細かく文章化することは、大変な量となりますが、１枚の絵を通して、その人らしさを視覚的に捉え、伝えることができます。同一の人を複数の支援関係者で描くことによって、互いの捉え方の違いも浮き彫りになります。

＊このシートで描き出された本人の「姿」と「声」をよく見てください。この人らしい姿と言えますか？ この人の安らかで生き生きしたことばが日々、出ていますか？

③「本人はわからない」、「コミュニケーションできない」とあきらめず、本人の声のキャッチのむずかしい人こそ、アセスメントの機会に本人の傍らに寄り添う時間をつくり、「本人が伝えたいこと」、「本人が求めていること」をケア関係者全員で探っていきましょう。

2　情報収集と記入上のポイント

〈私の姿欄〉

①上手に描くことが目的ではありません。記入者が本人のことをどのくらいよく見て知っているかを自己点検しながら、まずは自分が捉えているその人を描いてみましょう。
＊描けなかった部分が、今後要観察のところです。

②いつもの全身像をできるだけ具体的に描きましょう。着ているもの、履きもの、装身具、持ちもの、場所など、その人らしい姿を示すものも必要に応じて描きましょう。

③「いつも」が、１つに表せない場合、代表的な姿（その人の課題を明確にする根拠になる姿）を複数描いてみましょう。
（例）・穏やかな姿と怒っている姿　・嬉々と働く姿とボーッとしている姿など

④複数の過ごし場所がある場合は、各々を描いてみましょう。
（例）・自宅とデイサービス、ショートステイにいるときの各々の姿　・施設にいるときの姿と、一時帰宅したときの姿

⑤絵で表現がむずかしい部分や特に表現したい点については、矢印をつけてコメントを記入しましょう。
（例）・いつも眉間に深いしわ　・右手の震え　など

〈吹き出し（声）欄〉

①本人のありのままの声をできるだけキャッチして記入しましょう。

②△家族や○ケア関係者の気づきを記入する際は、根拠になった事実も添えてください（できるだけ具体的に）。

〈全体〉

①ふだん本人と暮らしをともにしていないケアマネジャーのみで書こうとせず、本人の「姿」や「声」をよく知っている家族やケアスタッフの観察や気づきを、アセスメントの機会にできるだけたくさん伝えてもらいましょう（メモやノートの工夫など）。それらをケアマネジャーらがシートに集約していきましょう。

②本人の現状を知り、ケアプランにどう反映させるかを考えながら、気づいた点は○支援のヒント、アイデアとして記入し、Eシートの記入につなげましょう。

D-1　焦点情報（私ができること・私ができないことシート）

D-1　焦点情報（私ができること・私ができないことシート） 名前　　　　　記入日：20　　年　　月　　日／記入者

◎私ができそうなことを見つけて、機会を作って力を引き出してください。
◎できる可能性があることは、私ができるように支援してください。もうできなくなったことは、無理にさせたり放置せずに、代行したり、安全・健康のための支援をしっかり行ってください。
※今、している、していないを把握するだけではなく、できる可能性があるか、もうできないのかを見極めて、該当する欄に✔を付けよう。
※単に動作のチェックではなく、24 時間の暮らしのどの場面（時間や朝、昼、夕、夜など）か、どんな状況かを具体的に記入しよう。

暮らしの場面	私がしていること		私がしていないこと		私の具体的な言動や場面	できるために必要な支援、できないことへの代行、安全や健康のための支援	私ができるように支援してほしいこと ●私が言ったこと △家族が言ったこと ○支援者が気づいたこと、支援のヒントやアイデア
	常時している（自立）	場合によってしている	場合によってはできそう	もうできない			
	できる（可能性）						
起きる		✔			声をかけると起きられる	朝8時頃に声をかける	○「朝ですよ」と同じ声のかけ方でないと起きられない。同じ声かけができるようにチームで共有する
移動・移乗							
寝床の片づけなど							
整容（洗顔や整髪など）							
着替え（寝まき↔洋服）							
食事準備（献立づくり・調理・配膳等）			✔		料理をしている人の手元をじっとながめている	食事の準備を一緒にやってみる	○ できそうなことをみつける得意料理を家族に聞く
食事							
食事の片づけ							
服薬							
排泄							
掃除・ゴミ出し							
洗濯（洗い→たたみ）							
買い物（支払いも含む）							
金銭管理（貯金の管理、手持ち現金の管理、通帳の管理・出し入れ、計画的に使えるか）							
諸手続き（書類の記入・保管・提出等）							
電話をかける・受ける							
入浴の準備							
入浴時の着脱							
入浴							
寝る前の準備（歯磨、寝床の準備）							
就寝							
人への気づかい							
その他							

朝起きてから寝るまでの一連の暮らしの流れで場面が構成されています。
本人の暮らしの流れに沿って、足りない項目はその他の欄に記入して下さい。

※支援者とは、本人を支える人（介護職、医療職、福祉職、法律関係者、地域で支える人、家族・親戚等）であり、立場や職種を問わない。
★プライバシー・個人情報の保護を徹底してください。　　D−1

1　D-1シートのねらいと視点

①本人が現在していないこと、もうできないとみなされている動作のなかには、認知症のためにできない姿を現してしまっている状態や、周囲がさせていない動作も少なくありません。

②多くの人には、適切な支援や環境によって「自分でできる」ことが残されています。認知症が進みゆくなかであっても「自分でできる」可能性を1つでも多く見出し、その人らしい力を発揮しながら誇りや自信をもって（よみがえらせて）暮らしていくことを支えるケアを立案していくためのシートです。

③逆に、「本人がもうできなくなっている」状態を、周囲が見落とし、手助けや代替をしていないために、本人の不安や混乱、失敗を招いていることがあります。BPSDの対応に追われて、本人の「できなくなっていること」を見落としていませんか？　支援関係者間で、援助したり、しなかったりの違いがそのままにされ、そのことが、さらに本人の混乱を生んでいませんか？　このシートはアセスメントの機会に、あらためて本人の動作の様子を点検し直し、本人のできなくなっている変化を支援関係者で共有し、ケアを統一していくためのシートでもあります。

2　情報収集と記入上のポイント

①断片的な動作項目の点検ではなく、本人の朝起きてから眠るまでの暮らしの流れに沿って、各暮らしの場面ごとに

1)本人がしているか、していないか

2)しているなら常時1人でしているか、何らかの場合（場面や支援）によってしているか

3)していないなら、何らかの支援や場面があればできそうか、もう完全にできないか

を検討し該当するレベルに✓を入れます。

② ✓をどこにつけるか、分類が目的の作業ではありません。各動作が、実際にどのようか、まずは暮らしの流れに沿って大まかにつけてみましょう。

③レベルを判断した根拠になった具体的な言動や場面および現在行っている支援などを該当欄にメモしましょう。

④複数のケアスタッフ、家族らでつけてみましょう。判断がずれた項目こそ大切です。ずれた項目について、ケアマネジャーを中心に各自がどのように捉えているか話し合い、課題を明らかにしましょう。

⑤客観的点検と同時に、本人がどう支援してほしいと願っているのか、本人のふだんの声や聴きとった声を右欄に記入しましょう。（C-1-2シート参照）

⑥点検をしながら気づいた支援のヒントやアイデアも右欄に○をつけて記入し、Eシートにつなげましょう。

⑦全項目を詳細に記入する必要はありません。「場合によってはできそう」と判断された項目やケア関係者間でのずれがある項目を中心に、本人の暮らし全体のなかで本人が自分らしく生き生き暮らすうえで、特に重要と考えられる項目に焦点をあてながら記入しましょう。

D-2　焦点情報（私がわかること・私がわからないことシート）

D-2　焦点情報（私がわかること・私がわからないことシート） 名前　　　　記入日：20　　年　　月　　日／記入者

◎私がわかる可能性があることを見つけて機会をつくり、力を引き出してください。
◎私がわかる可能性があることを見つけて支援してください。もうわからなくなったことは放置しないで、代行したり、安全や健康のための支援をしっかり行ってください。
※外見上のわかること、わからないことを把握するだけではなく、わかる可能性があるのか、もうわからないことかを見極めて、該当する欄に✓を付けよう。
※単に動作のチェックではなく、24 時間の暮らしのどの場面（時間や朝、昼、夕、夜など）か、その時どんな状況なのかを具体的に記入しよう。

暮らしの場面	私がわかること		私がわからないこと		私の具体的な言動や場面	わかるために必要な支援、わからないことへの代行、安全や健康のための支援	私がわかるように支援してほしいこと ●私が言ったこと △家族が言ったこと ○支援者が気づいたこと、支援のヒントやアイデア
	常時わかる	場合によってはわかること	場合によってはわかる可能性がある	わからない			
会話の理解		✓			「食べる」「飲む」はわかる	単語での声かけをする	△早口だとわからない
私の意思やしたいことを伝える		✓			イヤなことははっきり言う		○本人が伝えてくれたときはゆっくり聞く
毎日を暮らすための意思決定（服を選んだり、やりたいことを決めるなど）							
時間がわかる			✓		繰り返し時間を聞く	そのたびに答えている	○本人がわかる文字盤の時計を置いてみよう
場所がわかる							
家族や知人がわかる							
直前の記憶							
最近の記憶（1～2週間程度の記憶）							
昔の記憶							
文字の理解（ことば、文字）							
その他							

※支援者とは、本人を支える人（介護職、医療職、福祉職、法律関係者、地域で支える人、家族・親戚等）であり、立場や職種を問わない。
★プライバシー・個人情報の保護を徹底してください。　D−2　

1　D-2シートのねらいと視点

①本人が現在「もうわからない」とみなされていることの中には、適切な支援や環境によって「わかる」ことが残されています。本人が「わかる」可能性を1つでも多く見出し、安心と自信を保ちながら暮らしていくケアを立案していくためのシートです。

②逆に、「本人がもうわからなくなっている状態」を周囲が見落とし、不安や混乱、失敗を招いていることも少なくありません。支援関係者によって本人の説明や支援のあり方が異なっているために本人の不安や混乱を強めている場合もみられます。アセスメントの機会に、本人の様子をあらためて点検し直し、本人のわからなくなってきている変化を支援関係者で共有し、ケアを統一していくためのシートです。

2　情報収集と記入上のポイント

①断片的な1つひとつの機能の点検ではなく、本人の暮らしの場面のなかで

1)本人がわかるか、わからないか

2)わかるなら、常にわかるか、場合によってわかるか

3)わからないなら、何らかの説明や支援があればわかりそうか、完全にわからないか

を検討し、該当するレベルに✓を入れます。

②✓をどこにつけるか、分類が目的の作業ではありません。本人がわかっている／いない状況がどのようか、D-1シートと同様に暮らしの流れに沿って大まかに✓をつけてみましょう。

③レベルを判断した根拠になった具体的な言動や場面および現在行っている支援などをメモしましょう。

④複数のケアスタッフ、家族らでつけてみましょう。判断がずれた項目こそ大切です。ずれた項目について、ケアマネジャーを中心に各自がどのように捉えているか話し合い、課題を明らかにしましょう。

⑤客観的点検と同時に、本人が何についてわかりたいと望み、どう支援してほしいと願っているのか、本人のふだんの声や聴きとった声を右欄に記入しましょう。(C-1-2シート参照)

⑥点検をしながら気づいた支援のヒントやアイデアも○をつけて右欄に記入し、Eシートにつなげましょう。

⑦全項目を詳細に記入する必要はありません。「場合によってはわかる可能性がある」と判断された項目やケア関係者間でのずれがある項目を中心に、本人の暮らし全体のなかで本人が自分らしく生き生き暮らすうえで、特に重要と考えられる項目に焦点をあてながら記入しましょう。

D-3 焦点情報（生活リズム・パターンシート）

D-3 焦点情報（生活リズム・パターンシート） 名前＿＿＿＿ 記入日：20 年 月 日／記入者＿＿＿＿

◎私の生活リズムをつかんでください。私の自然なリズムが、最大限保たれるように支援してください。
◎水分や排泄や睡眠などを、支援する側の都合で、一律のパターンを強いないでください。
※生活リズムやパターンをとらえるために必要な日数を関係者で協力して記入しよう。
※水分、排泄、睡眠、活動、ヒヤリ・ハット（転倒、転落、誤嚥、誤飲、誤薬など）などを必要に応じて記入しよう。
・睡眠の時間をラインマーカーで記入してパターンを見つけよう。
・ヒヤリ・ハットがあった場合は赤字で記入しよう。
※本人の状態に影響を与えていると思われることを「気づいたこと」欄に記入しよう。

※排泄関連の記号
同じ記号で関係者が記入し、情報を共有、伝達しよう。

【状況】	尿	便	使用した物
自立	○	●	オムツ…オ
誘導して出た	△	▲	パッド…パ
誘導したが出ない	□	■	下剤…下
失禁	＋	×	浣腸…浣
			摘便…摘

日	日付 ○／○ ★転倒の危険			／			／			／			／			／			／			私の願いや支援してほしいこと
時間	水分	排泄	睡眠 活動 ヒヤリ・ハット 他	水分	排泄	睡眠 活動 ヒヤリ・ハット 他	水分	排泄	睡眠 活動 ヒヤリ・ハット 他	水分	排泄	睡眠 活動 ヒヤリ・ハット 他	水分	排泄	睡眠 活動 ヒヤリ・ハット 他	水分	排泄	睡眠 活動 ヒヤリ・ハット 他	水分	排泄	睡眠 活動 ヒヤリ・ハット 他	●私が言ったこと △家族が言ったこと ○支援者が気づいたこと、支援のヒントやアイデア
4			（眠っている時間帯）																			○誘導時間を見直す 出ていなかったら30分後に誘ってみる
6		＋ パ	ベッドから降りようとしている																			
8	100	□	★車いすからの立ち上がり																			
10		＋ パ	（睡眠）																			
12	200																					
14		□	（睡眠）																			
16	200	△	★車いすからの立ち上がり																			
18	250	＋ パ																				
20		□																				
22		＋ パ	（睡眠）																			
0			（睡眠）																			
2		＋ パ	（睡眠）																			
4																						
計	750																					
気づいたこと	トイレの誘導時間が合わず失禁していることが多い 田中																					

※支援者とは、本人を支える人（介護職、医療職、福祉職、法律関係者、地域で支える人、家族・親戚等）であり、立場や職種を問わない。
★プライバシー・個人情報の保護を徹底してください。 D－3

1　D-3シートのねらいと視点

①１人ひとりは本来自分なりの生活リズムやパターンをもっており、自分らしい暮らしや健やかさ（体調）を保とうとしています。

②認知症の人は、老化や認知症の進行、あるいは周囲の環境やかかわり方によってリズムやパターンを乱されやすく、いったんそれらが崩れると心身の状態全体が大きく崩れ、一見認知症が進んだかのような状態がつくられやすい特徴があります。

③認知症の人のケアにかかわる人々が部分的な状態のみを見てかかわると、本人が保とうとしているリズムやパターンを乱してしまいがちです。

④本来、まだその人なりの生活リズムや力があるのに、過去の一時期の自立度低下（A-2シート参照）や体調の乱れの後、過剰なケア（オムツ・バルーン・食事介助や軟食・経管栄養・車いす・不要となった薬（下剤・安定剤など））がそのままにされている人がいませんか？

⑤このシートは、本人が現在生きていくうえで欠かせない飲食や排泄、睡眠や活動等の情報をケア関係者が協働して集約し、本人の生活リズムやパターンを見出すためのシートです。また、本人なりの自然な生活リズムやパターンを乱している要因を発見し、本人が自分の力でより自然な生活リズムやパターンを取り戻していくことを支えるプランを立案していくためのシートです。

⑥このシートは、本人に生じつつある転倒や行方不明の危険等のパターンを見出すために活用することも可能です。

2　情報収集と記入上のポイント

①アセスメントをする期間を決め、同一事業所内で本人にかかわっている複数のケアスタッフや別事業者の担当者、また可能なら家族にも記入をお願いして、24時間の経時的なデータを集めましょう。24時間すべてが把握できなくとも、把握できる部分からでも捉えていきましょう。

②本人のリズムやパターンが確認できるよう必要な日数分をつけてみましょう（確認できない場合は、当初のアセスメント期間を延長し、観察と記入を継続します）。

③排泄の記号は、シート右上の共通記号で明記しましょう。

④睡眠は、昼寝や居眠りなども記入します。ラインマーカーなどで眠った時間をマークしましょう。

⑤転倒や行方不明など、本人にとっての危険がある場合は、マークを決めて支援関係者全員に周知し、事象が起きたら必ず記入しましょう。

⑥データの記入者は、データと同時にその日の担当者でなければ気づくことのできない本人の状態や場面、その日の出来事やケアの工夫などを下欄にメモしましょう。

D-4　焦点情報（24時間生活変化シート）

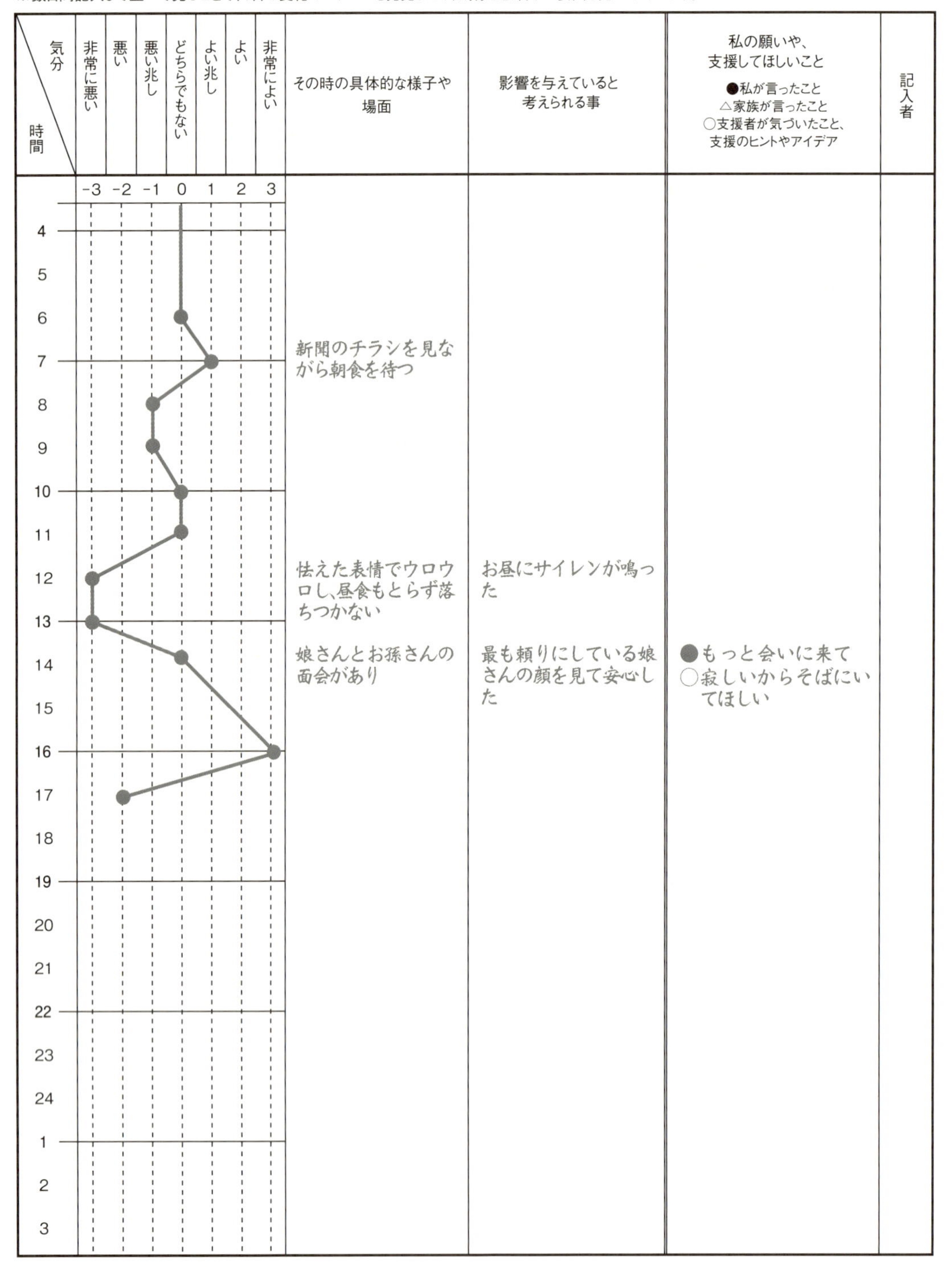

D-4　焦点情報（24時間生活変化シート） 名前　　　　　　　記入日：20　　年　　月　　日／記入者

◎私の今日の気分の変化です。24 時間の変化に何が影響を与えていたのかを把握して、予防的に関わるタイミングや内容を見つけてください。
※本人の気分が「非常によい」から「非常に悪い」までの、どのあたりにあるのか思った所に点を付け、線で結んでいこう。（1日の変化を知ろう）
※その時の本人の様子や場面を具体的に記入しよう。
※数日間記入して並べて見ることで、1日の変化のパターンを発見したり、気分を左右する要因を見つけてみよう。

時間＼気分（非常に悪い −3／悪い −2／悪い兆し −1／どちらでもない 0／よい兆し 1／よい 2／非常によい 3）	その時の具体的な様子や場面	影響を与えていると考えられる事	私の願いや、支援してほしいこと ●私が言ったこと △家族が言ったこと ○支援者が気づいたこと、支援のヒントやアイデア	記入者
4				
5				
6				
7	新聞のチラシを見ながら朝食を待つ			
8				
9				
10				
11				
12	怯えた表情でウロウロし、昼食もとらず落ちつかない	お昼にサイレンが鳴った		
13				
14	娘さんとお孫さんの面会があり	最も頼りにしている娘さんの顔を見て安心した	●もっと会いに来て ○寂しいからそばにいてほしい	
15				
16				
17				
18				
19				
20				
21				
22				
23				
24				
1				
2				
3				

※支援者とは、本人を支える人（介護職、医療職、福祉職、法律関係者、地域で支える人、家族・親戚等）であり、立場や職種を問わない。
★プライバシー・個人情報の保護を徹底してください。　　D−4　　©認知症介護研究・研修東京センター（1305）

1　D-4シートのねらいと視点

①本人は、朝めざめたときから眠りにつくまで、深い物忘れとの闘いであり、周囲の環境やかかわりのなかで気分がさまざまに変化しています。このシートは、本人の１日の気分の変動とその背景を把握し、どうすれば悪い状態を回避し、よりよい状態をより長く保ちながら暮らしていけるか、予防的な視点からケアプランを立てていくためのシートです。

②１日の流れのなかで、複数の職員間で見方がずれている場合もあります。同じ人について、同じ日にかかわる複数の職員でこのシートを記入してみて、捉え方の違いを確認し、統一したかかわり方ができるよう、ケアプランを立案していきましょう。

③在宅のケースで複数の事業者を利用している場合、各事業者の職員でこのシートを記入してみて、捉え方の違いを確認し、統一したかかわり方ができるよう、ケアプランを立案していきましょう。

④ケアプランにもとづいて、支援関係者がケアを実践した前後でこのシートを比較すると、本人の状態像を通してケアの成果や課題を明確に表せます。なかなか「みえる成果」を示しにくい認知症ケアの成果を視覚的・量的に示すためのシートでもあります。

⑤ケアプランを日々実践し、その日１日がどうであったか、日々の記録や申し送りにもシートが活かせます。

2　情報収集と記入上のポイント

①朝めざめてから次の朝まで、本人が表している姿を大まかに、「非常に悪い～非常によい」に分けて、時間ごとに表れた姿に該当するレベルに●印をつけ、線で結んでみましょう。

②「-3～-1、1～3」は細かい分類にこだわりすぎず、大まかな１日の変動を記入しましょう。

③じっとしているようでも表情が固かったり、じーっと動かない、ひきこもっている状態を、「どちらでもない」とするか「悪い兆し～非常に悪い」と捉えるか、本人の気持ちや本来のその人らしい姿と重ねあわせながら支援関係者で見極め方を相談し、視点を一致させましょう。

④日によって状態像の変動が大きい場合や、複数の場所で過ごす人の場合（自宅とデイサービス・ショートステイ、施設と一時帰宅など）、同一シートに複数の日の状態像を、線の色や線形（―― 、----- 、―・―・ など）を変えて記入したり、別シートに1日ごとに記入して、本人の状態の変動と背景を明らかにしましょう。

⑤状態像の変動で注目される時間帯について、必要ならより時間帯を細かく区切って（シートの24時間を60分におきかえるなど）変動をより詳しく把握して分析し、支援策を具体化しましょう。

⑥客観的に状態像の変動を把握すると同時に、本人の願いや支援してほしいことも重ねあわせて把握しましょう。（C-1-2シート参照）

D-5　焦点情報（私の求めるかかわり方シート）

D-5　焦点情報（私の求めるかかわり方シート）　名前　　　　　記入日：20　　年　　月　　日／記入者

◎私に対するかかわり方のまなざしや態度を点検してみましょう。

月日	かかわっている人の点検項目	場面	状況	私の願いや支援してほしいこと ●私が言ったこと △家族が言ったこと ○支援者が気づいたこと、支援のヒントやアイデア	記入者
○/○	あなたは「支援してあげる」という一方的な気持ちではなく、私の暮らしのパートナーとして一緒に楽しもうとしていますか	忙しくしているのに何度も繰り返し同じことを言われたとき	同じことばかり言われて面倒だと思って対応している	○本人の立場に立って自分のかかわりや環境が整えられているか点検してみる ●帰りたい！ ○この時間に「帰る準備をしているから」と先に声をかける 一旦手を止めて向き合う ○本人の好きな釣りの話を聞いてみる	△△
	あなたは私の言うことや問いかけに、しっかりと耳を傾けていますか	繰り返し「帰りたい」と言う	夕方、帰る準備で忙しくしているとき		
	あなたは、私が話しを通して伝えようとしている真意を汲み取ろうとしていますか	「帰る、帰る」とウロウロしている	「夕方4時まではここにいましょうね」とその都度言う		
	あなたは「支援してあげる」という一方的な気持ちではなく、私の暮らしのパートナーとして一緒に楽しもうとしていますか				
	あなたは私の言うことや問いかけに、しっかりと耳を傾けていますか				
	あなたは、私が話しを通して伝えようとしている真意を汲み取ろうとしていますか				
	あなたは「支援してあげる」という一方的な気持ちではなく、私の暮らしのパートナーとして一緒に楽しもうとしていますか				
	あなたは私の言うことや問いかけに、しっかりと耳を傾けていますか				
	あなたは、私が話しを通して伝えようとしている真意を汲み取ろうとしていますか				
	あなたは「支援してあげる」という一方的な気持ちではなく、私の暮らしのパートナーとして一緒に楽しもうとしていますか				
	あなたは私の言うことや問いかけに、しっかりと耳を傾けていますか				
	あなたは、私が話しを通して伝えようとしている真意を汲み取ろうとしていますか				
	あなたは「支援してあげる」という一方的な気持ちではなく、私の暮らしのパートナーとして一緒に楽しもうとしていますか				
	あなたは私の言うことや問いかけに、しっかりと耳を傾けていますか				
	あなたは、私が話しを通して伝えようとしている真意を汲み取ろうとしていますか				
	あなたは「支援してあげる」という一方的な気持ちではなく、私の暮らしのパートナーとして一緒に楽しもうとしていますか				
	あなたは私の言うことや問いかけに、しっかりと耳を傾けていますか				
	あなたは、私が話しを通して伝えようとしている真意を汲み取ろうとしていますか				

※支援者とは、本人を支える人（介護職、医療職、福祉職、法律関係者、地域で支える人、家族・親戚等）であり、立場や職種を問わない。
★プライバシー・個人情報の保護を徹底してください。　　D−5　　

1　D-5シートのねらいと視点

①本人の状態や本人が表す言動には、支援関係者の視点やかかわり方が大きく影響を与えています。

②本人自体のアセスメントと同時に、支援関係者側のあり方を点検するためのシートです。

③本人と接する時間の長短にかかわらず、すべての支援関係者が本人本位のあり方を徹底し、本人と「なじみの関係」を築けるよう具体的場面を通じて検討していくためのシートです。

2　情報収集と記入上のポイント

①アセスメントを行う時期に支援関係者自身（場合によっては家族）に記入してもらいましょう。

②ケアプランの更新のたびに、点検しなおし、かかわり方が本人本位になっているか、繰り返し見直しましょう。

③同一の日に同じ場面で、本人にかかわった複数の支援関係者に記入してもらう方法もあります。

④「場面」の欄には、記入者が自らのかかわりを振り返り、各点検項目について自らの課題に気づいた場面や対応の難しかった場面を選んで、その具体的な本人の様子を記します。

⑤「状況」の欄には、その場面での記入者の捉え方、かかわり方を記します。

⑥その際の本人の「願いや支援してほしいこと」、「支援のヒントやアイデア」について気づいたこともメモしましょう。

E　24時間アセスメントまとめシート（ケアプラン導入シート）

E　24時間アセスメントまとめシート（ケアプラン導入シート）★このシートを活かして介護計画表に、本人本位の介護

◎今の私の暮らしの中で課題になっていることを整理して、私らしく暮らせるための工夫を考えてください。
※A～Dシートで把握した「私の願いや支援してほしいこと」から、今の暮らしで課題になっていることを選び、１日の流れにそって記入しよう。
頭に「●」私、「△」家族、「○」支援者のマークを入れて記入しよう。）
※介護者側が本人本位の視点で判断した課題も書き込みましょう。
※本人が注目してほしい行動や状態とその原因や背景を整理し、本人がよりよく暮らせるためのアイデアや工夫を記入しよう。

	私の願いや支援してほしいこと（本人がよりよく暮らすための課題）	私の注目してほしい行動／状態	原因・背景	
4				
6	○ 朝はお腹が空いているので、私がわかるように食べ物を置いてほしい	スタッフルームの前の廊下をウロウロしている	朝、目が覚めたときから空腹の状態。食べ物が見つからずウロウロしている	
8				
10				
12				
14				
16				
	●「家に帰る」	寂しそうな表情で何度も繰り返し、外へ出て行こうとする	夕暮れになると、子どもたちのご飯づくりが気になる。自分ではご飯づくりをしたい、できることがある	
18				
20				
22				
0				
2				
24時間に該当しない点で、ケアプランや実際の支援に活かしたいこと				

※支援者とは、本人を支える人（介護職、医療職、福祉職、法律関係者、地域で支える人、家族・親戚等）であり、立場や職種を問わない。
★プライバシー・個人情報の保護を徹底してください。　E

計画を展開しよう!

（誰からの情報かを明確にするために、文

私がよりよく暮らせるための支援のアイデアと工夫

・スタッフルームのいつも本人がくるコーナーのテーブルにバナナを置いておく
・本人が見つけて落ちついて座って食べられるようにいすを置く

・おいしい夕ご飯をつくって食べようという会話をなげかける
・本人の得意な料理や子どもたちとの楽しい会話場面の思い出話を5分間集中的にする
・食堂で一緒にご飯の準備をする場面づくりをする

1　Eシートのねらいと視点

①A～Dの各シートを用いて本人本位の視点で把握した「よりよく暮らすための課題」と「支援のアイデアと工夫」などを、本人の1日の暮らしの流れに沿って整理し、ケアプランを導くためのシートです。

②本人に生じているさまざまな課題を「本人の暮らしの流れ（24時間、それ以外）」のなかで整理し、本人にとっての課題の全体像を把握して優先順位を検討します。

③「よりよく暮らすための課題」は、実際の暮らしのなかでは、本人のさまざまな言動や状態となって表れています。「よりよく暮らすための課題」を、認知症の人はうまく伝えることができず、外見上さまざまな様子で表しつつ、真のニーズに気づいてほしいと願っています。外見上の言動・状態への表面的な対処のケアプランに陥らないよう、本人の行動・状態と、その源にある「よりよく暮らすための課題」をつなげて記入し、「本人にとっての課題」にしっかり焦点をあてたケアプランに導くことをねらったシートです。

2　情報収集と記入上のポイント

●A～Dのシート記入を終えてからEシートへの記入を始めるよりも、A～Dシートを記入しながら、そこで把握された課題や状態、ケアのアイデア等を順次Eシートにも記し、Eシートをどんどん埋めていきましょう。

●A～Dの各シートで明らかになった「私の願いや支援してほしいこと」および課題として「支援者が気づいたこと」の主なものを、このシートの「よりよく暮らすための課題」欄の該当時間帯の所に記入します。

●課題が24時間のある特定の時間帯に生じていない事項については、シートの下段（24時間に該当しない欄）に記入しましょう。ただし、不規則、不定期、随時とみなされていた本人の行動や状態も、支援関係者協働のアセスメントによってリズムやパターンが見出され「1日のなかのある時間帯」に記入できる場合も少なくありません。ケアを実践すべき時間帯を明確にし、役割分担を明記したケアプランの作成につながります。

●課題全体をみて、以下の点から本人の課題の解決を図る優先順位を考えましょう。

①C-1-2シートをもとに、本人が最も求めていることは何か？課題の関連をみて、最も必要なことは何か？

②これまでの経過確認と今後の予測（A-2、B-2、C-1-2）を行い、現在の本人のおかれた状況において、優先すべきことは何か？

●優先順位に沿って、本人がよりよく暮らすための課題→本人が注目してほしい行動・状態（原因、背景）→支援のアイデア・工夫という順に記入を進めましょう。

＊ただし原因・背景は、分析に時間がかかることが多く、そこが空白のままでも、とにかく、支援のアイデア・工夫に進みましょう。

＊本人にとっての「課題」に沿って支援のアイデア・工夫をできる限り考え、記入しましょう。サービス担当者会議でどうしたら可能か具体的ケアプランを検討しましょう。

●課題に対応した支援のアイデアや資源が不足している場合は、ケアプラン上、要観察や資源の調整・調達を要する課題として、必ず取り上げていきましょう。

5 章

センター方式シートの活用例

1. 地域包括支援センター
2. 居宅介護支援事業所
3. デイサービス
4. 小規模多機能型居宅介護
5. 特別養護老人ホーム
6. グループホーム

センター方式シートの活用例について

(1)認知症ケアが展開されている、多様な場においての活用例が示してあります(①地域包括支援センター、②居宅介護支援事業所、③デイサービス、④小規模多機能型居宅介護、⑤特別養護老人ホーム、⑥グループホーム)。

(2)各ケースとも、実例に基づきつつプライバシーを守るために、氏名などの個人情報や内容を架空のものに置きかえてあります。

(3)各ケースとも、シートを使って、家族とチームメンバーから情報や気づき、アイデアを集めて記入した例です(あくまでも活用例であり、アセスメント・ケアプランのモデル例ではありません)。

(4)各ケースとも、得られた情報のなかから『今後の本人と家族の暮らしをよりよくする』ために関連する情報を選び、それらを『チームメンバーにわかりやすく共有する』ことを大切にして記入してあります。そのため、同じシートでも、記入の仕方が各ケースで工夫され、異なった形となっている場合があります。

(5)各ケースとも、実際のケア経過に沿った活用例が示してあります。そのため、同じシートを、異なる時期に使用していることがあります。

(6)各シートを見ながら、できるだけ本人の生の声や場面などの具体的事実を記すこと、そして、それらの情報から引き出された気づきやケアのアイデア、工夫を、シートにまとめていくプロセスをたどってみましょう。

(7)活用例を見ながら、自分にかかわりのあるケースがあった場合、各記入欄にどんな情報があるのか、また足りない情報は何か、どのシートを使って誰にどんな情報を集めたら(伝えたら)いいのかなどについて考えてみましょう。

(8)活用例を見ながら、自分にかかわりのあるケースで役立ちそうなシートがあったら、1枚からでも記入を始めてみましょう。できたら、ケアチームのメンバーにも声をかけ、そのシートに関する情報をもちより、一緒に活用してみましょう。

1. 地域包括支援センター

金銭管理ができなくなった方を、民生委員、関係機関と連携しながら支援したケース

■ケース概況：センター方式の活用に至るまで

Aさん（80代女性）。独身、1人暮らし（家族なし）。
2008年9月、本人から「●家賃払えない」と相談を受けた民生委員が訪問。電気を止められ食べ物がなく砂糖水を飲んで暮らしていた。民生委員が福祉事務所に相談。
11月、福祉事務所から地域包括支援センターに、介護保険の申請と金銭管理サービス導入手続きをしてほしいと依頼があって支援開始。受診支援し、認知症と診断される。介護保険を申請し、要介護1。

1 センター方式を活用した場面とシート、一緒に活用した人

＊＝主となって記入した人

場　面	シート	一緒に活用した人
2008年11月　初回、訪問実施直後	C-1-2	＊地域包括の主任ケアマネジャー、一緒に訪問した社会福祉士 訪問時に見聞きしたことをシートにメモし、課題を明確に。関係者と共有。
2009年1月　介護保険サービス導入3週間後のサービス担当者会議の前後 ・会議前の情報収集 ・会議の席でシート記入、ケアプランの見直し・修正 ・会議後、全員にシートをコピー	A-1 B-2､3 C-1-2 D-1､2 E	＊地域包括職員、ケアマネジャー、デイサービス職員、ヘルパー、民生委員、福祉事務所ケースワーカー、配食サービス職員、弁護士 参加者が互いの情報を報告し合い、その場でシートを用いて情報と課題を整理。実情に合わせて、初期ケアプランを参加者全員で検討・修正を行う。

2 活用する過程で工夫したこと

・とにかく本人の言葉そのものを書いていった。

・関係者からケアをするなかで聞いた「本人のありのままの声」を拾い、「●」をつけてメモしていった。

・サービス担当者会議の席で、センター方式の説明を簡単に行う。参加者に本人の言葉や場面を思いだしてもらい、気づいたことをどんどん挙げてもらってみんなの前でメモしていった。

・シートをもとに、ケア場面で何を感じたか話してもらい、良い気づきやケア場面をお互い褒め合うようにし、その内容をシートにメモしていった。シートを関係者にコピーして共有した。

3 センター方式を活用したことで得られたこと、変化

・「本人が多問題の人」ではなく、本人なりの暮らしや意味があること、納得しながら生活をよりよく変えていこうとする本人の力や人間性を知ることができ、関係者全員が感動した。

・食事作り、着替え、入浴などの細かい点での本人なりの力が発見でき、それが統一した言葉かけや支援となり、本人の安定や自立度、生活が短期間で改善した。

・普段お互いにみえにくい、ケアマネジャーやサービス事業者の支援の具体や気づきをシートで浮き彫りにし評価し合うことができたため、チームの結束が強まり、モチベーションを上げることができた。

・民生委員、ケア職員が孤立せず、ケアマネジャーを中心にチームで動くことができたため、安心感が生まれた。

A-1　基本情報（私の基本情報シート）

事業者名 ○○地域包括支援センター　　記入日：2009年 2月　日　／記入者　包括職員

◎これらの情報はご本人のためのものです。全てのシートは「本人本位」を忘れずに、ご本人（私）を主語に、ご本人の視点でご記入ください。

フリガナ		□男 ☑女	要介護度	認知症の人の日常生活自立度	障害老人自立度	認知症関連の評価（評価スケール：　）
名　前	Aさん	84 歳	1			

誕生日	□明治 ☑大正 □昭和　13 年　9月　日
住民票がある住所	〒 ○○○-○○○○ ○○県○○市 電話 ○○○　FAX ○○○

家族や知人の連絡先（連絡しやすい手段を記入）

	氏　名	続柄	TEL／携帯番号／メール／FAX
1			
2			
3			

認知症の診断名　　診断を受けた医療機関　　（いつ頃か　H20　年　12　月）

サービスを利用するまでの経過（家族や周囲の人が認知症の状況に気づいてからの経過）

年　月	様　子 ※症状に気づいた時期、要介護認定を受けた時期、サービス開始時期など	その時にあった事など（背景）
2008年4月	かかりつけ医のところに、受診したことを忘れて何度か来る	ドラッグストアのアルバイトをやめる
夏		家賃の滞納
9月	電気が止められたため、懐中電灯で生活していた。砂糖水でしのいでいた	食料が買えない。民生委員が食事を運んだりしていた。電気が止められる。家賃の滞納。お金が無い
11月		民生委員が福祉事務所に相談に行き、生活保護の申請を一緒にする。11/20、生活保護受理
12月	部屋はホコリと新聞、書類で散乱していた。部屋の空気はよどみ、体中をポリポリ掻いていた	生活保護CWからの依頼を受けて、地域包括支援センターが介護申請、金銭管理サービス利用のために訪問する
2009年1月		要介護1の認定結果を受け、ケアマネジャーを依頼し、サービスが開始になる。毎日の配食も開始する

○介護保険　被保険者番号 ○○○○○○ 保険者番号 ○○○○○○ 資格取得　平成 21 年 1 月　日	○健康保険　保険の種類 生活保護 被保険者名 被保険者との続柄（　）
○経済状態（年金の種類等） 国民年金・厚生年金・障害年金・(生活保護) その他（　）月額　円	○公費負担医療　適用 □有・□無 （　）障害者手帳　種　等 ○就労状態（　）

★プライバシー・個人情報の保護を徹底してください。　A—1　

B-2　暮らしの情報（私の生活史シート）

名前 Aさん　　記入日：2009年　2月　18日／記入者 包括職員

◎私はこんな暮らしをしてきました。暮らしの歴史の中から、私が安心して生き生きと暮らす手がかりを見つけてください。

※わかる範囲で住み変わってきた経過（現在→過去）を書きましょう。認知症になった頃に点線（…）を引いてください。

私の生活歴（必要に応じて別紙に記入してください）

年月	歳	暮らしの場所（地名、誰の家か、病院や施設名など）	一緒に暮らしていた主な人	私の呼ばれ方	その頃の暮らし・出来事	私の願いや支援してほしいこと ●私が言ったこと △家族が言ったこと ○ケア者が気づいたこと、ケアのヒントやアイデア
現在 2008年4月	83歳				週3回のドラッグストアのアルバイトをやめる	
2002年	77歳	現在の住宅	1人、独居		県公社住宅の建てかえで今の住居に引っ越す	
1989年 〜 1982					88で母死亡	
1982年 〜 1965					国民年金 訪問販売で生計をたてる?	
1964年 〜 1962					○○薬品で販売の仕事 フェンシングを習う 兄に笑われた	
1962年 〜 1961					○○（株）で働く	
1960年10月	37歳	川崎	両親		車の免許取得（1960.10.15〜2008.1.10） 神田の事務所までブルーバードで20kmの通勤をしていた	
		東京	〃			
1945年	22歳	大連から引き上げ 別府に近いところ	両親と兄弟		温泉があり、学校の先輩がいた 就職をした	
1940年	17歳	神戸と大連を行ったりきたり			神戸の薬剤師の専門学校に通う	
1924年9月		中国 大連	両親、兄、弟		父、船医　兄弟は4人以上いたが亡くなった クリスマスになるとデコレーションケーキを食べた	

私がしてきた仕事や得意な事など

・薬剤師
・フェンシング

私の好む話、好まない話

1日の過ごし方

長年なじんだ過ごし方（いつ頃　　　）

時間
4時

現在の過ごし方

時間
4時
12時　起きる
夕方　買い物に出掛け弁当を購入したり外で食事をする
テレビを見ている

★プライバシー・個人情報の保護を徹底してください。　B−2　© 認知症介護研究・研修東京センター（0503）

B-3　暮らしの情報（私の暮らし方シート）　名前 Aさん　記入日：2009年 2月 日／記入者 包括職員

◎私なりに築いてきたなじみの暮らし方があります。なじみの暮らしを継続できるように支援してください。

暮らしの様子	私が長年なじんだ習慣や好み	私の現在の状態・状況	私の願いや支援してほしいこと ●私が言ったこと △家族が言ったこと ○ケア者が気づいたこと、ケアのヒントやアイデア
毎日の習慣となっていること			
食事の習慣	好きな食器でランチョンマットを敷いて食べる		
飲酒・喫煙の習慣	タバコを吸っていた	吸わなくなっている	
排泄の習慣・トイレ様式		トイレの電球は切れたまま、暗いトイレでティッシュペーパーで始末し、それを袋に入れていた	●トイレの電球を替えて ●トイレットペーパーは自分ではかさばって買って持ってこれないから手伝って
お風呂・みだしなみ （湯の温度、歯磨き、ひげそり、髪をとかすなど）		お風呂には長期間入っていなかった様子。お風呂場を使った形跡が無かった	●お風呂に入れるようなお膳立てをしてほしい
おしゃれ・色の好み・履き物	帽子と洋服の色を合わせたり、おしゃれにはとても気を使っていた	洋服のコーディネートにはこだわりがあり、選ぶのに時間がかかる	○洋服をゆっくり選べるような時間を作ってほしい
好きな音楽・テレビ・ラジオ			
家事 （洗濯、掃除、買い物、料理、食事のしたく）	●もともときれいにしない ●一生懸命しないの	洗濯機の上に、ネットにきれいにたたんで入れた洗濯物がいくつか置いてあった。汚れたパンツがスーパーの袋に2袋入れて置いてあった。洋服のたたみ方がとてもきちんとしている	○洗濯ができなくなっているので、洗濯を一緒にしてほしい
仕事 （生活の糧として、社会的な役割として）			
興味・関心・遊びなど	フェンシング インドネシア語の研究会に所属 食器を集める		
なじみのものや道具	コーヒー茶わんやティーカップの収集		
得意な事／苦手な事			
性格・特徴など			●あまりお金のことはきちっとしていないんです ●無頓着、わりと
信仰について	仏教		
私の健康法 （例：乾布摩擦など）			
その他			

★プライバシー・個人情報の保護を徹底してください。　B−3　

C-1-2　心身の情報（私の姿と気持ちシート）

名前 Aさん　記入日：2008年 12月 8日／記入者 包括職員

◎私の今の姿と気持ちを書いてください。

※まん中の空白部分に私のありのままの姿を書いてみてください。もう一度私の姿をよく思い起こし、場合によっては私の様子や表情をよく見てください。左側のように、様々な身体の問題を抱えながら、私がどんな気持ちで暮らしているのかを吹き出しに書き込んでください。

（次の記号を冒頭に付けて誰からの情報かを明確にしましょう。●私が言ったこと、△家族が言ったこと、○ケア者が気づいたこと、ケアのヒントやアイデア）

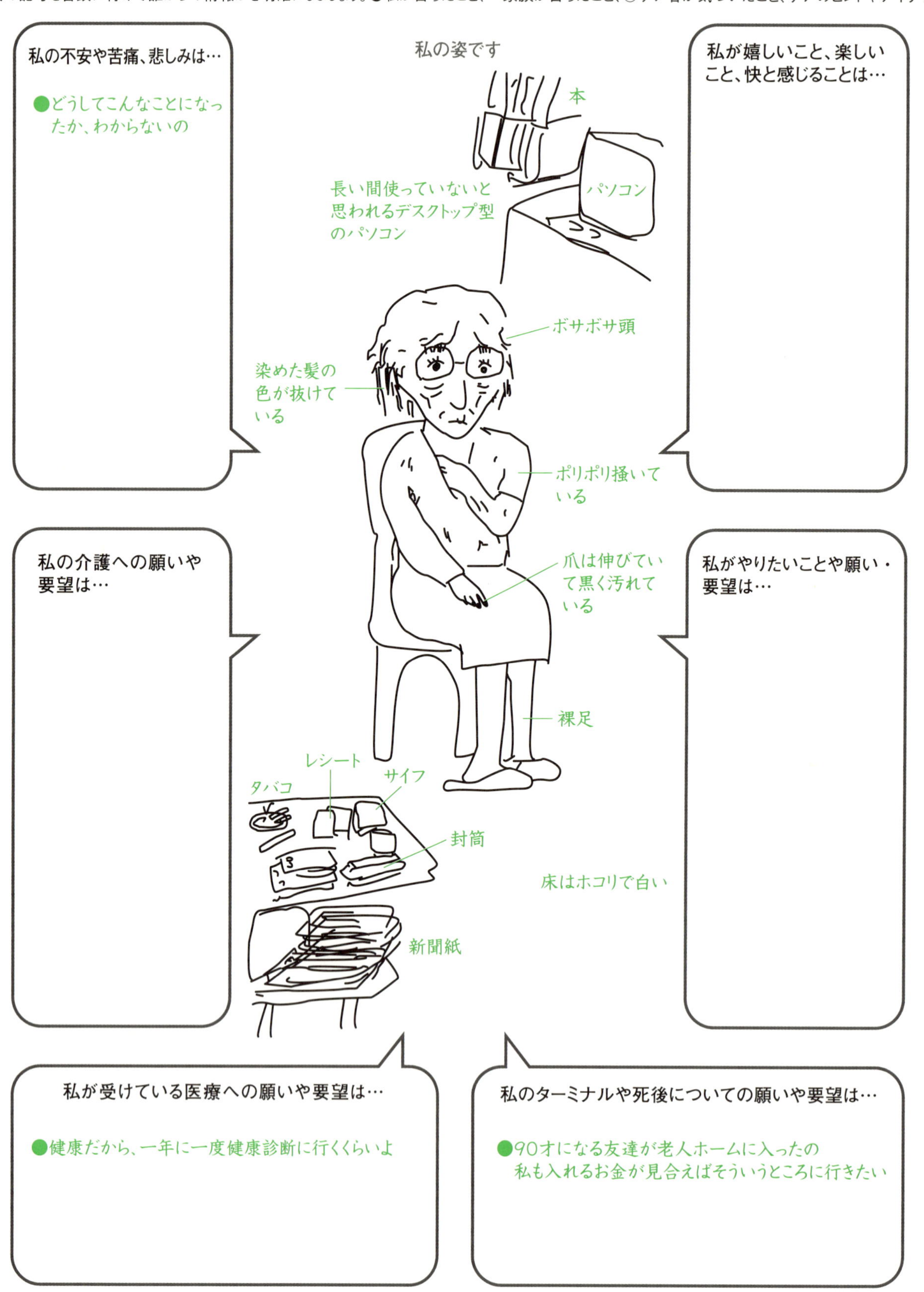

★プライバシー・個人情報の保護を徹底してください。　C−1−2　

<サービス導入直後>

C-1-2　心身の情報（私の姿と気持ちシート）

名前　Aさん　　記入日：2009年　2月　19日／記入者　包括職員

◎私の今の姿と気持ちを書いてください。

※まん中の空白部分に私のありのままの姿を書いてみてください。もう一度私の姿をよく思い起こし、場合によっては私の様子や表情をよく見てください。左側のように、様々な身体の問題を抱えながら、私がどんな気持ちで暮らしているのかを吹き出しに書き込んでください。

（次の記号を冒頭に付けて誰からの情報かを明確にしましょう。●私が言ったこと、△家族が言ったこと、○ケアが気づいたこと、ケアのヒントやアイデア）

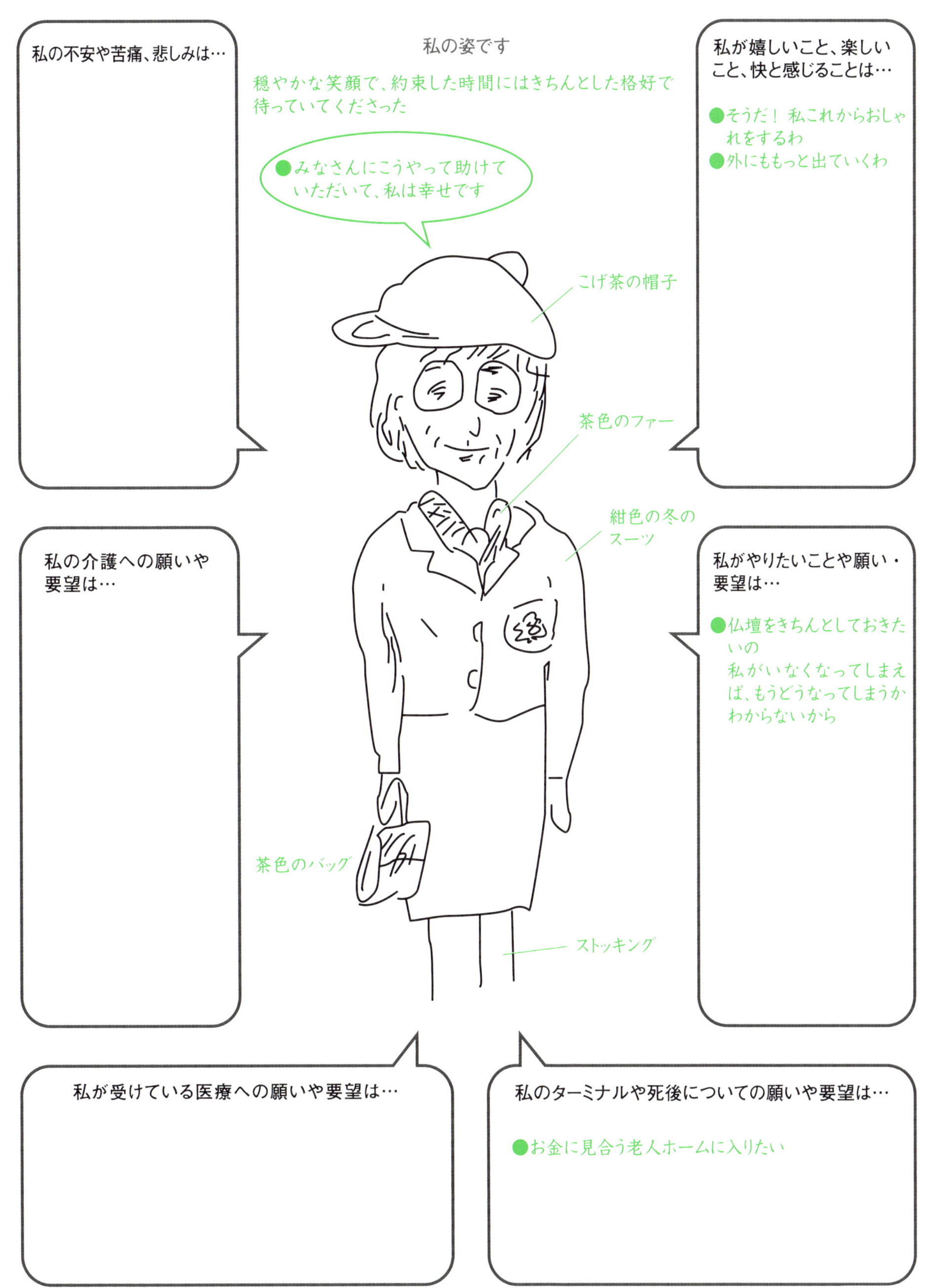

私の不安や苦痛、悲しみは…
私の姿です
穏やかな笑顔で、約束した時間にはきちんとした格好で待っていてくださった
●みなさんにこうやって助けていただいて、私は幸せです
こげ茶の帽子
茶色のファー
紺色の冬のスーツ
茶色のバッグ
ストッキング
私が嬉しいこと、楽しいこと、快と感じることは…
●そうだ！ 私これからおしゃれをするわ
●外にももっと出ていくわ
私の介護への願いや要望は…
私がやりたいことや願い・要望は…
●仏壇をきちんとしておきたいの
私がいなくなってしまえば、もうどうなってしまうかわからないから
私が受けている医療への願いや要望は…
私のターミナルや死後についての願いや要望は…
●お金に見合う老人ホームに入りたい

★プライバシー・個人情報の保護を徹底してください。　C−1−2　

D-1　焦点情報（私ができること・私ができないことシート）

名前　Aさん　記入日：2009年2月17日／記入者 包括職員

◎私ができそうなことを見つけて、機会を作って力を引き出してください。
◎できる可能性があることは、私ができるように支援してください。もうできなくなったことは、無理にさせたり放置せずに、代行したり、安全・健康のための管理をしっかり行ってください。
※今、私がしている、していないを把握するだけでなく、できる可能性があるか、もうできないのかを見極めて、該当する欄に✓を付けましょう。
※漠然とした動作のチェックではなく、24時間の暮らしのどの場面（時間や朝、昼、夕、夜など）かを状況に応じて具体的に記入しましょう。

暮らしの場面	私がしていること		私がしていないこと		私の具体的な言動や場面	できるために必要な支援、できないことへの代行、安全や健康のための管理	私ができるように支援してほしいこと ●私が言ったこと △家族が言ったこと ○ケア者が気づいたこと、ケアのヒントやアイデア
	常時している（自立）	場合によってしている	場合によってはできそう	もうできない			
	できる（可能性）						
起きる	✓						
移動・移乗		✓			●年寄りみたいでいやよ、シルバーカーなんて ●足が楽ちんでいいわ	手をつなぐことは拒否なし 長距離は車イス利用	○さり気なくお願いしてほしい ○人のためなら仕方ないと思わせてほしい
寝床の片づけなど							
整容（洗顔や整髪など）					頭や体をポリポリ掻いている	入浴の機会を提供する	○むくみがとれると先生に言われているので、お風呂に入りましょうと伝えてほしい
着替え（寝まき←→洋服）					●美容院に行ってきたの ガウンでいた 下半身裸でいた	時間がかかる	○急がせないでほしい
食事準備（献立づくり・調理・配膳等）					お湯をわかしてお茶を入れている（ティーバッグ）		
食事	✓						
食事の片づけ		✓					
服薬		✓			多く飲みすぎてしまった ●私は薬剤師よ	一つずつ手渡しする	○自尊心を傷つけないように今飲む薬を渡してほしい
排泄	✓				パッドがデイサービスの洗面所のゴミ箱に捨ててあった		○捨てる場所を教えてほしい
掃除・ゴミ出し		✓			カートに積んでまとめて出していた	一緒にやることでわたしのやり方で続けられる	○ヘルパーと一緒にやりたい
洗濯（洗い→たたみ）					牛乳パックをたたんである ・たたんでネットに入れたまま ・きちんとたたんである	洗濯をしようという気持ちはある	○洗濯は一緒にしてほしい ○私に聞きながらしてほしい
買い物（支払いも含む）					お弁当や牛乳を買う 小銭で支払う	いくら使えるかを伝える必要がある	○重い物は一緒に持ってほしい ○いくら使えるか教えてほしい
金銭管理（貯金の管理、手持ち現金の管理、通帳の管理・出し入れ、計画的に使えるか）					通帳や印かんの場所がわからない 家賃がたまっていた	家賃を支払ったり公共料金を支払ったりすることが必要	○生活費を一緒に管理してほしい
諸手続き（書類の記入・保管・提出等）					電気が2ヶ月止まっていた	1ヶ月のお金の管理が必要	
電話をかける・受ける		✓					
入浴の準備							
入浴時の着脱							
入浴							
寝る前の準備（歯磨、寝床の準備）							
就寝							
人への気づかい	✓				●こんなにしてもらって悪いわね ●こんな汚いところを掃除させて悪いわね		○待っている人がいると言ってほしい ○人が来ること、入ることで気持ち良く生活できると思わせてほしい
その他							

★プライバシー・個人情報の保護を徹底してください。　D−1　

D-2　焦点情報（私がわかること・私がわからないことシート）

名前　Aさん　記入日：20 09年　2月　17日／記入者　包括職員

◎私がわかる可能性があることを見つけて機会をつくり、力を引き出してください。
◎私がわかる可能性があることを見つけて支援してください。もうわからなくなったことは放置しないで、代行したり、安全や健康のための管理をしっかり行ってください。
※外見上のわかること、わからないことを把握するだけでなく、わかる可能性があるのか、もうわからないことかを見極めて、該当する欄に✓を付けましょう。
※漠然とした動作のチェックではなく、24 時間の暮らしのどの場面（時間や朝、昼、夕、夜など）かを状況に応じて具体的に記入しましょう。

暮らしの場面	私がわかること		私がわからないこと		私の具体的な言動や場面	わかるために必要な支援、わからないことへの代行、安全や健康のための管理	私がわかるように支援してほしいこと ●私が言ったこと △家族が言ったこと ○ケア者が気づいたこと、ケアのヒントやアイデア
	常時わかる	場合によってはわかること	場合によってはわかる可能性がある	わからない			
会話の理解		✓			●私わからなくなっちゃっているの ●今いくらお金があるかわからないの ●私には必要だわ	家賃がたまってしまったこと、電気が止まって困ったことを話すことで、お金の管理を手伝ってくれる人が必要とわかる	○何度でもくり返し私がわかるように説明してほしい
私の意思やしたいことを伝える		✓			●そうだ！ 私これからおしゃれをするわ ●外にももっと出ていくわ ●何しに行くの？ ●なんで行くの？	何のためなのか、なぜ必要があるかを伝える	○私に必要性を、信頼できる人から伝えてほしい
毎日を暮らすための意思決定 （服を選んだり、やりたいことを決めるなど）		✓			下着（パンツ）をはいていない ●この服にはこれでないと合わない 服を選ぶのに時間がかかる	洋服を選ぶために充分な時間が必要 おしつけられるのは嫌	○パンツの枚数がわかるようにする ○パンツがどこに置いてあるかわかるようにする ○いつ何のために出掛けるかわかるようにする
時間がわかる		✓			●そんな早い時間に ●トイレもおちおち入っていられない デイのお迎えのために訪問するとガウンのままでいる	前日に紙に出掛けることを書いて、朝電話をした デイサービスの必要性（入浴はむくみに良い）を主治医に言ってもらった	○信頼する主治医からデイの必要性について話してほしい ○私が納得いくようにしてほしい
場所がわかる	✓				なじみの場所、クリニック、弁当屋、銀行には1人でも行ける		
家族や知人がわかる		✓			●あ～、あの大きな男性ね 主治医と話す時は楽しそうな様子 ●あら何で私を置いて帰るの？	あんしんセンターの男性に対して、思い出せるように説明をしたらわかった ケアマネジャーと一緒に来たことを理解していた	○思い出せるようなヒントがほしい
直前の記憶			✓				
最近の記憶 （1～2週間程度の記憶）			✓				
昔の記憶		✓					
文字の理解 （ことば、文字）	✓						
その他							

★プライバシー・個人情報の保護を徹底してください。　D－2

E　24時間アセスメントまとめシート（ケアプラン導入シート）★このシートを活かして介護計画表に、本人

◎今の私の暮らしの中で課題になっていることを整理して、私らしく暮らせるための工夫を考えてください。
※A～Dシートで把握してきた「私の願いや支援してほしいこと」から、今の暮らしで主に課題になっていることを選び、1日の流れ
※介護者側が本人本位の視点で判断した課題も書き込みましょう。
※ケアを行う上で注目してほしい行動や状態を整理し、原因や背景を考えてください。そして、より良く暮らせるための工夫を考えて
※その人らしさを守るために、5つの視点やそれを実践する視点を大切に記入しましょう。「私らしいあり方」、「私の安心・快」、「私

	私の願いや支援してほしいこと（より良く暮らすための課題） ※ケア者が本人本位の視点で判断した課題も書きましょう。	私の注目してほしい行動／状態	
4			
6			
8	○ゴミ出しができない		
10	●薬は飲んでいません ○薬を飲むことを忘れたり、飲み過ぎてしまう ●私は薬剤師だからわかるの ○日付を書いておいても、正しく飲むことができない	薬を飲む時間、種類	
12			
14			
16	●お弁当飽きた ●何も無いのよ（冷蔵庫の中） ○何食分かの予定で購入したパン、バナナ等すぐに食べられる物は、1日で全部食べてしまうので、とりおきができない。	食事のとり方	
18			
20			
22			
0			
2			
24時間に該当しない点で、ケアプランに活かしたいこと	○下ばきをはいていない ○金銭管理ができないため、家賃の支払いができず、毎日の生活費が足りなくなってしまう	○汚れた下ばき（パンツ）が、スーパーの袋2つにたくさん詰め込まれて、洗濯機の上に置いてあった ○スカートの下には下着をつけていない ●私わからなくなっちゃったのよ ●誰かに手伝ってもらうのには賛成だわ。そうでもしないとだめみたい ○レシートをクリップでとめて、ためている ○お金を数えることや買い物はできる	

★プライバシー・個人情報の保護を徹底してください。　E

本位の介護計画を展開しましょう！

名前　Aさん　　記入日：2009年　2月　17日／記入者　包括職員

にそって記入しましょう。（誰からの情報かを明確にしましょう。「●」私、「△」家族、「○」ケア者を冒頭に入れて記入しましょう。）

ください。
の力の発揮」、「私にとっての安全と健やかさ」、「なじみの暮らしの継続」

原因・背景	私がより良く暮らせるためのケアのアイデアと工夫
○これまでの自分の仕事への自負があるからではないか ○健康でこれまで生きてきたという気持ちから、薬を飲む習慣がないからではないか ○薬の必要性を認識していないからではないか ○あるものはあっただけ食べてしまう ○調理をする習慣が無い ○パックのご飯だけを食べていたことがある ○デイサービス、配食は全量摂取している	○1日1回、いつ飲んでもよいと言われている薬なので、ヘルパーが入った時に手渡しで飲んでもらう ○主治医に相談する（日曜日はサービスがないので薬を飲めない可能性がある） ○配食の回数を減らし、週3回の夕食にする。その日はデイサービスの日と日曜日にする ○食品は材料で購入し、ヘルパーが調理する日を作る。料理を作り置きして冷凍しておけば、食べ過ぎないのではないか ○冷蔵庫は必ず開けるので、ソース、しょう油等の置き場所がわからなくて使えないことがないようにして差し上げる
○洗濯をする行為ができないため、汚れたら袋に入れてためていたのではないか ○替えの下着が無いからパンツをはかないのではないか ○色々なことが自分で整理できなくなってしまった ○どれから手をつけていいのかわからないのではないか	○今はけるパンツが何枚あるのか、在庫の確認を一緒にする ○洗濯を一緒に行い、パンツの置き場所を一緒に決める ○あんしんセンターの面接を受けてサービス導入ができるようにしていく（進行中） ○1日の予算を決める。1週間使えるお金を決める ○ヘルパーと一緒に買い物後の金銭出納帳をつける（ヘルパーがサービス記録を書く時、一緒に書いてもらう）

2. 居宅介護支援事業所

在宅から施設へ、センター方式シートをバトンタッチし、本人の暮らしの継続を支えたケース

■ケース概況：センター方式の活用に至るまで

Bさん（70 代女性）。当初自宅で夫･次女家族（夫と孫２人）と６人暮らし、その後夫と２人暮らし。
2004 年頃、これまでの孫や娘夫婦の食事の世話をしていた役割がなくなり始めた頃から物忘れが目立ち、2005 年長女からの依頼により介護保険申請。専門医を受診し、アルツハイマー型認知症と診断。
その後、脳梗塞をきっかけに介護保険のサービスを開始。2006 年よりデイサービス、訪問介護を利用。認知症の進行、気分や体調変動、歩行不安定、夫の入退院と認知機能の低下等が重なりながらの４年半の経過を、別居の長女と次女、ケアマネジャーとデイサービス・訪問介護の職員、近隣の人が連携しながら支援。しかし、ついに家族の疲労が高まり、２人暮らしが限界に。2009 年に特養入所となる。

1 センター方式を活用した場面とシート、一緒に活用した人

＊＝主となって記入した人

場　面	シート	一緒に活用した人
デイサービス、訪問介護のサービス開始当初（日々の職員のかかわり）	A-1、2、3、4 B-1、2、3 C-1-2 D-1、2、3、4	＊ケアマネジャー、デイサービス職員、訪問介護職員 本人の声、家族の声、観察情報を記入。 ＊ケアマネジャー 家族からの連絡や各事業所から日々あがってくる報告を、シートに書き込み情報整理。話し合いや会議で、本人の理解や支援策、プラン立案に活かす。
排泄の失敗が増えたとき	D-3	＊デイサービス職員、訪問介護職員、ケアマネジャー、家族 シートで毎日の記録を取りケアに活かす。担当者会議で利用。家族に支援の必要性をデータで示す。
家族への激しい言動が増えたとき	D-4	＊訪問介護職員 自宅での本人の様子を記録。次の朝、デイサービスに申し送る。
在宅生活が限界になり、施設に入所することになったとき	A-1、2、3、4 B-1、2 C-1-2 D-1、2、3	＊ケアマネジャー、デイサービス職員、訪問介護職員 それまでの記入済みのシートをメンバーに渡し、知り得ていた情報、気づきの書き込みを依頼。
入所前の面談		＊ケアマネジャー、施設の相談員 面談に同席し、シートを渡して説明。
入所当日～入所後		＊施設職員、実習生 シート情報を、環境づくりや支援に活かす。

2 活用する過程で工夫したこと

・家族や介護職員から日々あがってくる報告内容をシートで整理した。

・シートを家族や職員と一緒に見ながら、事実や本人の思いを確認し、支援策を話し合った。

・入所が決まったとき、チームメンバーが持っていた「入所して不安な気持ちになって欲しくない。Ｂさんをよろしくお願いします」という思いを大切にするため、「特養につなぐから、まだみんなが持っているＢさんの情報があったら追記して欲しい」と呼びかけた。

3 センター方式を活用したことで得られたこと、変化

・表面的な言動からはわからなかった、本人の生活の歴史やなじみの暮らし方、思い、残されている力、家族の気持ちなどを、シートを通じてチームメンバーが共有することができたため、次々に起こる出来事に対しても、チームで手がかりを探しながら本人を支援していくことができた。

・シートのデータをもとに、排泄の失敗等について職員や家族の理解を高めたため、その後失敗を減らし、本人の安心や安定をもたらすことにつながった。

・入所前の面談時、施設の相談員が「情報を大切に受け取ります」と言ってくれ、そのことを在宅チームのメンバーに伝えると、とても喜び安心していた。

・特養の入所当日、４人部屋の本人のベッド周囲に、Ｂさんが好きな野球選手のポスター等が用意されており、本人はそれを見てにっこりし、また家族もとても喜んでいた。その後も、シート情報が施設での支援に活かされ、本人は安定して生き生き過ごしている。

A-1　基本情報（私の基本情報シート）

<サービス開始当初>

事業者名 ○○居宅介護支援事業所　　記入日：2006年 3月 18日　／記入者 居宅ケアマネ

◎これらの情報はご本人のためのものです。全てのシートは「本人本位」を忘れずに、ご本人（私）を主語に、ご本人の視点でご記入ください。

フリガナ		性別・年齢	要介護度	認知症の人の日常生活自立度	障害老人自立度	認知症関連の評価（評価スケール：　）
名　前	Bさん	□男 ☑女　77 歳	2	Ⅱa	A2	

誕生日 □明治 □大正 ☑昭和 4 年　月　日

住民票がある住所：〒 ○○○-○○○○　○○県○○市　電話 ○○○　FAX ○○○

家族や知人の連絡先（連絡しやすい手段を記入）

	氏　名	続柄	TEL／携帯番号／メール／FAX
1	○○	次女	
2	○○	長女	
3			

認知症の診断名 アルツハイマー型認知症　診断を受けた医療機関 Aクリニック（いつ頃か 2005 年 5 月）B総合病院脳神経内科（いつ頃か 2008 年 9 月）

サービスを利用するまでの経過（家族や周囲の人が認知症の状況に気づいてからの経過）

年　月	様　子 ※症状に気づいた時期、要介護認定を受けた時期、サービス開始時期など	その時にあった事など（背景）
2004.4	物忘れが目立つようになる。 外出しなくなり、夫に買物を頼むようになる。	次女家族と同居していたが、この時、マンションを購入し、別居となる。 夫と2人だけの暮らしが始まる。
2005.4	気が短くなった。 怒りっぽくなった。	
初回申請 要支援	料理が面倒になり、品数が減る。	
2005.5	長女より依頼あり、支援開始。	5月専門医受診。 △現在はサービス必要ないとのことで、契約のみ行う。
2005.7	通帳や印鑑が見つからない。 物を探すことが増えた。	脳梗塞で8/5～8/18入院
2005.9	配食サービス、住宅改修手すりの設置、 緊急通報装置。	
2006.3	デイサービス利用開始。	「●家にいてもすることがない。話す相手がいない」のでとデイを希望。 体験予定するも、「●寒い」「●今日はやめておく」と3回目に実施した。

○介護保険　被保険者番号 ＿＿＿＿
保険者番号 ＿＿＿＿
資格取得　平成　年　月　日

○健康保険　保険の種類 国保
被保険者名 ＿＿＿＿
被保険者との続柄（ 夫 ）

○経済状態（年金の種類等）
国民年金・（厚生年金）・障害年金・生活保護
その他（　　）月額　円

○公費負担医療　適用 □有・☑無
（　　）障害者手帳　種　等

○就労状態（ していない ）

★プライバシー・個人情報の保護を徹底してください。　A—1　

A-2　基本情報（私の自立度経過シート）　名前 Bさん　　記入日：20　年　月　日／記入者 居宅ケアマネ

◎私の自立状態が保てるように、私の状態と変化の経過を把握してください。

※左端の例を参考に次の記号で記入してください。要介護度■、障害老人自立度●、認知症の人の日常生活自立度△、認知症関連の評価□（ご利用スケール名を枠内に記入）

※半年に1回はスケールで状態を把握してください。介護保険資格取得時の要介護認定およびサービス利用開始時の状態も記入しましょう。介護保険利用前のケースの場合も、わかる範囲で記入しましょう。

※状態が変化した時に気づいた事があれば、下欄の「気づき」に記入しましょう。

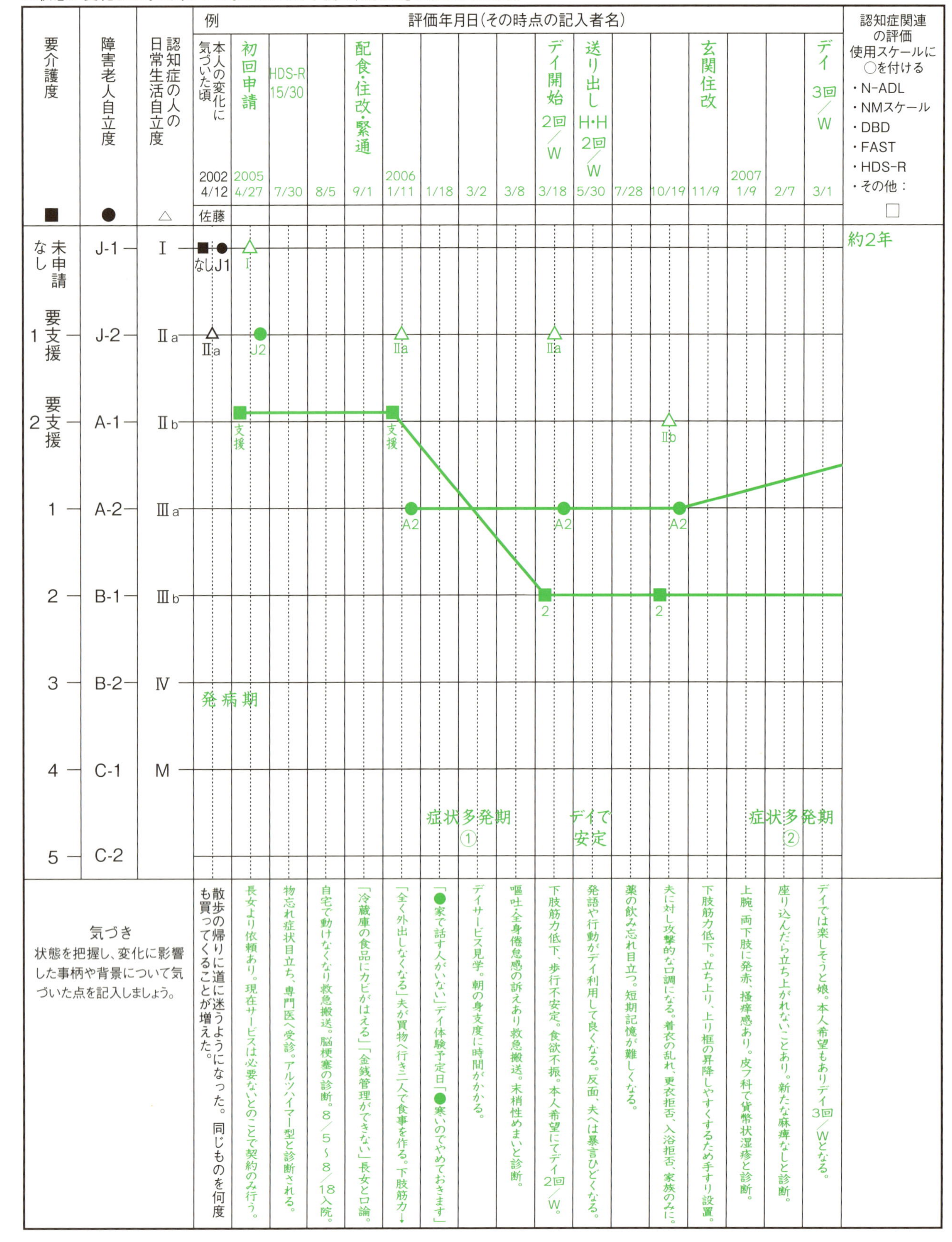

★プライバシー・個人情報の保護を徹底してください。　　A−2

A-2　基本情報（私の自立度経過シート） 名前 Bさん　　記入日：20　年　月　日／記入者 居宅ケアマネ

◎私の自立状態が保てるように、私の状態と変化の経過を把握してください。

※左端の例を参考に次の記号で記入してください。要介護度■、障害老人自立度●、認知症の人の日常生活自立度△、認知症関連の評価□（ご利用スケール名を枠内に記入）

※半年に1回はスケールで状態を把握してください。介護保険資格取得時の要介護認定およびサービス利用開始時の状態も記入しましょう。介護保険利用前のケースの場合も、わかる範囲で記入しましょう。

※状態が変化した時に気づいた事があれば、下欄の「気づき」に記入しましょう。

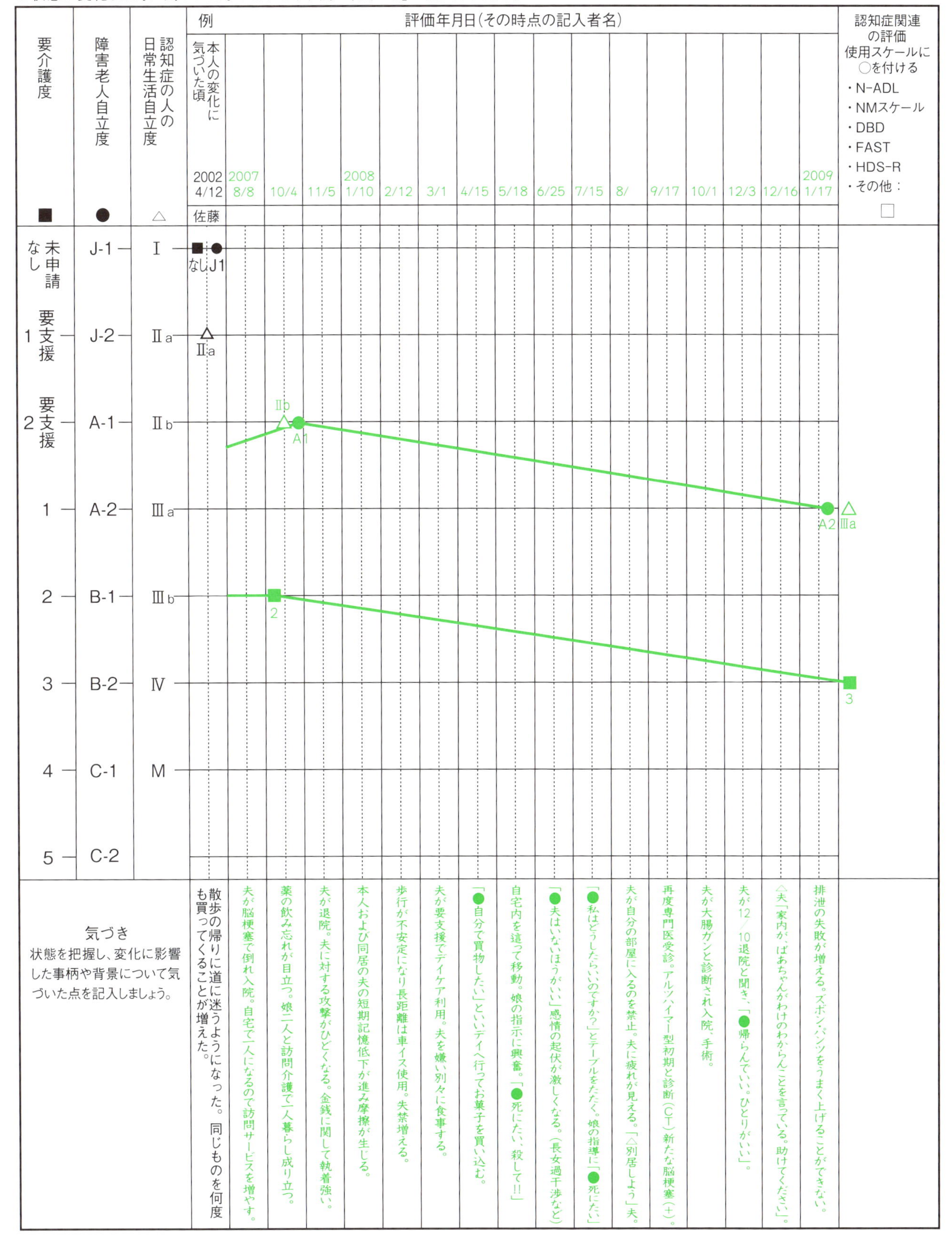

★プライバシー・個人情報の保護を徹底してください。　　A−2　　

A-2　基本情報（私の自立度経過シート）　名前 Bさん　　記入日：20　年　月　日／記入者 居宅ケアマネ

◎私の自立状態が保てるように、私の状態と変化の経過を把握してください。

※左端の例を参考に次の記号で記入してください。要介護度■、障害老人自立度●、認知症の人の日常生活自立度△、認知症関連の評価□（ご利用スケール名を枠内に記入）

※半年に1回はスケールで状態を把握してください。介護保険資格取得時の要介護認定およびサービス利用開始時の状態も記入しましょう。介護保険利用前のケースの場合も、わかる範囲で記入しましょう。

※状態が変化した時に気づいた事があれば、下欄の「気づき」に記入しましょう。

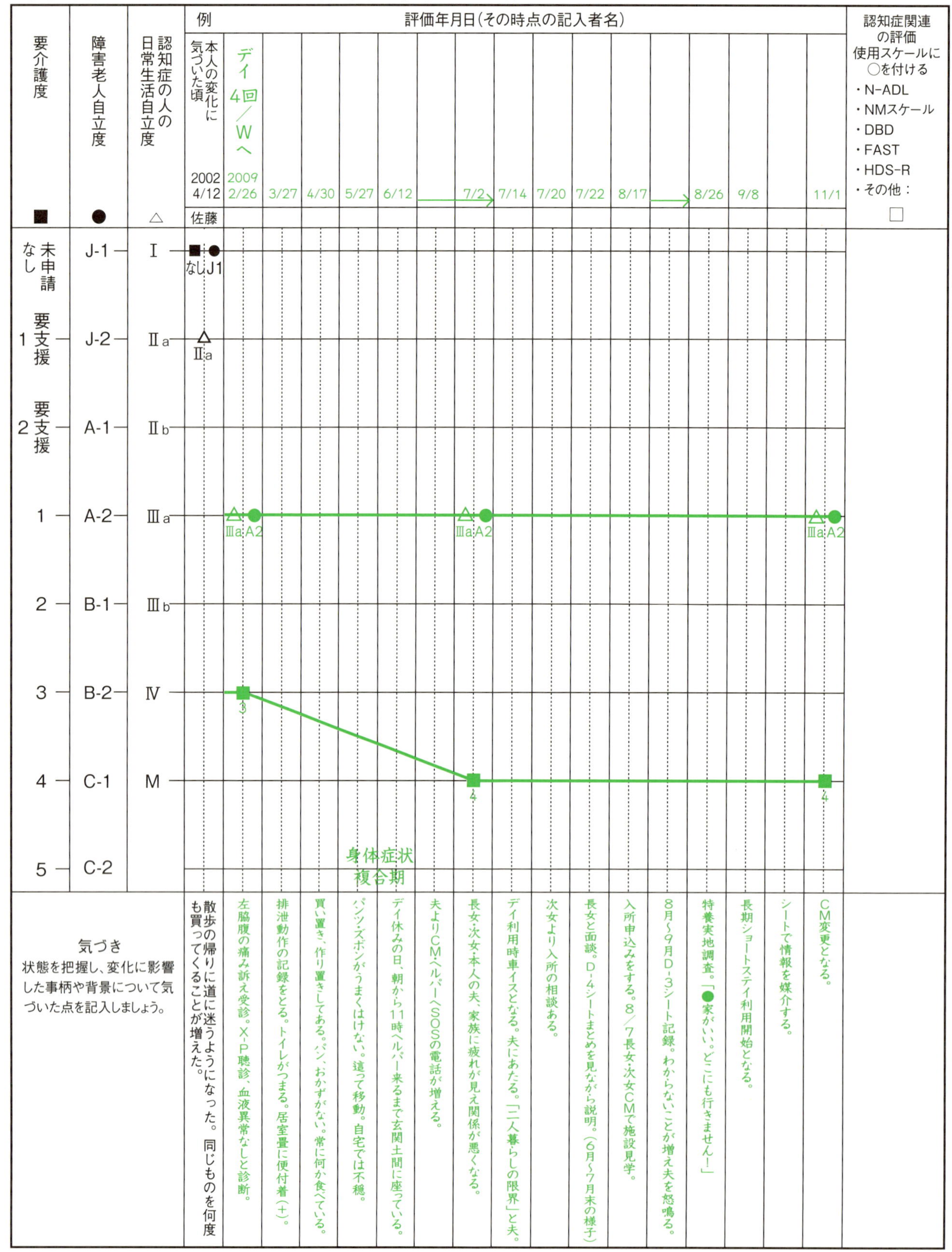

評価年月日（その時点の記入者名）	要介護度■	障害老人自立度●	認知症の人の日常生活自立度△	気づき
例（本人の変化に気づいた頃）2002 4/12 佐藤	なし	J1	Ⅱa	散歩の帰りに道に迷うようになった。同じものを何度も買ってくることが増えた。
2009 2/26（デイ4回／Wへ）	3	A2	Ⅲa	左脇腹の痛み訴え受診。X-P聴診、血液異常なしと診断。
3/27				排泄動作の記録をとる。トイレがつまる。居室畳に便付着（+）。
4/30				買い置き、作り置きしてある。パン、おかずがない。常に何か食べている。
5/27				パンツ・ズボンがうまくはけない。這って移動。自宅では不穏。
6/12				デイ休みの日、朝から11時ヘルパー来るまで玄関土間に座っている。
→				夫よりCM・ヘルパーへSOSの電話が増える。
7/2	4	A2	Ⅲa	長女・次女・本人の夫、家族に疲れが見え関係が悪くなる。
7/14				デイ利用時車イスとなる。夫にあたる。「二人暮らしの限界」と夫。
7/20				次女より入所の相談ある。
7/22				長女と面談。D-4シートまとめを見ながら説明。（6月〜7月末の様子）
8/17				入所申込みをする。8／7長女・次女CMで施設見学。
→				8月〜9月D-3シート記録。わからないことが増え夫を怒鳴る。
8/26				特養実地調査。「●家がいい。どこにも行きません！」
9/8				長期ショートステイ利用開始となる。
				シートで情報を媒介する。
11/1	4	A2	Ⅲa	CM変更となる。

要介護度：未申請なし／要支援1／要支援2／1／2／3／4／5
障害老人自立度：J-1／J-2／A-1／A-2／B-1／B-2／C-1／C-2
認知症の人の日常生活自立度：Ⅰ／Ⅱa／Ⅱb／Ⅲa／Ⅲb／Ⅳ／M

身体症状複合期

認知症関連の評価　使用スケールに○を付ける
・N-ADL
・NMスケール
・DBD
・FAST
・HDS-R
・その他：

気づき
状態を把握し、変化に影響した事柄や背景について気づいた点を記入しましょう。

A-3　基本情報（私の療養シート）

名前 Bさん　　記入日：2008年　9月　日／記入者 居宅ケアマネ

◎今の私の病気や、のんでいる薬などを知って、健康で安全に暮らせるように支援してください。
（薬剤情報提供シートがある場合は、コピーをこのシートの裏に添付してください。）

かかり始めた年月日 病院・医院名（連絡先）	医師	受診回数	通院方法（所要時間）	私の病名	私がのんでいる薬の名前（何の薬かも記入）	回数・量	医療機関から気をつけるようにいわれていること	私の願いや支援してほしいこと
		月_回 週_回	徒歩、自家用車など、往診は「往」	高血圧や糖尿病は、今の数値を記入しましょう。	薬剤名と使用目的 例：○○（血圧を下げる）	3回／日、各1錠又は、頓服、点眼等	水分を摂る、塩分を控えるなど	●私が言ったこと △家族が言ったこと ○ケア者が気づいたこと、ケアのヒントやアイデア
2005. 4 Aクリニック	○○ Dr	1回／3W	車	物忘れ アルツハイマー型認知症初期				
2005. 8.5 B総合病院 入院	○○ Dr	8/5 ～ 8/18		脳梗塞 高血圧症				
2006. 3.8 Aクリニック	○○ Dr	1回／3W	車 or タクシー	脳梗塞				
2006. 9.10 Aクリニック	○○ Dr	1回／3W	車 or タクシー	脳梗塞 アルツハイマー型認知症				●大丈夫、皮フ科なんていきません。大丈夫…。
2007. 2.7 C皮フ科	○○ Dr	2ヶ月のみ通院	タクシー	貨幣状湿疹	ビタミンB6 エフェーディ・チムケント ダイアコート軟膏		皮膚を乾燥させない。洗身時石けんをつけない。	○入浴はデイのみなので伝えておこう。（CM）
2008. 6.5 D皮フ科	○○ Dr	1ヶ月のみ通院	タクシー	腹部良性腫瘍	切除し、その後消毒、処置のみ			○乾燥の季節は注意が必要。
2008. 9.17 B総合病院（脳神内）	○○ Dr			アルツハイマー型認知症 脳梗塞（新たにみつかる）			高血圧、ストレスに注意。	

過去に治療を受けた病気（今の暮らしに配慮が必要な病気や感染症）

年　月	病　名

今の暮らしの中で気をつけていること（アレルギーや禁忌なども記入）
（便秘にならないように気をつけていることなど、私や家族が配慮している内容を具体的に記入しましょう。）

△塩分やカロリーのとりすぎに注意している。（長女）

△おやつが好きなので制限している。（長女）

△バランスのよい食事をさせたい。（長女）（2008. 8）

★プライバシー・個人情報の保護を徹底してください。　　A−3

<緣所決定時、デイ職員、訪問介護職員に追記を依頼>

A-4　基本情報（私の支援マップシート）

名前 Bさん　　記入日：2009年　9月　　日／記入者 居宅ケアマネ

◎私らしく暮らせるように支えてくれているなじみの人や物、動物、なじみの場所などを把握して、より良く暮らせるよう支援してください。

※家族は日常的にかかわりのある人を記入しましょう。
（家族、親族の全体像はB-1に記入）
※施設で暮らしていても私が関わっている人、会いに来てくれる人、会いに行く人、私の支えとなっている物や場所も記入しましょう。
※記入者からみて連携がとれている人を線で結びましょう。

※誰からの情報かを明確にしましょう。
●私が言ったこと、△家族が言ったこと、
○ケア者が気づいたこと、ケアのヒントやアイデア

私にとってなじみの場所は　自宅　です。

私が行きたい場所は　生まれ育った鹿児島　です。

私にとってなじみの人は　ヘルパーさん　です。

私が会いたい人は　（亡くなってしまった）父　です。

私が一番頼りにしている人は　長女　です。

私が支えたい人は　……　です。

長女の夫
長女
次女
次女の夫
居宅ケアマネ
孫○○ちゃん
主治医
私
夫
隣の薬局を営むご主人
訪問介護サー責○○さん
デイサービス生活相談員○○さん
裏に住んでいる○○さん
訪問介護ヘルパーさん
デイサービスのスタッフ
Aさん
Bさん
Cさん

◎ 私の暮らしを支えてくれているサービスと、主となる担当者を教えてください。（例：デイサービス・田中）
※ 第3表（週間サービス計画表）を基盤に、介護保険サービス以外でも定期的に支えてくれているサービスや人を記入しましょう。

時間	月	火	水	木	金	土	日
4：00							
6：00							
8：00							
10：00							訪問介護
12：00	デイサービス	デイサービス	訪問介護	デイサービス	訪問介護	デイサービス	家族支援
14：00			訪問				
16：00							
18：00	訪問介護	夫のサービス分訪問介護	訪問介護	夫のサービス分訪問介護	訪問介護	訪問介護	
20：00							
22：00							
0：00							
2：00							
4：00							

必要時、利用している介護保険サービス
トイレの手すり（300単位）

上記以外でふだん地域で受けている支援や内容
（民生委員、ボランティア、各種自治体サービスなど）
民生委員→ご家族が頼りたくないという。
各種自治体→緊急通報装置

私の願いや支援してほしいこと
●私が言ったこと
△家族が言ったこと
○ケア者が気づいたこと、ケアのヒントやアイデア

●デ、デイサービスはよいです。毎日でもいい。

△金銭的なこともあり、限度額超えての利用は難しい。限度額内で収めるようにプランを組んでほしい。（長女）

△日曜日の実家訪問がつらく、心の負担にもなっている。在宅は無理なのでは？（次女）

○本人の安全と安心、家族の介護疲れと関係の悪化あり。入所の方法を…。納得できるように考える。（CM）

★プライバシー・個人情報の保護を徹底してください。　A―4

＜入所決定時、デイ職員、訪問介護職員に追記を依頼＞

B-1　暮らしの情報（私の家族シート）

名前 Bさん　記入日：2009年　9月　日／記入者　居宅ケアマネ

◎私を支えてくれている家族です。私の家族らの思いを聞いてください。

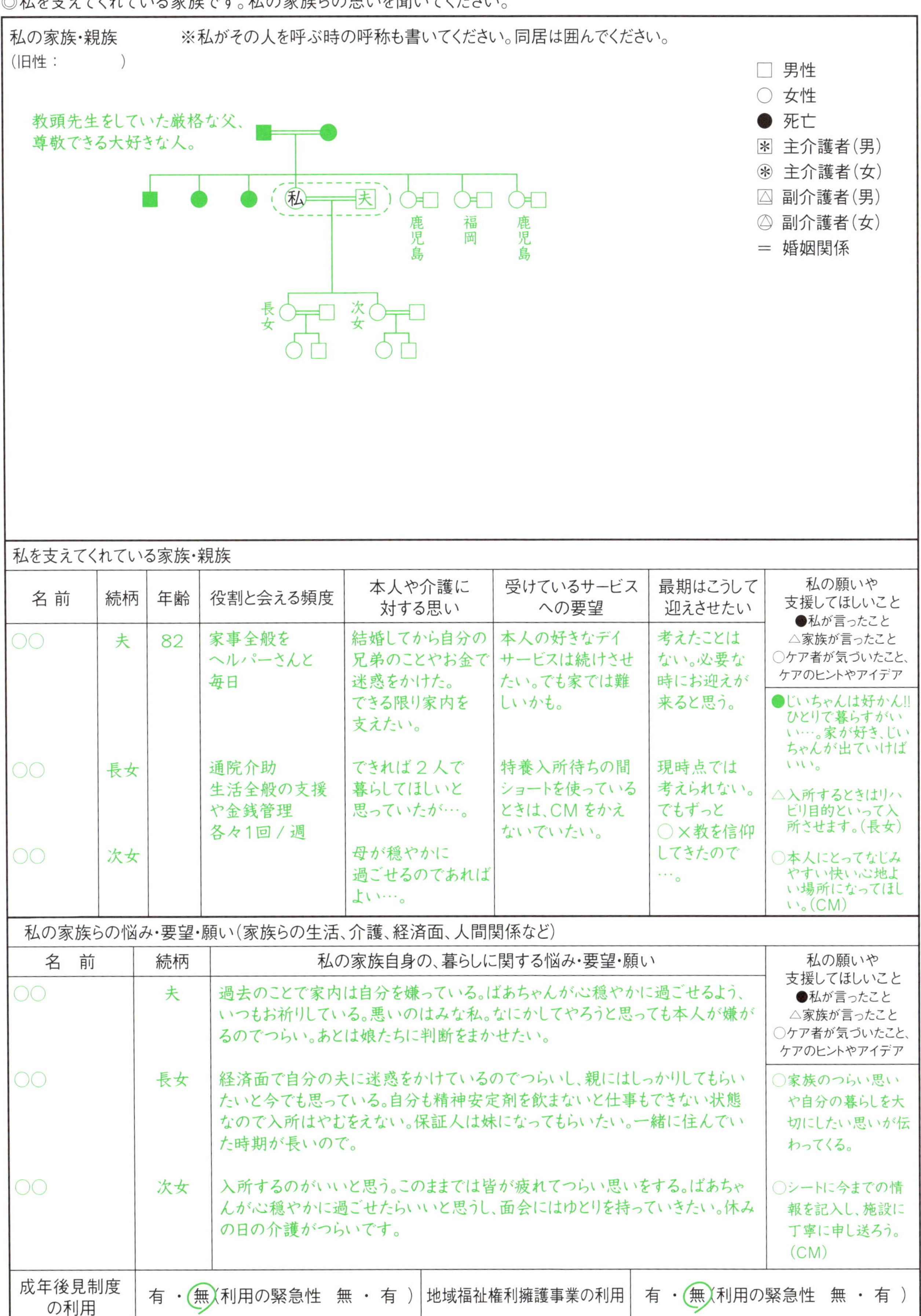

私の家族・親族　※私がその人を呼ぶ時の呼称も書いてください。同居は囲んでください。

（旧性：　　　）

私を支えてくれている家族・親族

名前	続柄	年齢	役割と会える頻度	本人や介護に対する思い	受けているサービスへの要望	最期はこうして迎えさせたい	私の願いや支援してほしいこと ●私が言ったこと △家族が言ったこと ○ケア者が気づいたこと、ケアのヒントやアイデア
○○	夫	82	家事全般をヘルパーさんと毎日	結婚してから自分の兄弟のことやお金で迷惑をかけた。できる限り家内を支えたい。	本人の好きなデイサービスは続けさせたい。でも家では難しいかも。	考えたことはない。必要な時にお迎えが来ると思う。	●じいちゃんは好かん!! ひとりで暮らすがいい…。家が好き、じいちゃんが出ていけばいい。
○○	長女		通院介助 生活全般の支援や金銭管理 各々1回／週	できれば2人で暮らしてほしいと思っていたが…。	特養入所待ちの間ショートを使っているときは、CMをかえないでいたい。	現時点では考えられない。でもずっと○×教を信仰してきたので…。	△入所するときはリハビリ目的といって入所させます。（長女）
○○	次女			母が穏やかに過ごせるのであればよい…。			○本人にとってなじみやすい快い心地よい場所になってほしい。（CM）

私の家族らの悩み・要望・願い（家族らの生活、介護、経済面、人間関係など）

名前	続柄	私の家族自身の、暮らしに関する悩み・要望・願い	私の願いや支援してほしいこと ●私が言ったこと △家族が言ったこと ○ケア者が気づいたこと、ケアのヒントやアイデア
○○	夫	過去のことで家内は自分を嫌っている。ばあちゃんが心穏やかに過ごせるよう、いつもお祈りしている。悪いのはみな私。なにかしてやろうと思っても本人が嫌がるのでつらい。あとは娘たちに判断をまかせたい。	
○○	長女	経済面で自分の夫に迷惑をかけているのでつらいし、親にはしっかりしてもらいたいと今でも思っている。自分も精神安定剤を飲まないと仕事もできない状態なので入所はやむをえない。保証人は妹になってもらいたい。一緒に住んでいた時期が長いので。	○家族のつらい思いや自分の暮らしを大切にしたい思いが伝わってくる。
○○	次女	入所するのがいいと思う。このままでは皆が疲れてつらい思いをする。ばあちゃんが心穏やかに過ごせたらいいと思うし、面会にはゆとりを持っていきたい。休みの日の介護がつらいです。	○シートに今までの情報を記入し、施設に丁寧に申し送ろう。（CM）

成年後見制度の利用	有・無（○印）（利用の緊急性　無・有）	地域福祉権利擁護事業の利用	有・無（○印）（利用の緊急性　無・有）

★プライバシー・個人情報の保護を徹底してください。　B−1　

<入所決定時、デイ職員、訪問介護職員に追記を依頼>

B-2 暮らしの情報(私の生活史シート)

名前 Bさん　記入日:2009年 9月 日/記入者 居宅ケアマネ

◎私はこんな暮らしをしてきました。暮らしの歴史の中から、私が安心して生き生きと暮らす手がかりを見つけてください。

※わかる範囲で住み変わってきた経過(現在→過去)を書きましょう。認知症になった頃に点線(…)を引いてください。

私の生活歴(必要に応じて別紙に記入してください)

年月	歳	暮らしの場所(地名、誰の家か、病院や施設名など)	一緒に暮らしていた主な人	私の呼ばれ方	その頃の暮らし・出来事	私の願いや支援してほしいこと ●私が言ったこと △家族が言ったこと ○ケア者が気づいたこと、ケアのヒントやアイデア
現在 2009.9	80	特養入所		○○さん	安心や快が自宅で保てなくなり入所となる。	●な、情けない…昔はなんでもできたのに…。死んだほうがいい…。
2005.8	76			ばあちゃん	脳梗塞で2W入院	
2005.7	76			ばあちゃん	物忘れ目立ち、意欲も低下し、専門医受診。アルツハイマー型と診断受ける。	
↑			↑			○次女家族の転居で喪失感がひき金に?新しい役割発見のためデイを。(CM)
2005.4	76		夫との2人暮らし	ばあちゃん	次女の職場が変わり、通勤が不便となりマンション購入し、次女家族が別居となる。	
	60		次女夫婦、2人の孫息子、夫との6人暮らし	ばあちゃん	夫が会社をたたんだ後、町民館長として地域に貢献。主婦をしながら夫の営む印刷会社を手伝う。	●あの頃はよかった。なんでもできた。PTAやら…子供が小中の時が一番よかった…。
	35			お母さん	次女出産	
	30				長女出産	△母はやり手でした。学校でも地域でも活躍している自慢の母でした。(長女・次女)
1954	26	○△市 ●●県	夫と夫の両親、弟 下宿		印刷会社で働いていた夫と結婚、就職、新聞社勤務	
1945	18		両親と姉妹	○○ちゃん	戦争で学徒動員	○世間体を気にする人で、しつけにはきびしかった。(長女)
					工場で魚雷をみがく仕事をする。	
	4				実母死去。4歳より義母に育てられる。	○性格からデイでは他人を意識してがんばっているが、家へ戻ると疲れから夫に強く言ってしまうのか?(CM)
1929	0	鹿児島県○○町			6人姉妹+兄の4番目。父は教師	○長女にきびしく指示されるとプライドが傷つき、つらい思いが激しい言動になるのでは?(CM)

私がしてきた仕事や得意な事など

- 新聞社で活字をひろう仕事をした後、夫の印刷会社で写真植字。
- PTA役員など母親として娘たちのために活躍していた。
- ○×教会の奉仕作業。

1日の過ごし方

長年なじんだ過ごし方
(いつ頃　　　　)

時間	
4時	

現在の過ごし方

時間	
4時	
8:30	起床
9:15	デイへ　5回/W
16:30	デイより帰宅
17:00	訪問介護
18:00	夕食
21:00	就寝

私の好む話、好まない話

<好む話>
故郷、実家の父親のこと。
教師で厳格で尊敬できる父。大好きだった。
故郷の妹たちのこと。

<好まない話>
夫と結婚後、夫の弟たちのこと(借金や酒)で苦労させられたということ。
夫は人が良くお金で苦労したこと。

★プライバシー・個人情報の保護を徹底してください。　B—2　

<入所決定時、デイ職員、訪問介護職員に追記を依頼>

B-3　暮らしの情報（私の暮らし方シート）

名前 Bさん　記入日：2009年　9月　日／記入者 居宅ケアマネ

◎私なりに築いてきたなじみの暮らし方があります。なじみの暮らしを継続できるように支援してください。

暮らしの様子	私が長年なじんだ習慣や好み	私の現在の状態・状況	私の願いや支援してほしいこと ●私が言ったこと △家族が言ったこと ○ケア者が気づいたこと、ケアのヒントやアイデア
毎日の習慣となっていること	○×教を信仰している。 朝晩のお参りはかかさない。 8のつく日は教会へ行く。	這ってでもとなりの部屋へ移動しお参りしていたが今は無関心。	●ど、どうでもいいです。 △もう参らなくなってしまいました。(娘)
食事の習慣	主婦の時からおかずの種類は少なく、単品であった。ご飯とお汁と1品。	朝食抜き。昼はデイか自宅で夫がセッティング。夜はヘルパーがセッティング。少食。バナナが好き。	△食事にこだわりはありませんでした。(娘)
飲酒・喫煙の習慣	習慣はない。	おやつが好き。せんべい類（小魚せんべい）や菓子パンが好き。買い置きすると全部食べてしまう。	
排泄の習慣・トイレ様式		洋式トイレにレンタルのトイレ手すりを設置しているがうまく使えない。	
お風呂・みだしなみ （湯の温度、歯磨き、ひげそり、髪をとかすなど）		デイサービスで週2回入浴。	●めんどうくさいです。
おしゃれ・色の好み・履き物	洋服等、ぜいたくはしていなかった。	えんじ色など地味な色が好き。最近は長女が買って渡す。(明るい色を！と)	△ぜいたくしない母でした。 もっと明るい色を着てほしい。(長女)
好きな音楽・テレビ・ラジオ	スポーツ番組 野球やすもう、NHKが好き。	すもう（豊真将が好き、朝青龍は大嫌い！） ソフトバンクのファン（和田投手・王監督がすき）	△家族全員ソフトバンクのファンです。(長女)
家事 （洗濯、掃除、買い物、料理、食事のしたく）	夫の仕事を手伝いながら家事全般を担ってきた。同居していた次女家族のこともすべて行う。	夫が洗たく買物をする。 ヘルパーと夕食の味ききや盛り付けを行う。	●む、むかしは…なんでも…やっていた。なんでもできたのに…。
仕事 （生活の糧として、社会的な役割として）	新聞社→自営業（植字）→町民館長→次女の子供の育児。		△お花を鉢植えしたりする程度。人のお世話をするしっかりとした、曲がったことの嫌いな母でした。(娘)
興味・関心・遊びなど	教会の活動。園芸。 小学校PTA活動 町内の人々のお世話。	お花が好き。	
なじみのものや道具			
得意な事／苦手な事			
性格・特徴など	他人の目を気にする。 お世話好き。プライドが高い。 教師の父に厳しく育てられた。	デイサービス内では他者との交流を積極的に求めている。	△日を追うごとに怒りっぽくなってきた。(夫) △なんでもめんどうがり、だらしなくなってきた。(長女)
信仰について	○×教で活動していた。 8のつく日は教会へ行くなど。	○×教。自分で朝晩お参りできなくなった。	
私の健康法 （例：乾布摩擦など）	特にない	特にない	
その他			

★プライバシー・個人情報の保護を徹底してください。　B—3　

C-1-2　心身の情報（私の姿と気持ちシート）

名前 Bさん　　記入日：2008年　7月　10日／記入者 居宅ケアマネ

◎私の今の姿と気持ちを書いてください。

※まん中の空白部分に私のありのままの姿を書いてみてください。もう一度私の姿をよく思い起こし、場合によっては私の様子や表情をよく見てください。左側のように、様々な身体の問題を抱えながら、私がどんな気持ちで暮らしているのかを吹き出しに書き込んでください。

（次の記号を冒頭に付けて誰からの情報かを明確にしましょう。●私が言ったこと、△家族が言ったこと、○ケア者が気づいたこと、ケアのヒントやアイデア）

私の不安や苦痛、悲しみは…

●な、な、情けないです。年のせいでしょう……こればっかりはしょうがない…

●む、む、むかしはなんでもできたのに……情けないです。

○やり手といわれた本人だったが、言葉も出にくいため相手にうまく気持ちが伝わらない…そのため意欲をなくしているのでは…。本当の言葉をじっくり聞くよう心がけては…（CM）

私の姿です

私が嬉しいこと、楽しいこと、快と感じることは…

●デ、デ、デイに来ている時…じ、じ、じぶんの好きな買物をしているとき…

●お、お、おでかけがいいですね…行きたい…

●ど、ど、どこか行きたいです。

○デイでは話を聴いてくれる。ゆったりできることが心地いいのでは??外出を楽しめている。継続できるといい。（CM）

私の介護への願いや要望は…

●あ、あ、あの頃に帰りたい……こ、子どもたちが小中学校の時代に…役員とか、なんでもできていました…。

○何か役割をもってもらい、意欲を引き出すようにしてみては？ デイで"レク担当委員"など…。（CM）

私がやりたいことや願い・要望は…

●お、お、お父さんとは一緒にいても関係ない。しゃべらん…しゃべらんから意味がない。ものは言いたくない…。

●む、む、娘がいてありがたい…。

○夫は視覚障害と少し耳が聞こえにくいことから、コミュニケーションが取りづらいのでは？ 昔から本人が主導権を握っていた関係もある？ 言葉が出にくいので苛立つのでは？ 本人がしゃべるとき、じっくり待ってみては？（CM）

私が受けている医療への願いや要望は…

●べ、べ、別にないです。

私のターミナルや死後についての願いや要望は…

●……。

C-1-2　心身の情報（私の姿と気持ちシート）

名前 Bさん　　記入日：2009年　5月　28日／記入者 居宅ケアマネ

◎私の今の姿と気持ちを書いてください。

※まん中の空白部分に私のありのままの姿を書いてみてください。もう一度私の姿をよく思い起こし、場合によっては私の様子や表情をよく見てください。左側のように、様々な身体の問題を抱えながら、私がどんな気持ちで暮らしているのかを吹き出しに書き込んでください。

（次の記号を冒頭に付けて誰からの情報かを明確にしましょう。●私が言ったこと、△家族が言ったこと、○ケア者が気づいたこと、ケアのヒントやアイデア）

私の不安や苦痛、悲しみは…

●幸せか、不幸かっていったら幸せ…。

●痛いところはありません。

●私はどうしたらいいんですか!!

△わけがわかりませんが夜中に大声でさけび机をたたくんです。（夫）

○どうしていいかわからず不安でいっぱいなんだろう。支えが必要。（CM）

私の姿です

自宅での様子

私が嬉しいこと、楽しいこと、快と感じることは…

●デイサービスは気の合う人…いい人たち…。

●それから…。娘が来ること…いっしょに買物すること…。

●そ、外にでかけたいです。

○間食をしすぎるといってデイでの買物を娘さんに止められていてストレスなのでは？（CM）

私の介護への願いや要望は…

●べ、別に…。

●あの人たち、あの人たちで生活がある…。いっしょに暮らしたいけどー。

△経済面からも2人で在宅で暮らしてほしい。（長女）

○今までは大丈夫ですといっていたが本人の表情が不安でいっぱいになってきた。支えがもっと必要なのかも。（CM）

私がやりたいことや願い・要望は…

●と、とにかく健康…。ここで…。

●健康第一

●子どもたちがいいから…。

●お金のことはその次…。

私が受けている医療への願いや要望は…

●……。

私のターミナルや死後についての願いや要望は…

●家族がちゃんとしてくれるでしょう…。

★プライバシー・個人情報の保護を徹底してください。　C−1−2　

＜入所決定時、デイ職員、訪問介護職員に追記を依頼＞

C-1-2　心身の情報（私の姿と気持ちシート）

名前Bさん　記入日：2009年　9月　日／記入者居宅ケアマネ

◎私の今の姿と気持ちを書いてください。

※まん中の空白部分に私のありのままの姿を書いてみてください。もう一度私の姿をよく思い起こし、場合によっては私の様子や表情をよく見てください。左側のように、様々な身体の問題を抱えながら、私がどんな気持ちで暮らしているのかを吹き出しに書き込んでください。

（次の記号を冒頭に付けて誰からの情報かを明確にしましょう。●私が言ったこと、△家族が言ったこと、○ケア者が気づいたこと、ケアのヒントやアイデア）

私の不安や苦痛、悲しみは…

●わかりません…
大丈夫です。
●どうしたらいいですか!!
どうしたらいいんですか!!
○自分の気持ちをうまく言葉にできない時、どうしようもない怒りが込みあげてくるようです。支える人が必要なのでは…。
（訪問介護）

私の姿です

デイサービス来所時

○慣れたスタッフの顔を見ると手をあげて笑顔で●あーあー。
安心するのでは？（CM）

私が嬉しいこと、楽しいこと、快と感じることは…

●デ、デイサービスはいい。
●豊真将が勝つとうれしい…。朝青龍が負けるとうれしい。
○野球やすもうの結果で会話がはずみます。
（訪問介護）
○歌が好きでふるさと、八十八夜は終わりまで歌えそう。（デイ）
○人と接するのが好きで新しい利用者さんに興味津々です。（デイ）

私の介護への願いや要望は…

●な、なんでも自分でできます。
●歩けます。

○自分でしたいという思い。過去にやり手だった本人さんの気持ちを大切にしながら、さりげなく、支えるよう気をつけて関わろう。（CM）

私がやりたいことや願い・要望は…

●わ、わたしは正直に生きてきた…。曲がったことは大嫌い。
●デイがいいです。み、みんないい人。

○歌うことが好きな様子です。独唱したいのですが終わりまで歌えず、はがゆい思いが表情からうかがえます。（デイ）

私が受けている医療への願いや要望は…

●……。

私のターミナルや死後についての願いや要望は…

●あ、あとは娘たちがしてくれるでしょう。
△いつも穏やかに過ごせれば…穏やかに…
それだけ○×教にお祈りしています。（夫）

★プライバシー・個人情報の保護を徹底してください。　C−1−2　

＜入所決定時、デイ職員、訪問介護職員に追記を依頼＞

D-1　焦点情報（私ができること・私ができないことシート）

名前 Bさん　記入日：2009年　9月　　日／記入者 居宅ケアマネ

◎私ができそうなことを見つけて、機会を作って力を引き出してください。
◎できる可能性があることは、私ができるように支援してください。もうできなくなったことは、無理にさせたり放置せずに、代行したり、安全・健康のための管理をしっかり行ってください。
※今、私がしている、していないを把握するだけでなく、できる可能性があるか、もうできないのかを見極めて、該当する欄に✓を付けましょう。
※漠然とした動作のチェックではなく、24 時間の暮らしのどの場面（時間や朝、昼、夕、夜など）かを状況に応じて具体的に記入しましょう。

暮らしの場面	私がしていること		私がしていないこと		私の具体的な言動や場面	できるために必要な支援、できないことへの代行、安全や健康のための管理	私ができるように支援してほしいこと ●私が言ったこと △家族が言ったこと ○ケア者が気づいたこと、ケアのヒントやアイデア
	常時している（自立）	場合によってしている	場合によってはできそう	もうできない			
	できる（可能性）						
起きる		✓			迎えに行ってもねている時がある。		
移動・移乗		✓			家では這って移動 屋外・デイは車イス	車イスの介助	
寝床の片づけなど			✓				
整容 （洗顔や整髪など）		✓			声をかけないとしない。	声かけや一部介助	
着替え （寝まき↔洋服）		✓			着替えていない日もある。1日パジャマ	ヘルパーによる声かけを行う	
食事準備 （献立づくり・調理・配膳等）				✓			
食事	✓				食欲はあるので少量だが自力で食べられる。手づかみもある。	テーブルセッティング 盛りつけの工夫	△たくさん食べられなくていいのでバランスよく（長女）
食事の片づけ				✓			○自分でしたいという思いが強いので、一口大のおにぎりや盛り付け方を工夫して、手で食べてもいいようにする（訪問介護）
服薬				✓			
排泄		✓			デイでは誘導されてできるが紙パンツにしていることが主。	トイレ誘導のタイミングをつかめばできる。	
掃除・ゴミ出し				✓	後始末の仕方がわからない。	ヘルパーを利用し自宅にいる時も清潔を保てるようにする。	
洗濯 （洗い→たたみ）				✓			
買い物 （支払いも含む）				✓			
金銭管理 （貯金の管理、手持ち現金の管理、通帳の管理・出し入れ、計画的に使えるか）				✓			
諸手続き （書類の記入・保管・提出等）				✓			
電話をかける・受ける				✓			
入浴の準備				✓			
入浴時の着脱		✓					●自分で、できます。
入浴		✓				声かけや着衣のときの一部介助	
寝る前の準備 （歯磨、寝床の準備）		✓					
就寝		✓					
人への気づかい		✓					
その他							

★プライバシー・個人情報の保護を徹底してください。　D－1　

＜入所決定時、デイ職員、訪問介護職員に追記を依頼＞

D-2　焦点情報（私がわかること・私がわからないことシート）

名前 Bさん　記入日：2009年　9月　日／記入者 居宅ケアマネ

◎私がわかる可能性があることを見つけて機会をつくり、力を引き出してください。
◎私がわかる可能性があることを見つけて支援してください。もうわからなくなったことは放置しないで、代行したり、安全や健康のための管理をしっかり行ってください。
※外見上のわかること、わからないことを把握するだけでなく、わかる可能性があるのか、もうわからないことかを見極めて、該当する欄に✓を付けましょう。
※漠然とした動作のチェックではなく、24 時間の暮らしのどの場面（時間や朝、昼、夕、夜など）かを状況に応じて具体的に記入しましょう。

暮らしの場面	私がわかること		私がわからないこと		私の具体的な言動や場面	わかるために必要な支援、わからないことへの代行、安全や健康のための管理	私がわかるように支援してほしいこと ●私が言ったこと △家族が言ったこと ○ケア者が気づいたこと、ケアのヒントやアイデア
	常時わかる	場合によってはわかること	場合によってはわかる可能性がある	わからない			
会話の理解		●			はいはいと聞くが、行動と異なることがある。		○わかっていないと思い込まないよう気をつける。（CM）
私の意思やしたいことを伝える		●			いやorいい　好かんor好くはわかる。言葉が出にくく怒りが込み上	2択にする。言葉が出るまでゆっくり待つ。	
毎日を暮らすための意思決定 （服を選んだり、やりたいことを決めるなど）		●			げることあり。どうします?では答えにくい。	2択にするとできる。	○選択決定しやすいよう物を見せたり、短い言葉で確認する。（CM）
時間がわかる			●		デイではないのに玄関まで這ってでていき待っている。	常に声かけや見守りがあればよい。	○サービスに入る時間を定刻に決める。 暮らしのリズムを極力かえないようにする。（CM）
場所がわかる		●			自宅内やなじみのデイはわかる。	慣れない場所へ行く時は介助し声かけする。	
家族や知人がわかる	●				2人の娘やヘルパー、ケアマネ等の関係者のことがわかる（名前は?）。	わかると決めつけず「CM○○です」と毎回名乗るようにする。	●（なじみのスタッフをみると手をのばして笑顔） ●あーあー
直前の記憶				●	食事の後、手の届くところに食べ物があると食べてしまう。	食事をしたことを覚えていないので、食べ過ぎにならないよう食物の保管に注意する。	●わ、わかりません。
最近の記憶 （1〜2週間程度の記憶）				●	デイでのできごとなど忘れている。		
昔の記憶	●				故郷での話や妹たちのこと、よく話してヘルパーたちに聴かせる。		
文字の理解 （ことば、文字）		●			めんどうです、よくわかりませんと見ようとしない。	短い文、単語で大きい字で表示する。	●め、めんどうです…。 ●よくわかりません…。
その他							

★プライバシー・個人情報の保護を徹底してください。　D−2　

3. デイサービス

妄想や介護拒否が強いと見られていた方を、家族と共に支えているケース

■ケース概況：センター方式の活用に至るまで

Cさん（80代女性）。夫と2人暮らし。
認知症の症状が現れ始めた時期は2007年頃（診断名はアルツハイマー型認知症）。他の疾患として、糖尿病、高血圧、ひざ痛がある。2008年に介護保険を申請。要介護2。
Cさんは、家事・子育てを完璧にこなす主婦であり、自立心が強く自分の意志を曲げないところがあった。認知症の診断を受けてからは、市内の他のデイサービスを利用していたが、妄想、帰宅欲求、尿失禁、入浴拒否などがあり対応が難しいようであった。
2009年8月より、当デイサービスの利用を開始。家族にもセンター方式シートの記入を依頼し、家族と職員が記入したシートをもとに、話し合いながら支援を進める。またシートはケアマネジャーとも共有し、本人支援と家族支援を同時に行っている。

1 センター方式を活用した場面とシート、一緒に活用した人

＊＝主となって記入した人

場　面	シート	一緒に活用した人
当デイ利用が始まった頃 （妄想や失禁、介護拒否があった）	C-1-2 D-4	＊デイのスタッフ 本人の言葉やしぐさを付箋紙にメモする形で情報収集し、シートに落とすことで、本人との関わり方を探る。
	B-2、3	＊夫
本人に変化が見え始めた頃（自分からトイレを利用できるようになってきた）	D-1、2	＊デイのスタッフ 集められた情報を整理しながら、本人の力の把握に活かす。
夫からの相談を受けたとき （妄想や失禁、介護拒否が軽減）	C-1-2	＊夫 デイ相談員の助言を受けながら記入。シートの記入によって日常のケアや関わり方の振り返りを行う。
本人に変化が見え始めた頃 （妄想や失禁、介護拒否が軽減）	A-4	＊ケアマネジャー 本人と夫からの情報、デイで収集した情報をもとに、本人を支える人たちを把握。

2 活用する過程で工夫したこと

・利用当初の家族との話し合いのなかで、「Ｃさんの訴えは、周囲の人に妄想、拒否と判断され続けてきた」ことがうかがえた。職員ミーティングでは、Ｃさんのありのままの言葉を聞き、それをシートに落としていくことを話し合った。

・付箋紙をデイルームのほか送迎車や着脱室にも用意しておき、チームスタッフ全員でいつでもどこでも情報収集にあたれるようにした。

・上記で集めた情報を整理してシートに記入しながら、同時に関わりのヒントを探ってケアを実践した。例えば「結構です」という本人の言葉は、自立したい思いの表れと考え、不必要な介入を控える対応を行った。

3 センター方式を活用したことで得られたこと、変化

・利用当初は頑なで打ち解けないという印象であったが、几帳面で協調性もあるというＣさんの人柄や気持ち（本人らしさ）に、スタッフが気づいていった。

・シートを使って、トイレ誘導後の本人の様子の情報を確認していくと、Ｃさんには自分で行こうとする意志や尿意があることがわかったため、トイレに行くかどうかの判断を本人に委ねることができた。

・取組みから２週間で、自宅での失禁が減少した。またデイでは、自分の意志で鍵のある個室トイレを利用、失禁があっても自分でパッドの交換ができるようになった。

・夫が記入したシートの情報から、コーラスグループとの付き合いや、かつてはいとこ会の幹事を務めるなどリーダーシップのあることがわかったため、デイサービスでもリーダーシップを発揮してもらい活躍されている。

・取組みから１か月もすると、「結構です」という言葉はまったく聞かれなくなり、笑顔で挨拶を交わすようになった。夫も明るくなって笑顔が増え、本人を見守りながら介護をされている。

<ケアマネが夫・本人の話を聞いてまとめる>

A-4　基本情報（私の支援マップシート）

名前 Cさん　　記入日：2009年 11月 20日／記入者 ケアマネ

◎私らしく暮らせるように支えてくれているなじみの人や物、動物、なじみの場所などを把握して、より良く暮らせるよう支援してください。

※家族は日常的にかかわりのある人を記入しましょう。
（家族、親族の全体像はB-1に記入）
※施設で暮らしていても私が関わっている人、会いに来てくれる人、会いに行く人、私の支えとなっている物や場所も記入しましょう。
※記入者からみて連携がとれている人を線で結びましょう。

私
夫
長男
いとこ会
デイサービス
ケアマネジャー
コーラス・友の会友人
小学校当時の友人
女学校当時の友人
スーパー
近所のお店
○○病院
△△内科クリニック
××メンタルクリニック
□□病院

※誰からの情報かを明確にしましょう。
●私が言ったこと、△家族が言ったこと、
○ケア者が気づいたこと、ケアのヒントやアイデア

△ 特になし（以下3項目）
私にとってなじみの場所は　　です。
私が行きたい場所は　　です。
私にとってなじみの人は　　です。

△ 私が会いたい人は　夫の妹（○○在住）　です。
△ 私が一番頼りにしている人は　夫　です。
△ 私が支えたい人は　夫・長男　です。

◎ 私の暮らしを支えてくれているサービスと、主となる担当者を教えてください。（例：デイサービス・田中）
※ 第3表（週間サービス計画表）を基盤に、介護保険サービス以外でも定期的に支えてくれているサービスや人を記入しましょう。

時間	月	火	水	木	金	土	日	私の願いや支援してほしいこと ●私が言ったこと △家族が言ったこと ○ケア者が気づいたこと、ケアのヒントやアイデア
4：00								
6：00								
8：00								
10：00	デイサービス		デイサービス	隔週コーラス 友人と昼食	デイサービス			
12：00								
14：00								
16：00								
18：00								
20：00								
22：00								
0：00								
2：00								
4：00								
	必要時、利用している介護保険サービス			上記以外でふだん地域で受けている支援や内容 （民生委員、ボランティア、各種自治体サービスなど）				

★プライバシー・個人情報の保護を徹底してください。　　A―4

<デイ利用当初>

B-2　暮らしの情報（私の生活史シート）

名前 Cさん　記入日：2009年　8月　日／記入者 Cさんの夫

◎私はこんな暮らしをしてきました。暮らしの歴史の中から、私が安心して生き生きと暮らす手がかりを見つけてください。

※わかる範囲で住み変わってきた経過（現在→過去）を書きましょう。認知症になった頃に点線（…）を引いてください。

私の生活歴（必要に応じて別紙に記入してください）

年月	歳	暮らしの場所（地名、誰の家か、病院や施設名など）	一緒に暮らしていた主な人	私の呼ばれ方	その頃の暮らし・出来事	私の願いや支援してほしいこと ●私が言ったこと △家族が言ったこと ○ケア者が気づいたこと、ケアのヒントやアイデア
現在						
2009.8	81歳	自宅	夫婦二人	○○	週2回 デイサービス 月2回 コーラス出席	
2009.6		ショートステイ			自宅に帰りたくて何回もエレベーターの所に行ったらしい	
2009.1		自宅			物忘れがひどくなってきた	
2007.9		○○病院で膝関節の手術			入院1ヶ月目頃よりアルツハイマーの症状がひどくなり、自宅の方がいいと言われ、リハビリを中止して退院した	
1990		東京に出勤				
1988〜82					いとこ会等で常に幹事をつとめる	
1975頃					小中学校のPTA等で活躍	
1970		市内○○に転居 獣医開業				
1952		鎌倉市○○に転居	夫婦二人で		東京都庁に出勤	
1949	21歳	結婚 都内○○			C家の祖母、父、母、兄弟4人と一緒に生活	
1946					父死去	
1942					母死去	
1928.3		都内○○で、父古物商の長女として生まれる				

私がしてきた仕事や得意な事など

料理、お菓子作り等
いろいろな会合あるいは兄弟の中のまとめ役をよくしてくれた

私の好む話、好まない話

食物　特に甘いお菓子

おやすみ　お風呂

何時何分に誰と会うとか、また医院の予約の時間等、時間の観念がなく、時間について話しかけられることを好まないよう

1日の過ごし方

長年なじんだ過ごし方（いつ頃 20〜30年前）	現在の過ごし方（現在）
時間 4時	時間 4時
朝6時に起床 私が8時頃出勤 昼間は友人とお習字を習ったり、水泳、コーラス等 子供の小学校の時はクラスの委員等（50年前）	7〜8時に起床 朝食等の簡単な食事は作ってます 食事は火を使用する物は私が作ります 野菜を切ったり包丁でする事などはやってもらってます

B-3　暮らしの情報（私の暮らし方シート）

名前 Cさん　記入日：20 09 年　8 月　日／記入者 Cさんの夫

◎私なりに築いてきたなじみの暮らし方があります。なじみの暮らしを継続できるように支援してください。

暮らしの様子	私が長年なじんだ習慣や好み	私の現在の状態・状況	私の願いや支援してほしいこと ●私が言ったこと △家族が言ったこと ○ケア者が気づいたこと、ケアのヒントやアイデア
毎日の習慣となっていること		自宅でテレビを見る事が多い	
食事の習慣	数10年前はうまい料理、お菓子等作ってくれました	時々出前または食事に行く事が多くなりました	
飲酒・喫煙の習慣	ナシ	ナシ 私は10年前にやめました	
排泄の習慣・トイレ様式	洋式。膝が悪いので和式はだめです。排泄は順調でした	時々もらしています	
お風呂・みだしなみ（湯の温度、歯磨き、ひげそり、髪をとかすなど）	入浴は好きでした	あまり入りたくないようです	
おしゃれ・色の好み・履き物		現在の方がおしゃれの様です 帽子など　カツラも	
好きな音楽・テレビ・ラジオ	クラシック、ラテン等音楽は大好き CDをよくかけます		
家事（洗濯、掃除、買い物、料理、食事のしたく）	以前はよくしてくれました	今は大分私がやっています	自分で選んで買い物がしたい
仕事（生活の糧として、社会的な役割として）			中元、歳暮等を送りたい
興味・関心・遊びなど	人との対話、コーラス	スーパー等、カートを押しての買い物が楽しいらしい	
なじみのものや道具		ステッキ	
得意な事／苦手な事	料理	散歩、体を動かす事	
性格・特徴など	案外、楽天的		
信仰について	仏様を大切にする	仏様にあげると言い、甘いものを買い、あとで生仏が食べています	仏だんの世話はよくします
私の健康法（例：乾布摩擦など）		病を治癒させようという気持ちが少ない	
その他			

<デイ利用当初>

C-1-2　心身の情報（私の姿と気持ちシート）

名前 Cさん　　記入日：2009年　8月 17日／記入者 デイ職員a

◎私の今の姿と気持ちを書いてください。

※まん中の空白部分に私のありのままの姿を書いてみてください。もう一度私の姿をよく思い起こし、場合によっては私の様子や表情をよく見てください。左側のように、様々な身体の問題を抱えながら、私がどんな気持ちで暮らしているのかを吹き出しに書き込んでください。

（次の記号を冒頭に付けて誰からの情報かを明確にしましょう。●私が言ったこと、△家族が言ったこと、○ケア者が気づいたこと、ケアのヒントやアイデア）

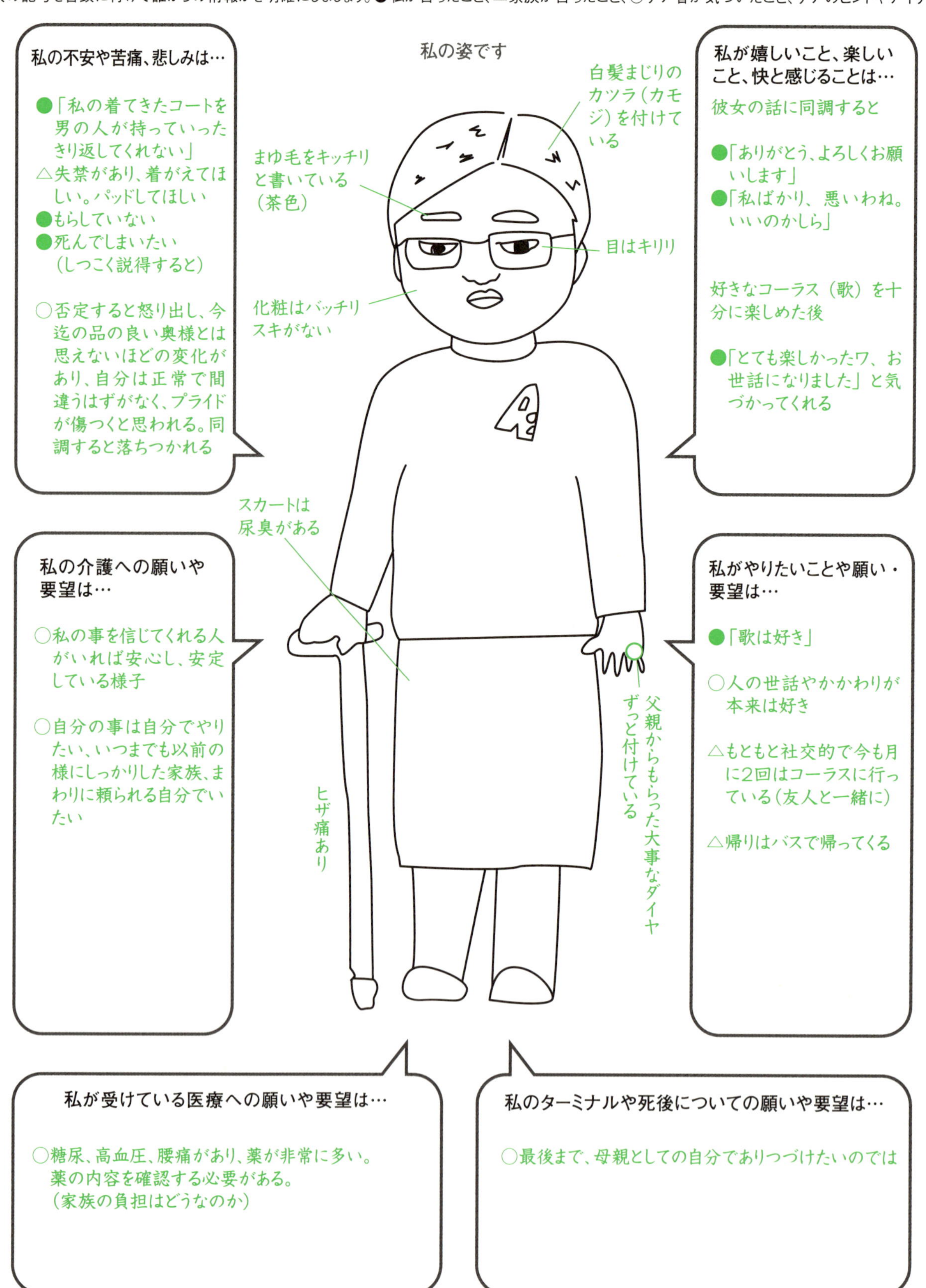

私の不安や苦痛、悲しみは…

●「私の着てきたコートを男の人が持っていったきり返してくれない」

△失禁があり、着がえてほしい。パッドしてほしい

●もらしていない

●死んでしまいたい（しつこく説得すると）

○否定すると怒り出し、今迄の品の良い奥様とは思えないほどの変化があり、自分は正常で間違うはずがなく、プライドが傷つくと思われる。同調すると落ちつかれる

私が嬉しいこと、楽しいこと、快と感じることは…

彼女の話に同調すると

●「ありがとう、よろしくお願いします」

●「私ばかり、悪いわね。いいのかしら」

好きなコーラス（歌）を十分に楽しめた後

●「とても楽しかったワ、お世話になりました」と気づかってくれる

私の介護への願いや要望は…

○私の事を信じてくれる人がいれば安心し、安定している様子

○自分の事は自分でやりたい、いつまでも以前の様にしっかりした家族、まわりに頼られる自分でいたい

私がやりたいことや願い・要望は…

●「歌は好き」

○人の世話やかかわりが本来は好き

△もともと社交的で今も月に2回はコーラスに行っている（友人と一緒に）

△帰りはバスで帰ってくる

私が受けている医療への願いや要望は…

○糖尿、高血圧、腰痛があり、薬が非常に多い。薬の内容を確認する必要がある。（家族の負担はどうなのか）

私のターミナルや死後についての願いや要望は…

○最後まで、母親としての自分でありつづけたいのでは

★プライバシー・個人情報の保護を徹底してください。　C−1−2　

C-1-2　心身の情報（私の姿と気持ちシート）

名前 Cさん　　記入日：20 10年　8月　4日／記入者 デイ職員c

◎私の今の姿と気持ちを書いてください。

※まん中の空白部分に私のありのままの姿を書いてみてください。もう一度私の姿をよく思い起こし、場合によっては私の様子や表情をよく見てください。左側のように、様々な身体の問題を抱えながら、私がどんな気持ちで暮らしているのかを吹き出しに書き込んでください。

（次の記号を冒頭に付けて誰からの情報かを明確にしましょう。●私が言ったこと、△家族が言ったこと、○ケア者が気づいたこと、ケアのヒントやアイデア）

私の不安や苦痛、悲しみは…

○以前、本人は自分の話を否定されてしまうと、混乱や妄想が拡大してしまった。私の思い込みを否定しないでほしいという思いがある

○最近白髪が気になるのか帽子をかぶってくることが多い。老けて見られるのはイヤ

●男の人がコートを持って行ったのよ!

○夏でもコートと3千円が入った財布を持参してもらっている

私が嬉しいこと、楽しいこと、快と感じることは…

●いちにの、さん！（歌レクのリーダーをやってくれる）

○選曲もできる。唱歌や歌謡曲が多い

●あなた何度言えばわかるんですか。今日は 4 時に帰るのよ！（しつこく帰宅時間を尋ねる利用者さんに言う。他者を諭す役割を好む）

●「……」（帰りの送迎車から降りるとき、同乗の職員にこっそり千円札を手渡す。ニコッと微笑む）

○千円札はこっそり夫に返す

私の姿です

大きな荷物はこちら側に掛けて歩く
財布やパッドが入っている
ズボン下やズボンを何枚もはいていることが多い

私の介護への願いや要望は…

○鍵のできるトイレを使う。トイレには予備のパッドを置いておく。「ご自由にお使い下さい」と書いた紙を貼る。フタ付の汚物入をセットする

●けっこうです!!（自立したい気持ちが強く、介助は拒否される）

○入浴に誘うとき、必ずバスタオルで体を隠し、プライバシーに配慮する。同性介助。浴室に入って湯を流すと、気持ちが切り替わり気分良く入浴できる

私がやりたいことや願い・要望は…

○おしゃれをしたい

△デイに行く朝はお化粧に時間をかける（夫より）

●父の形見の指輪なのよ（実家の父の形見の指輪を大切に身につけている。指輪は複数の時もある）

●荷物をお願いします（荷物を預ける場所を確認すると安心するらしい）

●お父様（夫のこと）が車で迎えに来るはずだけど…（3時半頃になると、夫が迎えに来ると言って、ドアの前で待っていることがある）

私が受けている医療への願いや要望は…

△たくさんの薬を服用している。薬は複数の病院で処方されているが、お薬手帳で一元的に管理している（夫）

私のターミナルや死後についての願いや要望は…

★プライバシー・個人情報の保護を徹底してください。　C−1−2　

D-1　焦点情報（私ができること・私ができないことシート）　名前 Cさん　記入日：2009年 8月 25日／記入者 デイ職員a

◎私ができそうなことを見つけて、機会を作って力を引き出してください。
◎できる可能性があることは、私ができるように支援してください。もうできなくなったことは、無理にさせたり放置せずに、代行したり、安全・健康のための管理をしっかり行ってください。
※今、私がしている、していないを把握するだけでなく、できる可能性があるか、もうできないのかを見極めて、該当する欄に✓を付けましょう。
※漠然とした動作のチェックではなく、24 時間の暮らしのどの場面（時間や朝、昼、夕、夜など）かを状況に応じて具体的に記入しましょう。

暮らしの場面	私がしていること		私がしていないこと		私の具体的な言動や場面	できるために必要な支援、できないことへの代行、安全や健康のための管理	私ができるように支援してほしいこと ●私が言ったこと △家族が言ったこと ○ケア者が気づいたこと、ケアのヒントやアイデア
	常時している（自立）	場合によってしている	場合によってはできそう	もうできない			
	できる（可能性）						
起きる	✓				夫が起こしに行き、朝ごはんの支度を促す		△おかあさん、朝だよ。ごはんの支度をして
移動・移乗	✓				●今日はいろいろありがとう	膝を痛めており、足をのばせる席へ案内する（送迎車）	○車への移乗は場所を案内すれば可能
寝床の片づけなど							
整容（洗顔や整髪など）	✓				化粧をし、何度か鏡をのぞいては口紅をつけ直す。カツラを付けており、身だしなみには気を配っている		
着替え（寝まき⟷洋服）	✓				自分で選んだものを着ているが、着る順番がおかしい事あり。重ね着する	あせもが出来るので、会話でうまくもっていければどうか	△おかあさん、これ暑いよ ●いいのよ ○説明して納得すると聞いてくれそう
食事準備（献立づくり・調理・配膳等）		✓			大部分は夫がしているが、指示や助言があれば簡単な事はできそう	本人が行うが、焦がす、切り方がわからない為、夫が声かけしながら行う。火は夫がしている	○テーブルなどはふいてくれそう
食事	✓				食欲はあり。多食、甘いものは好き	病気もあり、食べすぎない様注意が必要（糖尿病）	
食事の片づけ	✓				食器洗いは本人がしている		自らは動かないが、頼めば自分の事はやってくれそう
服薬		✓			夫がセットしている	数多く飲んでいるので薬の内容を確認する	
排泄		✓			自分からトイレに行く。時々失禁すると、着がえてもらうのが難しい	定期的な声かけをし、失禁をなくす。以前トイレがわからず探していたとの事、トイレの場所がわかりにくい	○排便時、ふけているか？　失禁について、デイではないのは、なぜか？（場所がわかりやすい？） ●トイレに行きたいのだけど、隣の席の人が今行っているので待ってるんですが、大丈夫でしょうか？
掃除・ゴミ出し			✓		夫が行う	ぞーきんはしぼってくれる。足悪いのでムリはできない	
洗濯（洗い→たたみ）			✓		夫が行う	隣で一緒にやればできそう	
買い物（支払いも含む）		✓			買い物は好き。夫と一緒に行き、夫がいらないものを整理して購入	自分で選んで買い物したいので、一緒に行く	
金銭管理（貯金の管理、手持ち現金の管理、通帳の管理・出し入れ、計画的に使えるか）		✓			送迎時、バス代と言って小銭を渡す。金額の大きさに理解はある		●これバス代です、と言って渡すが、千円しかない時は両替してほしいと言う ○千円では額が大きいという理解がある
諸手続き（書類の記入・保管・提出等）				✓	夫がやっている		
電話をかける・受ける		✓					●主人に電話をかけたいので、電話かしてもらえますか？ ○会話する機能はおとろえていない
入浴の準備							
入浴時の着脱	✓					着脱時は、鍵をしめて人が入ってこないようにする	
入浴		✓			入りたがらない。週1回位は入る		浴室がぬれていれば入っている証拠
寝る前の準備（歯磨、寝床の準備）		✓			気分によるが、歯ブラシを渡せばできる		
就寝	✓						
人への気づかい	✓				まわりをよく見ており、気配りをかかさない		●今日はいろいろとありがとうございました ●どうもお待たせしてすみません ●隣の席せまいんじゃ、ございません。もう少しこちらへどうぞ
その他							

★プライバシー・個人情報の保護を徹底してください。　D−1　

D-2　焦点情報（私がわかること・私がわからないことシート）

名前 Cさん　記入日：2009年 8月25日／記入者 デイ職員b

◎私がわかる可能性があることを見つけて機会をつくり、力を引き出してください。
◎私がわかる可能性があることを見つけて支援してください。もうわからなくなったことは放置しないで、代行したり、安全や健康のための管理をしっかり行ってください。
※外見上のわかること、わからないことを把握するだけでなく、わかる可能性があるのか、もうわからないことかを見極めて、該当する欄に✓を付けましょう。
※漠然とした動作のチェックではなく、24 時間の暮らしのどの場面（時間や朝、昼、夕、夜など）かを状況に応じて具体的に記入しましょう。

暮らしの場面	私がわかること		私がわからないこと		私の具体的な言動や場面	わかるために必要な支援、わからないことへの代行、安全や健康のための管理	私がわかるように支援してほしいこと ●私が言ったこと △家族が言ったこと ○ケア者が気づいたこと、ケアのヒントやアイデア
	常時わかる	場合によってはわかること	場合によってはわかる可能性がある	わからない			
会話の理解	✓						
私の意思やしたいことを伝える	✓				8/14 PM 事務机のところへ来て	ご主人にお話しして、さいふにお金3千円を入れて頂くようにした	●おさいふの中がからっぽなんですよ。主人に電話しようかしら…これでは車で帰れないわ
毎日を暮らすための意思決定 （服を選んだり、やりたいことを決めるなど）					8/5 迎時 夫よりメガネが見あたらず探して時間がかかっている。汗をかいているのに上着、コートを着込んでいる △いらないから！と10分ほどかかる	本人の意志を尊重し、本人にまかせる。声かけをする	●ダメなのよ
時間がわかる							
場所がわかる		✓			7/31 玄関前にて		●あっ、ここは昔来たことがある。 子供の頃この近くに住んでいたもので…
家族や知人がわかる		✓			8/7 送時車中より車中、初め夫と認識するも父親と誤り		●父親が迎えに来てくれたわ
直前の記憶		✓			トイレに誘う。隣席の人がまだトイレから戻ってこず空席だった	少し前の出来事を話題にする	●隣の方がまだ戻ってこないので
最近の記憶 （1～2週間程度の記憶）		✓			前回のレクで、スリッパ飛ばしゲームをされた。3位だったそうですねの問いに	先週の出来事を聞くようにする	●そうだったかしら…？
昔の記憶		✓			迎車内で、若い時はどんな仕事をなさってたんですか？	ハンドマッサージをしながら指輪の思い出をお聞きした（9/25）	●小さい時は、大きな会社の勤労動員で事務をさせられていました ●祖母や母に三味線や長唄を習わされて…本当はオルガンやピアノが良かったのに…
文字の理解 （ことば、文字）		✓			漢字クイズの答え合わせをすると	「あら、そうですね！」等、否定しない	●この答え、おかしいわね
その他							

★プライバシー・個人情報の保護を徹底してください。　D−2　

D-4　焦点情報（24時間生活変化シート）

名前 Cさん　　記入日：2009年　7月　29日／記入者　デイ職員b

◎私の今日の気分の変化です。24 時間の変化に何が影響を与えていたのかを把握して、予防的に関わるタイミングや内容を見つけてください。

※私の気分が「非常によい」から「非常に悪い」までの、どのあたりにあるか、時間を追って点を付けて線で結んでください。

※その時の私の様子や、どんな場面なのか、ありのままを具体的に記入してください。

※数日記入して、パターンを発見したり、気分を左右する要因を見つけてください。

時間＼気分	非常に悪い -3	悪い -2	悪い兆し -1	どちらでもない 0	よい兆し 1	よい 2	非常によい 3	その時の具体的な様子や場面	影響を与えていると考えられる事	私の願いや、支援してほしいこと（●私が言ったこと △家族が言ったこと ○ケア者が気づいたこと、ケアのヒントやアイデア）	記入者
9:00								朝の送迎車中	気持ちは急くが、足が痛いため早くできない 周りに気づかいをする人なので、気をつかっている	●遅くなって申し訳ありません ●ひざの痛みがあって…	g
10:00									車好き（?）なのか車中では機嫌よい		
								・朝のあいさつに行くと	愛想がとてもよい（笑顔）	●今日もよろしくお願いします	h
								・隣の席のF氏の服をほめると		●ステキな洋服ですね	〃
								・テーブルで世界の美術館の雑誌を熱心にみる ・漢字間違い探ししているがプリント見ている時間多い			
11:00								・漢字クイズの答え合わせをし正答を伝えると		●この答えは、"おかしいわね"と不満げ	h 〃
								・テーブルにある「ほおずき」について、辞書で漢字を調べ「鬼灯」と伝えると		●"おかしいわね"と腑に落ちない様子	〃 〃
12:00											
								ご自分からトイレ「個室」に入る			h
								昼食事	食べる事は大好きな様子	●大変おいしゅうございました	g
								食後に「うがいされますか?」と聞くと		●結構です（笑顔でかわされる）	h
13:00											
								体操の時間 指導者の行う通りに笑顔で参加			
14:00								ゲーム （スリッパとばし、輪なげ）	進んで参加され3位となり、笑顔多く見られる。楽しい事は好き（社交的）	●これをするのね	d
								自分よりトイレに立つ			
15:00											
16:00								帰りのあいさつをして頂く （とても立派なあいさつ） 自分よりトイレに立つ		●毎日、この様な楽しい所に来させて頂いて… ●皆さんもお体に気をつけて	h
17:00											

★プライバシー・個人情報の保護を徹底してください。　　D−4　　

D-4　焦点情報（24時間生活変化シート）

名前 Cさん　　記入日：2009年　7月　31日／記入者　デイ職員b

◎私の今日の気分の変化です。24 時間の変化に何が影響を与えていたのかを把握して、予防的に関わるタイミングや内容を見つけてください。
※私の気分が「非常によい」から「非常に悪い」までの、どのあたりにあるか、時間を追って点を付けて線で結んでください。
※その時の私の様子や、どんな場面なのか、ありのままを具体的に記入してください。
※数日記入して、パターンを発見したり、気分を左右する要因を見つけてください。

気分：非常に悪い（-3）／悪い（-2）／悪い兆し（-1）／どちらでもない（0）／よい兆し（1）／よい（2）／非常によい（3）

時間	気分	その時の具体的な様子や場面	影響を与えていると考えられる事	私の願いや、支援してほしいこと（●私が言ったこと　△家族が言ったこと　○ケア者が気づいたこと、ケアのヒントやアイデア）	記入者
9:00	0	・朝の迎車中 前回のスリッパ飛ばしゲームはいかがでしたか？ 3位になられたそうですね		●小さい時は大きな会社の勤労動員で事務をさせられていました ●そうだったかしら…？ ●祖母や母に三味線や長唄を習わされて… 本当はオルガンやピアノが良かったのに…	b
10:00	2	・デイ玄関前にて	6度目の来所で記憶に残った…（良い記憶？）	●あっ、ここは昔来た事がある。子供の頃この近くに住んでいたもので…	b
	1	・デイルームに入って ・職員の様子をずっと見て保管場所を確認し、		●コートはどこにおきましょう？ ●お願いします	d
11:00	-1	・血圧測定時		●男の人がコートを持っていったの	e
		・熱心にていねいにカレンダーの色ぬりをする		●この花は知らないわ	e
	2	・入浴後、隣の利用者さんのイスをひいたり、ぬり絵を見せたり交流があった		●お料理は好きでよくやりました。おかし作り、ケーキも焼きました	e
12:00	2	・昼食時「ここに座っていいですか」の問いに		●はいどうぞ	c
	2	・BGMのクラシックを口ずさむ		●子供の頃聞いていたんでしょう	c
		・うがいをすすめる		●どうしてうがいをするの？	f
13:00		・説明に納得され、素直にうがいしトイレに行く		●バッグ置いていっていいかしら？	
	0	ゲームの人数分けに際し、目で数えて確認しながら		●どうして4対4なんですか？	b
14:00					
	-1	トイレの場所を案内すると、ドアをピシャリとしめる 介助される事をいやがる様子 ズボンはぬれていないが、尿臭がキツイ		●結構です、わかりますから	f
15:00					
	2	選曲をして下さる 1、2、3と歌いはじめてくれた		●どれにしようかしら。 これはよくわからないわね	d
16:00					
17:00					

★プライバシー・個人情報の保護を徹底してください。　　D－4

D-4　焦点情報(24時間生活変化シート)

名前 Cさん　　記入日：2009年　8月　5日／記入者 デイ職員b

◎私の今日の気分の変化です。24 時間の変化に何が影響を与えていたのかを把握して、予防的に関わるタイミングや内容を見つけてください。

※私の気分が「非常によい」から「非常に悪い」までの、どのあたりにあるか、時間を追って点を付けて線で結んでください。

※その時の私の様子や、どんな場面なのか、ありのままを具体的に記入してください。

※数日記入して、パターンを発見したり、気分を左右する要因を見つけてください。

気分：非常に悪い（-3）／悪い（-2）／悪い兆し（-1）／どちらでもない（0）／よい兆し（1）／よい（2）／非常によい（3）

時間	気分	その時の具体的な様子や場面	影響を与えていると考えられる事	私の願いや、支援してほしいこと ●私が言ったこと △家族が言ったこと ○ケア者が気づいたこと、ケアのヒントやアイデア	記入者
9:00				△「いらないから!」(夫) ●「ダメなのよ!」 ●「おまたせしてごめんなさい」	f
	-1	メガネが見あたらず時間がかかる。探して汗をかいているのに上着、コートを着こむ ↓ 10分程待つ	ここのデイサービスを気に入っているのか?	△「ここのデイサービスに来てから尿失禁がみられない」 「他のデイでは、(帰りたい)とドアの前に立つ事多く、帰れない事に不満だった」(夫)	f
10:00	-1	コートを預かる際		●「最初に来た日にコートを預かりますといって持っていかれた。それ以来みつからない」	d
11:00	0	皆でテーブルにてプリント類をしているが、何度も今日の日付を聞いていた		●「今日は何年何日でしたっけ?」 ●「平成でしたっけ?」 などと笑顔でやりとりしている	h
12:00	1	弁当をかたづける職員を見て、隣の方の分も一緒にかたづけて下さった			b
13:00	3	隣席の男性利用者から紙花をもらい、ご自分で作った花をお返しに送る ほほえましい交流があった		●「あら、ありがとうございます」とうれしそうにおっしゃる ●「これ、どうぞ」にこやかに	b
14:00	0	トイレへ立ちご自分で個室に入っていく			h
	3	花笠音頭を口ずさみながら、お花づくりを一生懸命にされる。楽しそうに○○さんと歌って		●「楽しいわね」	f
15:00		帰りのトイレの誘導時、声かけに対し拒否なく行かれた。		●「あっ、そう。では、行っておこうかしら」	b
16:00	2	トイレから出てきて、「コートをお返ししたいのですが…」とカバンからコートを出すと	朝、着てこられたコートと説明するも、先日なくなったコートと間違えている?	●「ありがとうございます、わざわざ」と非常に喜ばれた表情で感謝された	h
	2	出発する送迎車内から職員に笑顔で手を振る			h
17:00					

★プライバシー・個人情報の保護を徹底してください。　D−4

D-4　焦点情報（24時間生活変化シート）　名前 Cさん　記入日：2009年　8月　7日／記入者 デイ職員b

◎私の今日の気分の変化です。24 時間の変化に何が影響を与えていたのかを把握して、予防的に関わるタイミングや内容を見つけてください。
※私の気分が「非常によい」から「非常に悪い」までの、どのあたりにあるか、時間を追って点を付けて線で結んでください。
※その時の私の様子や、どんな場面なのか、ありのままを具体的に記入してください。
※数日記入して、パターンを発見したり、気分を左右する要因を見つけてください。

気分／時間	非常に悪い	悪い	悪い兆し	どちらでもない	よい兆し	よい	非常によい	その時の具体的な様子や場面	影響を与えていると考えられる事	私の願いや、支援してほしいこと ●私が言ったこと △家族が言ったこと ○ケア者が気づいたこと、ケアのヒントやアイデア	記入者
	-3	-2	-1	0	1	2	3				
9:00								朝、迎車内		●「今日は良い天気で良かったですね」とおだやかにおっしゃる	g
10:00											
11:00								入浴、誘ってみる 「汗をかかれた様なので、よろしかったらお風呂いかがですか？」		●「こんなところでお風呂には入りません」と笑顔ながらキッパリと断る	g
12:00								ご自身でトイレへ立たれる			b
13:00											
14:00											
15:00								鏡の前の洗面所で手を洗い、念入りに身じたくを整える			b
16:00								帰送車内 車中、初め夫と認識するも、夫を父親と誤り		●「父親が迎えに来てくれたわ」	g
17:00											

D-4　焦点情報（24時間生活変化シート）名前 Cさん　　記入日：2009年　8月　14日／記入者　デイ職員b

◎私の今日の気分の変化です。24 時間の変化に何が影響を与えていたのかを把握して、予防的に関わるタイミングや内容を見つけてください。
※私の気分が「非常によい」から「非常に悪い」までの、どのあたりにあるか、時間を追って点を付けて線で結んでください。
※その時の私の様子や、どんな場面なのか、ありのままを具体的に記入してください。
※数日記入して、パターンを発見したり、気分を左右する要因を見つけてください。

時間＼気分	非常に悪い -3	悪い -2	悪い兆し -1	どちらでもない 0	よい兆し 1	よい 2	非常によい 3	その時の具体的な様子や場面	影響を与えていると考えられる事	私の願いや、支援してほしいこと（●私が言ったこと △家族が言ったこと ○ケア者が気づいたこと、ケアのヒントやアイデア）	記入者
9:00											
10:00								花笠作りの紙作り手伝う 輪の形をととのえてくれた		●「やりますよ」	c
								花笠台座を笠につける作業をお願いすると	△私のする事が役に立って、うれしいと思っている	●「いいえ大丈夫ですよ」 ●「これくっついてますか?」 （とてもおだやかな口調で話す）	c
11:00								「日本の歳時記」伝統としきたりの記事を読んでいる		難しそうですね ●「そんなことないですよ」	b
12:00											
13:00								トイレとは言わず（朝行ってない）食後のうがいに行きましょうと誘い、その後こちらへどうぞと誘うと		●「どうも」と素直に行く	c
								トイレより戻るとバッグより口紅を出し小指に紅をつけてぬっていた			
14:00								椅子より立ち上がり 帰りは車で送っていく事、お金をもらっていると話すと、納得し席にもどる		●「おさいふの中味がない。主人に迎えに来てもらいたいので電話させてほしい」と話す	b
15:00								事務机のところへ来て		●「おさいふの中がからっぽなんですよ。主人に電話しようかしら…これでは車で帰れないわ」とくり返し話される	c
16:00								<やや重いまなざし> お金のことは心配しないで下さい →納得されている			
17:00											

4. 小規模多機能型居宅介護

悪化した地域との関係に働きかけ、本人と地域の人々がともに暮らす姿がみられるようになったケース

■ケース概況：センター方式の活用に至るまで

Ｆさん（80 代男性）。妻と２人暮らしだったが、2007 年に妻が脳出血で倒れ入院。その後、家の内外にゴミや野良猫が増え、2008 年ごろには近所から苦情が入るようになる。2012 年ごろには火の扱いやお金の管理ができなくなる。また、近所の農耕器具を集めてくることがあり、隣人とのトラブルが増え警察沙汰になった。このときに民生委員と地域包括支援センターのすすめで介護保険を申請し要介護２となる。アルツハイマー型認知症と診断（利用開始後に前頭側頭型認知症と再診断）。

小規模多機能型居宅介護の利用に至り、通所や訪問のサービスが始まるが、本人と家族が地域から孤立している状況が見えてきた。本人の思いや健康、暮らし、地域との関係など、生活の全体を知るため、センター方式シートを活用することにした。

1 センター方式を活用した場面とシート、一緒に活用した人

＊＝主となって記入した人

場　面	シート	一緒に活用した人
利用前面接 カンファレンス	A1、B3	＊家族、ケアスタッフ（看護、介護職員、管理者）
カンファレンス 事例検討会 地域ケア会議	A4、C-1-2	＊家族、ケアスタッフ、他部署・事業所職員、地域包括支援センター職員、民生委員、自治会長
各勤務（通所時、泊まり、訪問時）	D3	＊ケアスタッフ
カンファレンス 診察時	D4	＊ケアスタッフ、主治医

2 活用する過程で工夫したこと

・ケアの途中、その時々の本人の思いや体調、行動の変化を捉えるため、瞬時に発するありのままの言葉や様子を付箋に書き込むなど工夫した。
・訪問時、かかわりのなかでの暮らしの様子を記録した。
・本人の言葉から、本当の思いは何か、チームや家族、近隣住民と共有するようにした。
・家族、近隣住民からの声をともに地域支援に活かすようにした。

3 センター方式を活用したことで得られたこと、変化

・利用時、家族がシートに本人の人生とともに、発症からの様子を記してくれたことで職員や家族の目の届かなかったグレーゾーンの時期が明らかになった。かかわりの早期段階から本人の様子や家族の思いを知り、本人目線でケアのヒントを得ることができた。
・自宅、地域、施設それぞれの場で本人とかかわりながら、本人発の言葉の背景となる心身の様子や生活の様子全体を知ることができた。
・本人が必要としている医療や地域で生活するうえで必要な具体的なプランと実践が可能となった。
・馴染みの場所にでかけたり、地区行事に参加することで本人の生活がどんどん地域に広がった。
・ケアの見える化ができた（A-4）（D-4）。
・突然の気分の変動をもたらす背景や要因について、よいときも、そうでないときも、本人からすると周囲がどのように映っているか､症状ではなく､本人の心の内側から考えることができた。（10月３日受診時）
・診察時にD-4シートを持参。診断の補助となり、診断名が訂正された。
・主治医との連携、薬の調整が行われた。
・事業所だけでなく、地域との関係や、認知症の理解を進める地域支援に活動が広がった。
・地域がよく見えるようになった。
・地域の人びとが施設行事に参加したり、運営会議に参加し、認知症や事業所への理解が深まり、敬老会や夏祭りなどに声をかけてくれ一緒に楽しむようになった。
・近隣の大人も子どもたちも、本人を排除するのでなく、受け入れて助け合いながら、これまで同様ともに生活する地域に変化していった。

A-1　基本情報（私の基本情報シート）

事業者名　　　　　　　　　　　　記入日：2012年 8 月31日／記入者 長女

◎私の基本情報とサービス利用までの経過をみんなで共有してください。

フリガナ		□男 □女	要介護度	認知症の人の日常生活自立度	障害高齢者の日常生活自立度	認知症関連の評価（スケール名：　）
名前	Fさん	歳	2	Ⅲa	A2	HDS-R12点

誕生日	□明治 □大正 □昭和　年　月　日
住民票がある住所	〒 ○○○-○○○○ ○○市 電話 ○○○　　FAX ○○○

家族や知人の連絡先（連絡がつきやすい手段を記入）

	本人との続柄・関係	氏名	TEL／携帯／メール／FAX
1	長男	○○	
2	長女	○○	
3			

認知症の診断名　前頭側頭型認知症　　診断を受けた医療機関 ○○病院（○○医師）（いつ頃か　2012年　6月）

サービスを利用するまでの経過（家族や周囲の人が認知症の状況に気づいてからの経過）

年　月	様子 ※症状に気づいた時期、要介護認定を受けた時期、サービス開始時期など	その時にあった事など（背景）
2007年5月	朝、母（注：Fさんの妻）が自宅で脳出血で倒れたとき、家のなかがゴミだらけで足の踏み場もなかった。そのなかで、父（注：Fさん）がぼーっと座っていた。	父は救急車も呼ばずに、夜、長男が帰宅するまでそのままにしていた。母が入院して、家のなかのことをする人がいなくなった（洗濯だけは父・母・長男の三人分していた）。
2008年6月	近所の方から苦情や注意があっても、聞く耳を持たない。	（近所の方いわく）家の周りのゴミのことと、野良猫にエサをあげることに対しての苦情だった。
2008年11月	母が入院している○○脳外科病院で、医師と看護師に暴言を吐いた。	病状が安定してきたので、転院してほしいと言われ、「追い出される」と思い込んだようである。
2012年2月	他人の家から農耕器具をとってきた。また、他人の畑からイスや農作物をとってきてしまった。	民生委員の方の電話で知る。一度警察に通報されて、パトカーで警察署に連れて行かれた。
2012年4月	おもらしをした下着やズボンが家のなかに散乱していた。	近所の人から、「汚れた服装で歩いている、お風呂にも入っていないようだ」と連絡があった。
2012年6月	症状がひどくなり、火の扱いやお金の管理もできなくなった。民生委員と地域包括支援センターの方の強いすすめで、要介護認定を受けることに。	病院嫌いの父を、なんとか○○病院に連れて行き、要介護認定に必要な検査などを受ける。その結果、アルツハイマー型認知症と診断された（編集注：その後、前頭側頭型認知症に診断が変更されている）。
2012年8月	初めて小規模多機能に連れて行く。	話の途中でおもらしをしてしまったが、お風呂に入って、お昼ご飯も食べて、とても上機嫌だった。

○介護保険　被保険者番号 保険者番号 資格取得　平成　年　月　日	○健康保険　保険の種類 被保険者名 被保険者との続柄（　）
○経済状態（年金の種類等） 国民年金・厚生年金・障害年金・生活保護 その他（　）月額　円	○公費負担医療　適用 □有・□無 （　）障害者手帳　種　等 ○就労状態（　）

★プライバシー・個人情報の保護を徹底してください。　A−1　

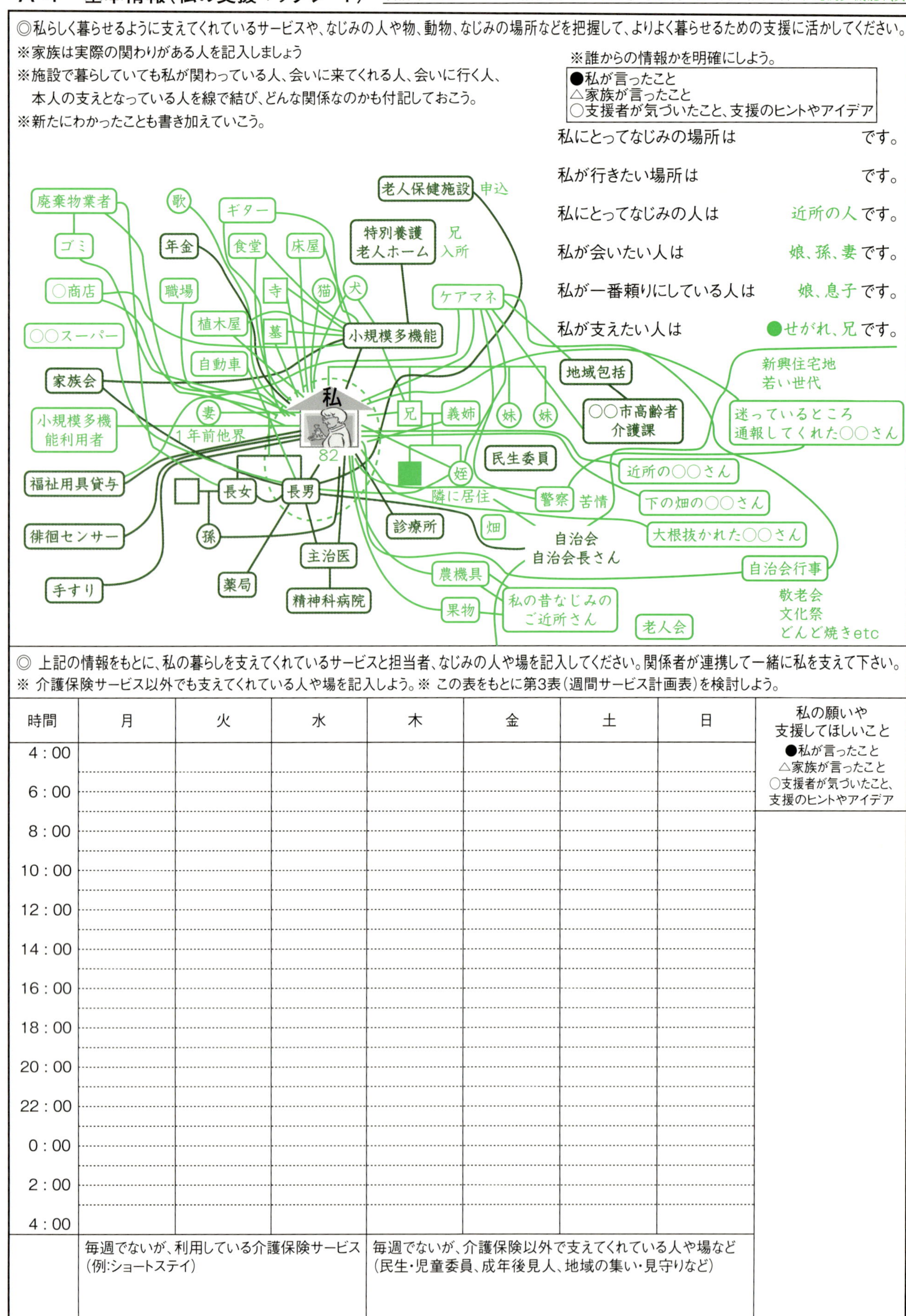

A-4 基本情報(私の支援マップシート) 名前 Fさん 記入日：2012年10月3日／記入者 小規模多機能職員

◎私らしく暮らせるように支えてくれているサービスや、なじみの人や物、動物、なじみの場所などを把握して、よりよく暮らせるための支援に活かしてください。

※家族は実際の関わりがある人を記入しましょう

※施設で暮らしていても私が関わっている人、会いに来てくれる人、会いに行く人、本人の支えとなっている人を線で結び、どんな関係なのかも付記しておこう。

※新たにわかったことも書き加えていこう。

※誰からの情報かを明確にしよう。

●私が言ったこと
△家族が言ったこと
○支援者が気づいたこと、支援のヒントやアイデア

私にとってなじみの場所は　　です。
私が行きたい場所は　　です。
私にとってなじみの人は　近所の人　です。
私が会いたい人は　娘、孫、妻　です。
私が一番頼りにしている人は　娘、息子　です。
私が支えたい人は　●せがれ、兄　です。

◎ 上記の情報をもとに、私の暮らしを支えてくれているサービスと担当者、なじみの人や場を記入してください。関係者が連携して一緒に私を支えて下さい。

※ 介護保険サービス以外でも支えてくれている人や場を記入しよう。※ この表をもとに第3表(週間サービス計画表)を検討しよう。

時間	月	火	水	木	金	土	日	私の願いや支援してほしいこと ●私が言ったこと △家族が言ったこと ○支援者が気づいたこと、支援のヒントやアイデア
4：00								
6：00								
8：00								
10：00								
12：00								
14：00								
16：00								
18：00								
20：00								
22：00								
0：00								
2：00								
4：00								
	毎週でないが、利用している介護保険サービス (例:ショートステイ)			毎週でないが、介護保険以外で支えてくれている人や場など (民生・児童委員、成年後見人、地域の集い・見守りなど)				

※支援者とは、本人を支える人(介護職、医療職、福祉職、法律関係者、地域で支える人、家族・親戚等)であり、立場や職種を問わない。

★プライバシー・個人情報の保護を徹底してください。　A−4　

B-3　暮らしの情報（私の暮らし方シート）

名前　　　記入日：20 12年 8 月 31 日／記入者　長女

◎私なりに築いてきたなじみの暮らし方があります。私が大事にしたいなじみの暮らし方を継続できるように支援していください。

暮らしの様子	私が長年なじんだ習慣や好み	私の現在の状態・状況	私の願いや支援してほしいこと ●私が言ったこと △家族が言ったこと ○支援者が気づいたこと、支援のヒントやアイデア
毎日の習慣となっていること	郵便ポストから新聞を取る。 散歩。	新聞を取ること、散歩は続いている。靴を揃えて上がる几帳面なところがある	○同じコースを歩いている（近隣の人）。 ○近所の人が見守って声掛けしてくれている。
食事の習慣	好物…刺身、そば、釜飯、天ぷら、くだもの、酒 苦手…カレー・ケーキ	目の前にある食べ物を全部食べてしまう。	○詰まらせないよう、少量づつお皿に盛る。 ●旨い（渋柿をかじって）。 ○味覚の変化があるようだ。
飲酒・喫煙の習慣	お酒もタバコも好き。	もう10年以上前からタバコはやめている。	
排泄の習慣・トイレ様式	便秘防止のための浣腸をよく使う	おもらしをするようになった。（紙おむつ着用）	●やめろ。 ○自然排便ができるようにしていく。
お風呂・みだしなみ（湯の温度、歯磨き、ひげそり、髪をとかすなど）	長湯が嫌いだが、毎日入る。 髭剃りは時間をかけて行う。	どれも自分では難しい。	●やめろ。熱い。出るぞ。 ○入ってしまえば上機嫌。待たせず、気持ちの向きに合わせる。
おしゃれ・色の好み・履き物	帽子が好き（特にハンチング）。また、ゆったりした服が好き。	コーディネイトができないが、帽子は今でも好き。	○おしゃれをして通っていただこう。
好きな音楽・テレビ・ラジオ	ギターでよく「古賀政男」やクラシックを演奏していた。	毎日テレビを観ている。演歌が好き。通所時、おばあさんから聴いた子守歌の逆さ歌を楽し気に歌っている	○みんなで楽しもう。
家事（洗濯、掃除、買い物、料理、食事のしたく）	煮込みうどんをよく作った。洗濯を毎日していた。	何もしていない。たまに飯を炊く。洗い物をしないので不衛生である。	○本人と一緒に買い物や片付けをしよう。
仕事（生活の糧として、社会的な役割として）	バスの整備と米作りの手伝い。	今は何もしていない。	
興味・関心・遊びなど	パチンコ（ほぼ依存症のように通っていた）	今は何もしていない。	
なじみのものや道具			
得意な事／苦手な事	車のメンテナンスが得意。 あまり字を書かなかった（ので、苦手だったのかもしれない）	何かとメモをしたり、字を書いている。	○送迎車のタイヤ交換をしていただこう。
性格・特徴など	人が良い。楽しい。	短気だが明るい。	○昔話をたくさん語っていただこう。
信仰について	なし	なし	
私の健康法（例：乾布摩擦など）	散歩	散歩	
その他			

※支援者とは、本人を支える人（介護職、医療職、福祉職、法律関係者、地域で支える人、家族・親戚等）であり、立場や職種を問わない。

★プライバシー・個人情報の保護を徹底してください。　B−3　

C-1-2　心身の情報（私の姿と気持ちシート）

名前 Fさん　記入日：20 12年 10月 3日／記入者 小規模多機能職員

◎私の今の姿と気持ちを書いてください。

※本人のふだんの姿をよく思い出して、まん中に本人の姿を描いてみよう。いつも身につけているものや身近にあるものなども書いておこう。
※本人の言葉や声を思い出しながら、ありのままを●を文頭につけて記入しよう。家族が言ったことは△をつけて記入しよう。
※一つひとつの●（本人の言葉や表情）について「本人がどう思っているのか」を考えてみて、気づいたことや支援のヒントやアイデアを、文頭に○をつけて記入しよう。
※C-1-1のような身体の苦痛を抱えながら、どんな気持ちで暮らしているのか考えてみよう。

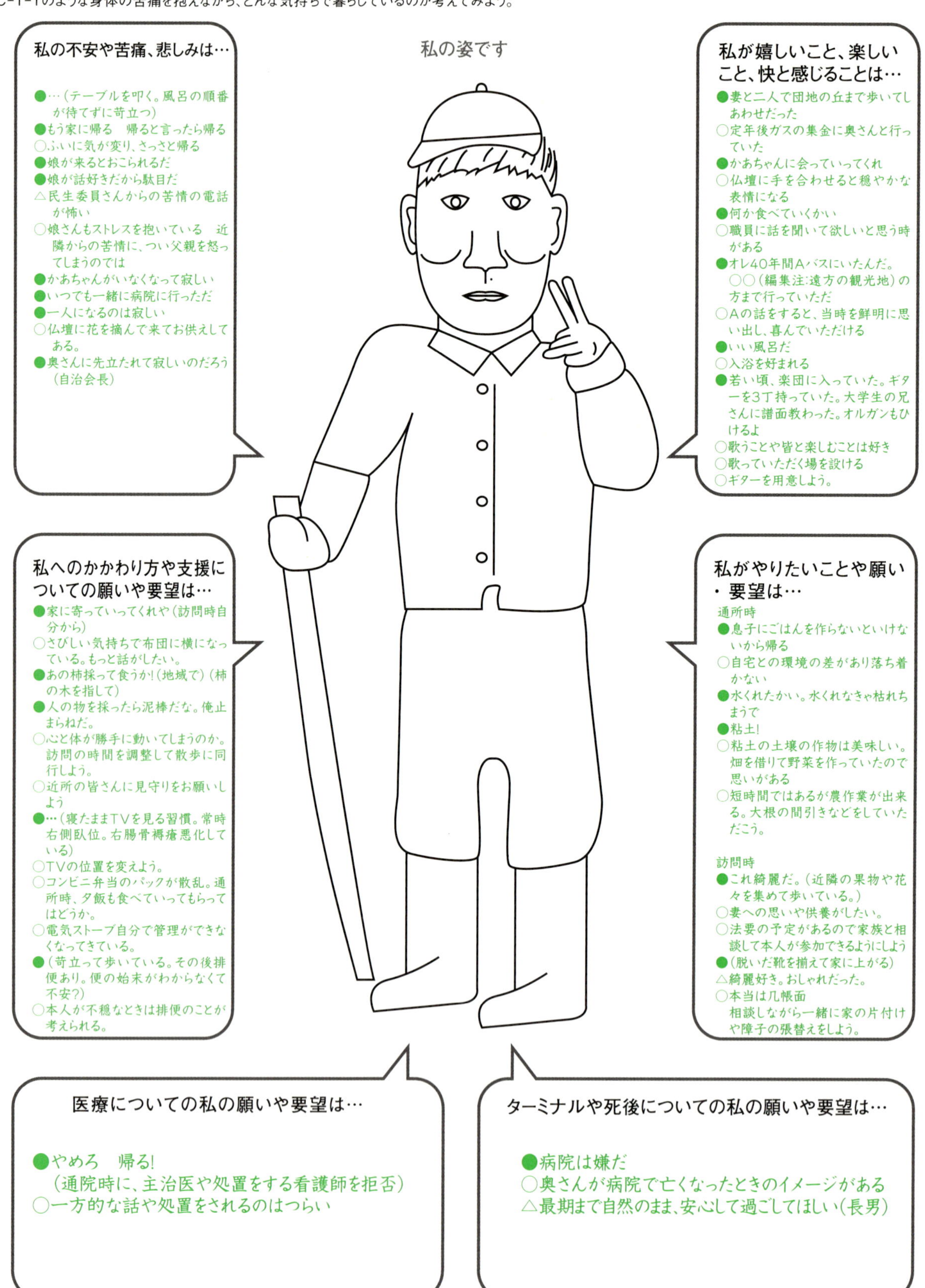

私の不安や苦痛、悲しみは…

●…（テーブルを叩く。風呂の順番が待てずに苛立つ）
●もう家に帰る　帰ると言ったら帰る
○ふいに気が変り、さっさと帰る
●娘が来るとおこられるだ
●娘が話好きだから駄目だ
△民生委員さんからの苦情の電話が怖い
○娘さんもストレスを抱いている　近隣からの苦情に、つい父親を怒ってしまうのでは
●かあちゃんがいなくなって寂しい
●いつでも一緒に病院に行っただ
●一人になるのは寂しい
○仏壇に花を摘んで来てお供えしてある。
●奥さんに先立たれて寂しいのだろう（自治会長）

私が嬉しいこと、楽しいこと、快と感じることは…

●妻と二人で団地の丘まで歩いてしあわせだった
○定年後ガスの集金に奥さんと行っていた
●かあちゃんに会っていってくれ
○仏壇に手を合わせると穏やかな表情になる
●何か食べていくかい
○職員に話を聞いて欲しいと思う時がある
●オレ40年間Aバスにいたんだ。○○（編集注：遠方の観光地）の方まで行っていただ
○Aの話をすると、当時を鮮明に思い出し、喜んでいただける
●いい風呂だ
○入浴を好まれる
●若い頃、楽団に入っていた。ギターを3丁持っていた。大学生の兄さんに譜面教わった。オルガンもひけるよ
○歌うことや皆と楽しむことは好き
○歌っていただく場を設ける
○ギターを用意しよう。

私へのかかわり方や支援についての願いや要望は…

●家に寄っていってくれや（訪問時自分から）
○さびしい気持ちで布団に横になっている。もっと話がしたい。
●あの柿採って食うか！（地域で）（柿の木を指して）
●人の物を採ったら泥棒だな。俺止まらねだ。
○心と体が勝手に動いてしまうのか。訪問の時間を調整して散歩に同行しよう。
○近所の皆さんに見守りをお願いしよう
●…（寝たままTVを見る習慣。常時右側臥位。右腸骨褥瘡悪化している）
○TVの位置を変えよう。
○コンビニ弁当のパックが散乱。通所時、夕飯も食べていってもらってはどうか。
○電気ストーブ自分で管理ができなくなってきている。
●（苛立って歩いている。その後排便あり。便の始末がわからなくて不安？）
○本人が不穏なときは排便のことが考えられる。

私がやりたいことや願い・要望は…

通所時
●息子にごはんを作らないといけないから帰る
○自宅との環境の差があり落ち着かない
●水くれたかい。水くれなきゃ枯れちまうで
●粘土！
○粘土の土壌の作物は美味しい。畑を借りて野菜を作っていたので思いがある
○短時間ではあるが農作業が出来る。大根の間引きなどをしていただこう。

訪問時
●これ綺麗だ。（近隣の果物や花々を集めて歩いている。）
○妻への思いや供養がしたい。
○法要の予定があるので家族と相談して本人が参加できるようにしよう
●（脱いだ靴を揃えて家に上がる）
△綺麗好き。おしゃれだった。
○本当は几帳面
相談しながら一緒に家の片付けや障子の張替えをしよう。

医療についての私の願いや要望は…

●やめろ　帰る！
（通院時に、主治医や処置をする看護師を拒否）
○一方的な話や処置をされるのはつらい

ターミナルや死後についての私の願いや要望は…

●病院は嫌だ
○奥さんが病院で亡くなったときのイメージがある
△最期まで自然のまま、安心して過ごしてほしい（長男）

※支援者とは、本人を支える人（介護職、医療職、福祉職、法律関係者、地域で支える人、家族・親戚等）であり、立場や職種を問わない。

★プライバシー・個人情報の保護を徹底してください。　C−1−2　

D-4　焦点情報（24時間生活変化シート）

名前 Fさん　　記入日：2012年12月3日／記入者　小規模多機能職員

◎私の今日の気分の変化です。24 時間の変化に何が影響を与えていたのかを把握して、予防的に関わるタイミングや内容を見つけてください。
※私の気分が「非常によい」から「非常に悪い」までの、どのあたりにあるか、時間を追って点を付けて線で結んでください。
※その時の私の様子や、どんな場面なのか、ありのままを具体的に記入してください。
※数日記入して、パターンを発見したり、気分を左右する要因を見つけてください。

時間＼気分（非常に悪い -3／悪い -2／悪い兆し -1／どちらでもない 0／よい兆し 1／よい 2／非常によい 3）	その時の具体的な様子や場面	影響を与えていると考えられる事	私の願いや、支援してほしいこと（●私が言ったこと　△家族が言ったこと　○ケア者が気づいたこと、ケアのヒントやアイデア）	記入者
9	来所 少し緊張した表情でいつものテーブルに向う お茶、検温が終り職員がかかわらなくなり1人で本を眺めていたが急に立ち上がり、急ぎ足でベランダへ	一瞬周囲の視線を感じるぎこちない 1人でどうしていいかわからなくなり、外に出ることを思い立ったのか？	●ヨロシク〜! ●うまいねえ ありがとーう ●またネー	
	スリッパのまま柵を乗り越え駐車場へ 職員が靴を渡すと、怒って放り投げさっさと歩いて帰ってしまう	行動を止められると思い、声かけにイラ立ったのか？	●こんなものいらねえやー	
	改善センター隣りの家のフェンスを乗り越え、交通安全の旗のポールを引き抜こうとしている。止めるよう声をかけるが聞かず、1本手に持ち、ウロウロ、車に乗るよう声かけすると、ポールは手から離さない。長いポールは車に入らないと伝えると膝で曲げようとする 乗車するとすぐに気分が変わり楽しそう	必死で杖になるものをさがしていた様子 公の物を勝手に持って来てしまったという認識はないと考えられる	●こんなもの　ヘシ折るかー	
9			●どこへでもお願い〜 東京でもどこへでも行くよー	

D-4　焦点情報（24時間生活変化シート）

名前 Fさん　　記入日：2013年 5月 24日／記入者 小規模多機能職員

◎私の今日の気分の変化です。24時間の変化に何が影響を与えていたのかを把握して、予防的に関わるタイミングや内容を見つけてください。
※私の気分が「非常によい」から「非常に悪い」までの、どのあたりにあるか、時間を追って点を付けて線で結んでください。
※その時の私の様子や、どんな場面なのか、ありのままを具体的に記入してください。
※数日記入して、パターンを発見したり、気分を左右する要因を見つけてください。

時間＼気分（非常に悪い -3／悪い -2／悪い兆し -1／どちらでもない 0／よい兆し 1／よい 2／非常によい 3）	その時の具体的な様子や場面	影響を与えていると考えられる事	私の願いや、支援してほしいこと ●私が言ったこと △家族が言ったこと ○ケア者が気づいたこと、ケアのヒントやアイデア	記入者
8:00	ポストに新聞なし くつの向き変わっている	1度外に出た形跡あり	●よく来たね ●いいお姉ちゃん来たうれしいなぁ ○表情はっきりしている。言葉数多い	
9:00	22グラマリール内服している		●ちょっと外出掛けてきただ	
10:00	右臥位でこたつに足を入れ横になっている ○皮膚の状態を観察し、褥瘡を予防していこう	朝食まだ食べていない	○カステラ2口かじったあとのみエンシュア$\frac{1}{3}$程しか摂取していない ○おむかえに来ました 一緒に行きませんか?	
12:00		お腹へっている	●何か出る?うまいもんあるかい? ○食べる意欲がある ●せっかく来てくれたのに行かなきゃいけないね（立ち上がる）	
17:00	小規模多機能へむかう車内	家にいたら、外に出かける可能性あり	●赤ずきんちゃん（おじぞうさん）いってくるよー ○気持ちが上がっている時に出ているセリフ	
20:30	小規模多機能で朝食を召し上がる 主食→かゆ 副菜—たまご キザミゆで野菜 かんづめのミカン みそ汁	食事中他の所へ移動したりせず集中して召し上がっている　食事中むせこみなし	○朝食お出しする ●ありがとう、悪いねえ ●うんまい ○主食全量 副菜7割　摂取 食べる意欲があったためか…? ○たまごどうふをはしで食べようとしているのでさりげなくスプーンを渡すと食べやすいと思われる	

★プライバシー・個人情報の保護を徹底してください。　D−4　

5. 特別養護老人ホーム

本人の思い、心身状態の変化を見極め、家族とともにターミナルケアを行ったケース

■ケース概況：センター方式の活用に至るまで

Eさん（90代男性）。1人暮らしをしていたが、2002年頃より物忘れが顕著になり、県外に暮らす次女が介護保険を申請。
本人の「自宅で暮らしたい」という意向に沿って、ケアマネジャーが、家族、かかりつけ医、訪問介護、通所介護の職員と連絡を取りながら在宅生活を支えていた。
2003年、専門病院で認知症と診断。2004年より、「火事だ」と言って荷物をまとめる、「誰かが襲ってくる」と家族を棒で叩く、転倒、繰り返しの発熱、体力低下、常時失禁状態となり、2007年に独居生活が限界となって、特養のショートステイ、有料老人ホームを経て、特養に長期入所となる。

1 センター方式を活用した場面とシート、一緒に活用した人

＊＝主となって記入した人

場　面	シート	一緒に活用した人
特養入所前段階	A-1 B-1、2、3	＊特養の相談員、介護・看護職員 前施設(有料老人ホーム)からの情報を、家族の了解を得て記入。入所前カンファレンスで職員に伝達。
入所当日	上記シート	＊施設主治医、家族、職員 シートを参考に、家族に治療方針、ターミナル期の説明と相談。意向確認。家族に、次回までにシートを記入し、持参していただく依頼をする。
入所直後からの日々のケア ケアプラン作成・見直し	A-1、2、4 B-1、2、3、4 C-1-1、1-2 D-2、3、4、5 E	＊職員、計画作成担当者 日常の中で集めたシート情報をもとに、環境に慣れ、本人らしい生活が継続できるように支援。
家族との面談 職員のカンファレンス	C-1-2 B-1、2、3	＊職員、家族 本人と家族のターミナルへの思いを確認。長い経過を支えた家族の気持ちを整理。
気分の変動、不穏状態が続いた時期	D-4 A-1、2、4 B-1、2、3	＊職員、家族、精神科嘱託医 D-4シートを３週間連日活用。医師に報告。D-4シートの変動について、A・Bシート情報を活かしてケアの手がかりをつかむ(混乱から、自分らしい姿、言動を取り戻す支援の検討)。
体調不良が起こってから看取りまで 看取りのためのカンファレンス	C-1-2 D-4 A-1、2、4 B-1、2、3	＊職員、家族、医師 観察情報、緊急時対応を共有。本人、家族への説明･意思確認。本人の希望･暮らしを守りながらの緩和ケア、自宅への外泊支援。

2 活用する過程で工夫したこと

・ちょっとした場面で出た本人の言葉などを現場で付箋紙にメモし、シートに貼り付けた。
・入所時、家族にセンター方式を一緒に活用しながら本人を支援する方針を話し合い、記入依頼。
・面会時は、D-4シートを家族に見てもらいながら、本人とケアの様子を具体的に説明。またC-1-2シートを使って、リラックスした雰囲気で家族ならではの情報や思い、気づきを聞くようにした。
・D-4シートを集中的に使う場合は、期間を決めて職員に呼びかけた。

3 センター方式を活用したことで得られたこと、変化

・センター方式を多職種で活用したことで、知らない情報を共有でき、チーム力が向上した。
・医師、看護師が、介護職の情報を活かすことで、きめ細かな相談、協働につながった。
・職員の普段の記録に、本人からの言葉(●)が増え、本人を中心に考える姿勢が定着した。
⇒ターミナル期も、本人が現す精一杯のサインをとらえながらチームでケア。苦痛はあまり見られず、穏やかな表情で旅出たれた。
・家族と共に活用したことで、日頃のかかわりが個別・具体的なものになり、家族の「悔いのない看取り」の支援につながった。

A-1　基本情報（私の基本情報シート）

事業者名 特別養護老人ホーム○○　　　　記入日：2007年 8月　日　／記入者 特養相談員

◎これらの情報はご本人のためのものです。全てのシートは「本人本位」を忘れずに、ご本人（私）を主語に、ご本人の視点でご記入ください。

フリガナ / 名前		性別・年齢	要介護度	認知症の人の日常生活自立度	障害老人自立度	認知症関連の評価（評価スケール：　）
名　前	Eさん	☑男 □女　89歳	4			

誕生日	□明治 ☑大正 □昭和　7年　月　日
住民票がある住所	〒 ○○○-○○○○ ○○県○○市 電話 ○○○　　FAX ○○○

家族や知人の連絡先（連絡しやすい手段を記入）

	氏　名	続柄	TEL／携帯番号／メール／FAX
1			
2			
3			

認知症の診断名 老人性認知症　　診断を受けた医療機関 ○○病院（いつ頃か 2003年 2月）

サービスを利用するまでの経過（家族や周囲の人が認知症の状況に気づいてからの経過）

年　月	様　子 ※症状に気づいた時期、要介護認定を受けた時期、サービス開始時期など	その時にあった事など（背景）
2002年11月	突然、気力喪失訴え、何もしなくなる	△几帳面であったが、整理整頓ができなくなった △物忘れがはじまり、車の免許をとりあげた 廃車にした
12月	介護保険利用開始	
2003年2月	○○病院にて老人性認知症と診断…処方なし 以来、主治医、ヘルパー、デイサービス、ご家族との連携をとりながら本人の意向に沿って今まで在宅生活を継続してきている 昼夜逆転、妄想・感情失禁、転倒、発熱を繰り返し、1年毎に気力も体力も独居生活限界の状態となる	△幻覚…火事だと言って荷物をまとめる △夜誰かがおそってくる、棒でたたくなど大変だった △「頭の中がこわれている」と言っていた △混乱し、不安とおそろしさでいっぱいのようだった でも自分らしさを保とうとしていた（次女の夫）
2007年1月	特養ショート利用開始	当初原因不明の発熱3回続く
5月	有料老人ホーム入所	スタッフとの信頼関係ができるまで、2～3ヶ月ほどかかる
8月	特養長期入所となる	

○介護保険　被保険者番号 保険者番号 資格取得　平成　年　月　日	○健康保険　保険の種類 被保険者名 被保険者との続柄（　）
○経済状態（年金の種類等） 国民年金・厚生年金・障害年金・生活保護 その他（　）月額　円	○公費負担医療　適用 □有・□無 （　）障害者手帳　種　等 ○就労状態（　）

★プライバシー・個人情報の保護を徹底してください。　A－1　

B-1　暮らしの情報（私の家族シート）

名前 Eさん　記入日：2007年　8月　日／記入者　特養相談員

◎私を支えてくれている家族です。私の家族らの思いを聞いてください。

私の家族・親族　※私がその人を呼ぶ時の呼称も書いてください。同居は囲んでください。

（旧性：　　　　）

私

長女　次女

A子ちゃん

□ 男性
○ 女性
● 死亡
⊠ 主介護者（男）
⊛ 主介護者（女）
◬ 副介護者（男）
◬ 副介護者（女）
＝ 婚姻関係

私を支えてくれている家族・親族

名前	続柄	年齢	役割と会える頻度	本人や介護に対する思い	受けているサービスへの要望	最期はこうして迎えさせたい	私の願いや支援してほしいこと ●私が言ったこと △家族が言ったこと ○ケア者が気づいたこと、ケアのヒントやアイデア
A子	次女		主介護者（1ヶ月に1回）	△このまま穏やかに生活し最期も苦しまないで欲しい	△毎日起こしてもらい、できることは続けてもらいたい	△ポックリ最期をむかえてもらいたい	△医療面や看取りのことは、次女に必ず連絡してほしい（長女とはまったく考えが違うため） キーパーソンは次女のA子さん △施設での生活に慣れ、本人らしく健康で生活してほしい
○○	次女の夫		副介護者（1ヶ月に1回）				

私の家族らの悩み・要望・願い（家族らの生活、介護、経済面、人間関係など）

名前	続柄	私の家族自身の、暮らしに関する悩み・要望・願い	私の願いや支援してほしいこと ●私が言ったこと △家族が言ったこと ○ケア者が気づいたこと、ケアのヒントやアイデア
A子	次女	遠方で自営業をしているため、このまま特養ホームでの生活を穏やかに送ってほしい	●A子ちゃんは、とても良い子で頼りになる ●時々、「A子、A子…」と探し、呼んでいることがある

成年後見制度の利用	有・（無）（利用の緊急性　無・有）	地域福祉権利擁護事業の利用	有・（無）（利用の緊急性　無・有）

★プライバシー・個人情報の保護を徹底してください。　B−1　

B-2　暮らしの情報（私の生活史シート）

名前 Eさん　記入日：2007年　8月　日／記入者 特養相談員・職員

◎私はこんな暮らしをしてきました。暮らしの歴史の中から、私が安心して生き生きと暮らす手がかりを見つけてください。

※わかる範囲で住み変わってきた経過（現在→過去）を書きましょう。認知症になった頃に点線（…）を引いてください。

私の生活歴（必要に応じて別紙に記入してください）

年月	歳	暮らしの場所（地名、誰の家か、病院や施設名など）	一緒に暮らしていた主な人	私の呼ばれ方	その頃の暮らし・出来事	私の願いや支援してほしいこと ●私が言ったこと △家族が言ったこと ○ケア者が気づいたこと、ケアのヒントやアイデア
現在 2007年	89歳	○○市 特養入所（8月） 有料老人ホーム入所（5月） 特養ショート利用（1月）				●家に帰りたい
	85歳				心身おとろえ、認知症はじまる	●人間らしく生きていきたい ●頭の中がこわれている
	71歳		独居となる		果物作り、庭の手入れ 奥さんが亡くなる	△車を廃車にした ●鉄工業などの仕事に行きたい
	65歳				奥さんの看病に専念	
	46歳				学校などの遊具の建築に忙しく働いた 家を新築（仕事を鉄工所に変える）	△几帳面、料理、洗たく、整理、身だしなみにも気を使っていた
	34歳 30歳		妻、娘2人		次女誕生 長女誕生	●妻は死んだかわからない
	29歳	○○市	妻		結婚、新居をかまえる 農機具など大忙し	△家庭を大切にした △夫婦仲が良く、二人で旅行に出かけていた
	20代	○○市			かじ屋の見習いで弟子入りする	
	10代	○○県○○市			戦争より戻り、鉄工場に勤務	

私がしてきた仕事や得意な事など

鉄工所を経営。19年前廃業。その後2年間は妻の介護に専念するが、妻の死後独居生活となり、畑作り、りんご、ぶどう等つくり、庭路地を自分で手入れする事を楽しむ

2002年11月までは家事もすべて自立

私の好む話、好まない話

<好む話>
若い時、鉄工場で働いていた話

1日の過ごし方

長年なじんだ過ごし方（いつ頃　　）

時間
4時

現在の過ごし方

時間	
4時	
6時	排泄
7時	起床、更衣
8時	朝食（ユニットにて）
9時	排泄
	おやつ
	入浴（2/w）
12時	昼食
	排泄
13時	ベッドにて昼寝
15時	ユニットにてお茶
	レクリエーション
18時	夕食、TV
21時	就寝

●お風呂は大好きだ

○レクにて楽器演奏（太鼓）は、にこにこしている

<特養入所直後>

B-3 暮らしの情報（私の暮らし方シート） 名前 Eさん 記入日：2007年 8月 日／記入者 次女

◎私なりに築いてきたなじみの暮らし方があります。なじみの暮らしを継続できるように支援してください。

暮らしの様子	私が長年なじんだ習慣や好み	私の現在の状態・状況	私の願いや支援してほしいこと ●私が言ったこと △家族が言ったこと ○ケア者が気づいたこと、ケアのヒントやアイデア
毎日の習慣となっていること	84才ぐらいまではりんご作りと庭木の手入れに精を出し、食事も自分で作り、近くの温泉に行ったりしていましたが、85才で全てやる気をなくしました		
食事の習慣	何でも好き嫌いなく、たくさん食べます。お菓子も大好きです。父の得意料理は足でこねたうどん煮込みです		
飲酒・喫煙の習慣	酒、ビールは大好きで毎日飲んでいましたが、最近はめったに口にしません。たばこは若い時にやめました		
排泄の習慣・トイレ様式	家のトイレは水洗洋式トイレです。時々便秘のようでした		
お風呂・みだしなみ（湯の温度、歯磨き、ひげそり、髪をとかすなど）	お風呂大好き。自分の妻と温泉旅行によく出掛けました		
おしゃれ・色の好み・履き物	好みはわかりませんが、自分なりのおしゃれを楽しんでいました。帽子なんかもオーダーでよく注文していました		
好きな音楽・テレビ・ラジオ	昔の流行歌、童謡は好きです。テレビは歌番組や相撲をみていました		
家事（洗濯、掃除、買い物、料理、食事のしたく）	妻の看護が長かったので全て完璧でした		
仕事（生活の糧として、社会的な役割として）			
興味・関心・遊びなど	鉄工所をしていましたので、そちら関係のことには関心があります。盆踊りの時にはやぐらで太鼓をたたいていました		
なじみのものや道具	80才前半ぐらいまで果物（りんご）作りと庭木の手入れ（特に夫婦松）に力を入れていました。太鼓をたたくのも好きです		
得意な事／苦手な事	自分の身のまわりのことは、とてもきちんとしていました。苦手なことは、あまり社交的ではないところかもしれません		
性格・特徴など	頑固で気が短いところは、良いところでもあり悪いところでもあります。わりと明るい方でしたので、娘2人はよくなついていました		
信仰について	特定の信仰はもっていませんが、神・仏は大切に思っているようです		
私の健康法（例：乾布摩擦など）	健康法は特にないと思いますが、よく働き、よく食べ、よく寝て、よく遊んでおりました。もともとが丈夫なようで、けが以外は入院したことがありません		
その他	最近のことには関心をみせませんので、父の笑顔がみたくて、昔の思い出話を施設に行った時はしています		

★プライバシー・個人情報の保護を徹底してください。 B−3

B-3　暮らしの情報（私の暮らし方シート）　名前 Eさん　　記入日：2007年　9月　　日／記入者 特養職員

◎私なりに築いてきたなじみの暮らし方があります。なじみの暮らしを継続できるように支援してください。

暮らしの様子	私が長年なじんだ習慣や好み	私の現在の状態・状況	私の願いや支援してほしいこと ●私が言ったこと △家族が言ったこと ○ケア者が気づいたこと、ケアのヒントやアイデア
毎日の習慣となっていること	△りんご作りや庭の手入れをし、食事も自分で作り、近くの温泉に行ったりしたが 85才でやる気がなくなった	○ユニットにて発語少なく、無表情のことが多い	○ユニットでは必ず職員が話しかけ、レクなどで興味のあることに参加していただく
食事の習慣	△何でも好き嫌いなく、たくさん食べます。お菓子も大好きです。父の得意料理は足でこねたうどん煮込みです	△食べ物にあまり好き嫌いがありません。バナナ、チョコが好き	●おいしい物が食べたい ○うどんを作るときは参加していただく ○お茶の時間に本人の好きな物も食べてもらう
飲酒・喫煙の習慣	△酒、ビールは大好きで毎日飲んでいた。最近はめったに口にしない。タバコは若い時にやめました	△酒が好きでしたが、近頃はあまり飲みません	○誕生日会には、お酒かビールを飲んでいただく
排泄の習慣・トイレ様式	△家のトイレは水洗洋式トイレ。時々便秘あり。	○洋式トイレを使っていただく	○排便前後は興奮していることが多い ○トイレを安心して使ってもらえるような声かけをする
お風呂・みだしなみ（湯の温度、歯磨き、ひげそり、髪をとかすなど）	△少しでも失禁すると夜中でもシャワーをあび、着替えていた。お風呂が大好き。温泉によく行った	△失禁すると悲しくなってしまう。 ○「入浴はとても好き」と笑顔である	●お風呂は大好きだ ○清潔好き
おしゃれ・色の好み・履き物	△帽子はオーダーで注文していた	○居室にあるものを着ている	
好きな音楽・テレビ・ラジオ	△昔の流行歌、童謡は好き。テレビは歌番組、相撲をみていた	○「おーい中村君」「赤いくつ」「たんこ節」 歌と踊り、相撲のテレビを見ている	○レクには歌をとり入れ、楽しめる時間にしてもらう
家事（洗濯、掃除、買い物、料理、食事のしたく）	△きれい好きで毎日掃除、洗濯をしていた。完璧だった	○何もされていない	●自分は何でもできるし、やっていた ○できることを探し、やっていただく
仕事（生活の糧として、社会的な役割として）			
興味・関心・遊びなど	△鉄工所をしていたので、その関係には関心あり。盆踊りの時にはやぐらで太鼓をたたいていた	●太鼓をたたいているときの表情が笑顔	○太鼓の音に関心がある
なじみのものや道具	△りんご作り、庭木の手入れ（特に夫婦松）には力を入れていた。太鼓をたたくのが好き		○レクにて太鼓をたたく場面を設ける
得意な事／苦手な事	△自分の身のまわりのことはきちんとしていた。あまり社交的ではない	○わかりやすく自分に話してもらいたいと、本人より訴えあり	●にぎやかなことが好きだ ●難しい言葉でなく、わかりやすく話して
性格・特徴など	△頑固で気が短いところは、良いところでもあり悪いところでもある	△几帳面な性格 きれい好き	○説明を行い納得されてから行動していただく
信仰について	△神・仏は大切に思っている		
私の健康法（例：乾布摩擦など）	△よく働き、よく食べ、よく寝て、よく遊んでいた。入院したことがない		○身体機能が維持できるよう、立位訓練を生活の中にとり入れる
その他	△面会に行ったときは、昔の思い出話をしている	△昼も夜も寝ることが多くなりました	○午後はベッドで寝ていただき、様子を見ることにした

★プライバシー・個人情報の保護を徹底してください。　B−3　

B-4　暮らしの情報（私の生活環境シート）

名前 Eさん　　記入日：2007年 9月 日／記入者 特養職員

◎私が落ち着いて、私らしく暮らせるように環境を整えてください。

※私にとって課題のある項目に✓を付け、その項目番号（1～83）の具体的な状況を右端欄に書いてください。

1. 私が緊張せずにいられる場所ですか
- 1□ 不安や不快な音がありませんか
- 2□ 不快なにおいはありませんか
- 3□ 落ち着かない色はありませんか
- 4□ 刺激の強い光はありませんか（特に夕方から夜間）
- 5☑ 不安になる場所はありませんか（寝室、廊下、(トイレ)など）
- 6□ その他：

2. 私が安心して居られる場所が確保されていますか
- 7□ 食事をする場所や席は安心できる場所ですか
- 8☑ 寝る場所は安心できる場所ですか
- 9□ 寝るときの明るさは私が安心して眠れる明るさですか
- 10□ ベッドや布団・枕の位置は私にあっていますか
- 11□ 私にとってなじみの家具がありますか
- 12□ 安心して過ごせる好みの場所がありますか
- 13□ その他：

3. 私が心地よく過ごせる環境が用意されていますか
- 14□ 居室の明るさと温度は適切ですか
- 15□ 色彩、音、香りは私にとって心地よいですか
- 16□ 飲食物の食材や温度はなじみのものとなっていますか
- 17□ 触れて心地よいクッション、抱けるものがありますか
- 18□ 木や自然の素材がありますか
- 19□ その他：

4. 私の暮らしに必要な場所がわかる工夫がされていますか
- 20□ 居室・寝床がわかる工夫がありますか
- 21□ 居間がわかる工夫がありますか
- 22□ トイレがわかる工夫がありますか
- 23□ 浴室がわかる工夫がありますか
- 24□ その他：

5. 私が過ごしている時や支えてくれている人をわかる工夫がされていますか
- 25☑ 私がわかる時計がありますか
- 26☑ 私がわかる暦・カレンダーがありますか
- 27□ 季節の行事やならわしに関する物がありますか
- 28□ 季節を感じられる自然のもの（花、食べ物、外の風景）がありますか
- 29□ 支えになっている人の写真がありますか
- 30□ なじみの人がわかるサイン（服装・名札など）がありますか
- 31□ その他：

6. 私の持っている力が出せる場がありますか
- 32□ 炊事の場
  - ・自分でやれたり動作ができる場が用意されていますか
- 33□ 掃除の場
  - ・自分でやれたり動作ができる場が用意されていますか
- 34□ 洗濯の場
  - ・自分でやれたり動作ができる場が用意されていますか
- 35□ 使い慣れた身だしなみの道具はそろっていますか
- 36□ 趣味（縫い物、編み物、大工仕事など）を楽しめる道具がそろっていますか
- 37□ 長年やってきた仕事道具（培った能力）がそろっていますか
- 38□ その他：

7. 私が自然や地域と関われる場が確保されていますか
- 39□ 住まいの周囲に自然や地域と関われる場所が確保されていますか
- 40□ 散歩道に自然や地域と関われる場所が確保されていますか
- 41□ 買い物に行けるお店が確保されていますか
- 42☑ 私が行きたい場所が確保されていますか
- 43□ その他：

8. 室内にいても自然と触れ合える場づくりがされていますか
- 44□ 自然光はありますか
- 45□ 風とおしはよいですか
- 46□ 植物と触れあう場を作っていますか
- 47□ 動物と触れあう場を作っていますか

9. 私を取り戻せる場の工夫がされていますか
- 48□ 私の昔の写真、家族の写真、思い出の品物、私の好むもの（洋服や化粧、アクセサリー、時計、音楽など）をそばに置いていますか
- 49□ その他：

10. 人とのかかわりの場が確保されていますか
- 50☑ 家族とのかかわりの場が確保されていますか
- 51□ 近所とのかかわりの場が確保されていますか
- 52□ 町の人とのかかわりの場が確保されていますか
- 53□ 子供たちとのふれ合いの場が確保されていますか
- 54□ その他：

11. 私のいつもの居場所を知ってくれていますか
- 55☑ 私のいつもの居場所を知っていますか
- 56□ 近所の人は私が好む場所を知ってくれていますか
- 57□ 私の行きそうな場所を知っていますか
- 58□ その他：

12. 私が危険な状況にならないように工夫がされていますか

〈誤嚥の予防〉
- 59☑ 私にあった食事（形、硬さ、量）が工夫されていますか
- 60□ 食事の姿勢が保てるイスや物品が工夫されていますか
- 61□ その他：

〈転倒・転落の予防〉

＊床の状態
- 62□ 滑りやすいものはないですか（水こぼれ、玄関マット）
- 63□ 歩行の障害になる物がないですか
- 64□ 段差は適切ですか
- 65□ 絨毯などがひっかかりやすい素材がありませんか
- 66□ その他：

＊衣類の状態
- 67□ 靴下やスリッパは私にあっていますか
- 68□ その他：

＊ベッド等の状態
- 69☑ 私にとってベッド、布団のどちらが適切かを見極めていますか
- 70□ 高さ、広さ、ベッド柵は適切ですか
- 71□ その他：

＊イス
- 72□ 高さや安定感は適切ですか
- 73□ その他：

＊車いす
- 74☑ 移動具としてのみ使えていますか
- 75☑ ストッパー、フットレストは安全に使えていますか
- 76☑ 座り方は安定していますか
- 77□ その他：

〈感染の予防〉
- 78□ 手をすぐに洗える場や用意がありますか
- 79□ 腐ったものがありませんか
- 80□ カビなどがありませんか
- 81□ ホコリがたまっていませんか
- 82□ 害虫等が繁殖していませんか
- 83□ その他：

私の願いや支援してほしいこと
●私が言ったこと
△家族が言ったこと
○ケア者が気づいたこと、ケアのヒントやアイデア

1
○便意があったりオムツ内排便してあるときは、機嫌の悪いことがある

2
○ベッドから下りようとすることあり。保護マット使用

5
○見当識障害があるため、工夫（季節や時間がわかる）が必要である

7、11
○時々、歩きはじめることあり。行きたい場所があるのか？ また落ちつく場所を一緒に探してみる

10
○家族（娘）の面会は楽しそうである

12
○ごはん、普通食を摂取されているが、職員の見守りにて注意が必要

○車イスのシーティングをPTに評価してもらう

○布団にして臥床していただいている

★プライバシー・個人情報の保護を徹底してください。　B－4　

C-1-2　心身の情報（私の姿と気持ちシート）

名前 Eさん　　記入日：20 07年 10月　　日／記入者 特養職員

◎私の今の姿と気持ちを書いてください。

※まん中の空白部分に私のありのままの姿を書いてみてください。もう一度私の姿をよく思い起こし、場合によっては私の様子や表情をよく見てください。左側のように、様々な身体の問題を抱えながら、私がどんな気持ちで暮らしているのかを吹き出しに書き込んでください。

（次の記号を冒頭に付けて誰からの情報かを明確にしましょう。●私が言ったこと、△家族が言ったこと、○ケア者が気づいたこと、ケアのヒントやアイデア）

私の不安や苦痛、悲しみは…

●からだ中、みんなこわれている

●みんなと話がしたいのに考えがうまく出てこない。言葉が出なく悲しくなって泣いてしまう。

○ゆっくり、わかりやすく話をしよう

○一人になると不安

私の姿です

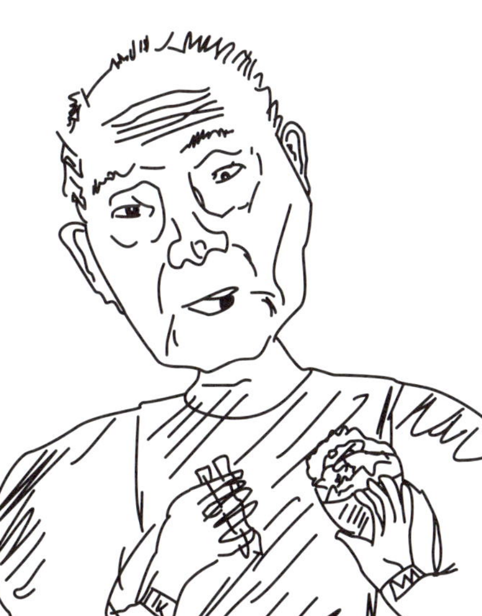

私が嬉しいこと、楽しいこと、快と感じることは…

●自分は何でもできる

●にぎやかなことが好き（踊ることが好き、祭りで太鼓をたたいていた）「おーい中村くん」「赤いくつ」「たんこ節」が好き

○お茶の時間、チョコを食べているとうれしそうだ

●こんな遊び場所ができて良かった（娘さん面会時）

△子供のいる姿、風景が好き。昔、鉄工所をやっていて、ジャングルジム、鉄棒などの遊具を小学校や保育園に設置していた

○小学生、園児との交流のときは、直接関われるようにしよう

私の介護への願いや要望は…

●命令されるのはイヤ。プライドを傷つけられることもイヤ

●自分の思いを、みんなにわかってもらいたい

△ここは良いところと感じていて、多少のことは本人もガマンしていると思う

○好きなお菓子を食べたり踊ったり太鼓をたたいたりして、楽しい時間を過ごしたい

●庭路地はここでは見れねえ

○手入れをしていた庭を見たいのでは？ 自宅への帰省を考えよう！

△家なら庭を見てはどうか！

私がやりたいことや願い・要望は…

●かじ屋の仕事をこれからも続けたい

●むずかしい言葉ではなく、わかりやすく、自分にわかるように話をしてもらいたい

○何か行動する前は、ゆっくりとわかりやすく説明し、納得されてから行動するようにしよう

△できるだけ穏やかに自然に暮らしてほしい

●親父さんは良い親父さんだった。人格者だった。お墓参りに行きたい

○春になったら墓参りを計画しよう

私が受けている医療への願いや要望は…

●死に方上手になりたい。延命はしないでほしい。

△病院や施設にはなるべく行きたくない。家で天寿を全うしたかったと思う。今は良いところに来て、オヤジももう家へ帰れないと覚悟していると思う。

私のターミナルや死後についての願いや要望は…

●自然に最期を迎えたい

△若ければ別だが、この年まで生き、あとは自然に経管も点滴もしなくてよい。元気な時に自分のお葬式の段取りもしていた

●病院や施設には行きたくない

D-1　焦点情報（私ができること・私ができないことシート）　名前 Eさん　記入日：2007年 9月　日／記入者 特養職員

◎私ができそうなことを見つけて、機会を作って力を引き出してください。
◎できる可能性があることは、私ができるように支援してください。もうできなくなったことは、無理にさせたり放置せずに、代行したり、安全・健康のための管理をしっかり行ってください。
※今、私がしている、していないを把握するだけでなく、できる可能性があるか、もうできないのかを見極めて、該当する欄に✓を付けましょう。
※漠然とした動作のチェックではなく、24 時間の暮らしのどの場面（時間や朝、昼、夕、夜など）かを状況に応じて具体的に記入しましょう。

暮らしの場面	私がしていること		私がしていないこと		私の具体的な言動や場面	できるために必要な支援、できないことへの代行、安全や健康のための管理	私ができるように支援してほしいこと ●私が言ったこと △家族が言ったこと ○ケア者が気づいたこと、ケアのヒントやアイデア
	常時している（自立）	場合によってしている	場合によってはできそう	もうできない			
	できる（可能性）						
起きる		✓			ベッドで端座位になっていることあり		○ベッドで端座位あり、臥床時は保護マット使用
移動・移乗		✓			ゆっくりとできる	声かけと身体を支えることにより自分でゆっくりとできる	○一緒に、ゆっくりと行えばできる
寝床の片づけなど							
整容 （洗顔や整髪など）			✓		義歯をはずすことができる タオルで顔を拭く	声かけにてゆっくり義歯をはずしたりできる	●「ありがとう」と表情良い
着替え （寝まき←→洋服）		✓			袖を通すことができる	職員が準備し、声かけしながら袖を通す	○職員がそばでゆっくり声かけしながら更衣する
食事準備 （献立づくり・調理・配膳等）				✓	かかわろうとしない		
食事		✓			バナナ、チョコが好き ●おなかがすいた	自分でゆっくり食事摂取している	●甘い物、しょっぱい物などおいしい物が食べたい
食事の片づけ							
服薬				✓		服薬の介助をしている	
排泄			✓			職員の誘導によってトイレで排泄できる	●おしっこがでている ○昔からきれい好きなため、不快な思いをしないようにする
掃除・ゴミ出し				✓			△掃除、洗濯は自分でしていた
洗濯 （洗い→たたみ）							
買い物 （支払いも含む）							
金銭管理 （貯金の管理、手持ち現金の管理、通帳の管理・出し入れ、計画的に使えるか）				✓	次女管理	事務代行	
諸手続き （書類の記入・保管・提出等）				✓	次女管理	諸手続きの連絡事務代行	
電話をかける・受ける				✓	電話をかけたいという言動なし		TEL番号を覚えていない
入浴の準備							
入浴時の着脱		✓				職員の声かけや手伝いでゆっくり行える	○できることはゆっくりでも行っていただく
入浴			✓		入浴を楽しみにしている		●お風呂が大好きだ
寝る前の準備 （歯磨、寝床の準備）			✓		義歯をはずし、うがいができる	声かけとともにゆっくり行う	
就寝	✓						
人への気づかい							
その他							

★プライバシー・個人情報の保護を徹底してください。　D−1　

D-2　焦点情報（私がわかること・私がわからないことシート）　名前 Eさん　記入日：20 07年　9月　日／記入者 特養職員

◎私がわかる可能性があることを見つけて機会をつくり、力を引き出してください。
◎私がわかる可能性があることを見つけて支援してください。もうわからなくなったことは放置しないで、代行したり、安全や健康のための管理をしっかり行ってください。
※外見上のわかること、わからないことを把握するだけでなく、わかる可能性があるのか、もうわからないことかを見極めて、該当する欄に✓を付けましょう。
※漠然とした動作のチェックではなく、24 時間の暮らしのどの場面（時間や朝、昼、夕、夜など）かを状況に応じて具体的に記入しましょう。

暮らしの場面	私がわかること		私がわからないこと		私の具体的な言動や場面	わかるために必要な支援、わからないことへの代行、安全や健康のための管理	私がわかるように支援してほしいこと ●私が言ったこと △家族が言ったこと ○ケア者が気づいたこと、ケアのヒントやアイデア
	常時わかる	場合によってはわかること	場合によってはわかる可能性がある	わからない			
会話の理解		✓			ゆっくり自分の言葉で話す	理解されていないこともあるが、ゆっくり話すと返答や会話あり	●みんなともう少しうまく話したい ●娘2人が変なことや気にいらないことを言って困る
私の意思やしたいことを伝える		✓			うまく自分の気持ちが伝わらないときなど泣き出してしまったり、不安な表情ている	自分の気持ちがうまく伝えられなかったり職員がくみとれないときは、傾聴し寄りそう態度が必要である	●考えがうまく出てこなく、言葉がもつれる ○ゆっくり会話をする
毎日を暮らすための意思決定 （服を選んだり、やりたいことを決めるなど）			✓		ユニットにて無表情なことが多い	無表情なことが多いが、ゆっくりと関わり話すことで、本人の意志をひきだすことができる	●毎日、鉄工業の仕事がしたい ○ゆっくりと関わる
時間がわかる				✓	時間、場所がわかるような	夜間開眼していることがあり、様子を見守ることが必要	●今は何時だい?、もうそんな時間かい（驚いている） ○時間がわかるような声かけをするよう工夫する
場所がわかる				✓	工夫が必要である	何か始める前は説明をしっかり行い、いきなり混乱する状況をつくらない	●ここは病院かな?
家族や知人がわかる		✓			面会があるとおいしい物を食べたり、一緒にいることで表情が穏やかである		○A子はとてもいい子。妻は今も生きている
直前の記憶				✓			
最近の記憶 （1～2週間程度の記憶）				✓			
昔の記憶		✓			鉄工所の仕事のことを話す。自分はまだまだ働けると話す	若い頃の話をしながらコミュニケーションをとっていく	●うまい話ができない。もっと勉強すればよかった
文字の理解 （ことば、文字）							
その他							●自分は甘い物、しょっぱい物でも、おいしい物が好き ●自分の思うように気ままに暮らしたい

★プライバシー・個人情報の保護を徹底してください。　D−2　

D-3　焦点情報（生活リズム・パターンシート）

名前　Eさん　　記入日：20 07年 10月　日／記入者　特養職員

◎私の生活リズムをつかんでください。私の自然なリズムが、最大限保たれるように支援してください。
◎水分や排泄や睡眠などを、介護する側の都合で、一律のパターンを強いないでください。
※生活リズムがとらえられていない場合、リズムやパターンをとらえるために必要な日数を関係者で協働して記入しましょう。
※水分、排泄、睡眠、活動、ヒヤリ・ハット（転倒、転落、誤嚥、誤飲、誤薬など）などを必要に応じて記入しましょう。
　＊睡眠の時間をラインマーカーで記入してパターンを見つけよう　＊ヒヤリ・ハットがあった場合は赤字で記入
※本人の状態に影響を与えている内容（会いに来てくれた人など）は、必要に応じて「他」の欄に記入しましょう。

※排泄関連の記号
同じ記号で関係者が記入し、情報を共有、伝達しましょう。

【状況】	尿	便	【使用した物】
自立	○	●	オムツ…オ
誘導して出た	△	▲	パッド…パ
誘導して出ない	□	■	下剤…下
失禁	＋	×	浣腸…浣
			摘便…摘

日／時間	日付 10／22			／23			／24			／25			／26			／27			／28		
	水分	排泄	睡眠 活動 ヒヤリ・ハット 他	水分	排泄	睡眠 活動 ヒヤリ・ハット 他	水分	排泄	睡眠 活動 ヒヤリ・ハット 他	水分	排泄	睡眠 活動 ヒヤリ・ハット 他	水分	排泄	睡眠 活動 ヒヤリ・ハット 他	水分	排泄	睡眠 活動 ヒヤリ・ハット 他	水分	排泄	睡眠 活動 ヒヤリ・ハット 他
4																					
		＋オ			＋オ	誤飲(ヒヤリ)		＋オ			＋オ			＋オ			＋オ				
6																					
			起床 朝食			起床 朝食			起床 朝食			起床 朝食						起床 朝食			起床 朝食
8																					
		排泄 △▲パ			排泄 △パ			排泄 △パ			排泄 △パ			排泄 △パ	起床 朝食		排泄 △▲パ			排泄 △パ	
10																					
	お茶		レク(体操)	お茶			お茶			お茶			お茶			お茶			お茶		
12			昼食			昼食			昼食			昼食			昼食			昼食			昼食
														排泄 △パ			排泄 △パ				
14		排泄 △パ			排泄 △パ			排泄 △パ			排泄 △パ	睡眠			睡眠					排泄 △パ	
	お茶	△パ トイレ		お茶	パ △▲		お茶			お茶			お茶		診察	お茶			お茶		
16		更衣			排泄																
								排泄 △パ			排泄 △パ			排泄 △パ			排泄 △パ			排泄 △パ	
18			夕食			夕食			夕食			夕食			夕食			夕食			夕食
																	排泄 △パ				
20		排泄 △パ			排泄 △パ			排泄 △パ						排泄	睡眠 覚醒			睡眠		排泄 △パ	
						車イス上にて(ヒヤリ)			転倒切創(ヒヤリ)		排泄 △パ			排尿 △パ							
22			睡眠									睡眠		排尿						排尿 △パ	
0		排泄 ＋オ			排泄 ＋オ	睡眠			睡眠					＋オ	睡眠						睡眠
			咳と痰絡みある																		
2																					
4																					
計																					

私の願いや支援してほしいこと

●私が言ったこと
△家族が言ったこと
○ケア者が気づいたこと、ケアのヒントやアイデア

気づいたこと	10／22	／23	／24	／25	／26	／27	／28
	●泣いている ○問いかけに返答なく、手で介護者に近づいてもらいたくない様子 ●手を洗ってくれや（泣いている）	○5時、紙を口に詰め込み食べているのを発見する。口を開けてくれない為、お菓子を渡すと口を開けて下さる ○21時、急に興奮される。職員が話しかけるともっと興奮してしまう	○19時頃、眠そうなためベッドに誘うも拒否あり ○転倒切創止血の為処置すると ●痛いな、そんなに押さえつけるな	○頭のクーリング交換時 ●「いて～」「いて～」とくり返す。 ゆっくりあてると「大丈夫だ」と言う	15時のお茶後も空腹感あり。チョコレートを食べてもらうと ●おいしい（笑顔あり） ○22時、排尿あり気持ち悪い様子。オムツを替えて欲しい		○22時30分、排尿あった為、パッドの交換行う。その後、入眠される

★プライバシー・個人情報の保護を徹底してください。　D－3　

D-3　焦点情報（生活リズム・パターンシート）

名前 Eさん　　記入日：20 08年　8月　　日／記入者 特養職員

◎私の生活リズムをつかんでください。私の自然なリズムが、最大限保たれるように支援してください。
◎水分や排泄や睡眠などを、介護する側の都合で、一律のパターンを強いないでください。
※生活リズムがとらえられていない場合、リズムやパターンをとらえるために必要な日数を関係者で協働して記入しましょう。
※水分、排泄、睡眠、活動、ヒヤリ・ハット（転倒、転落、誤嚥、誤飲、誤薬など）などを必要に応じて記入しましょう。
＊睡眠の時間をラインマーカーで記入してパターンを見つけよう　＊ヒヤリ・ハットがあった場合は赤字で記入
※本人の状態に影響を与えている内容（会いに来てくれた人など）は、必要に応じて「他」の欄に記入しましょう。

※排泄関連の記号
同じ記号で関係者が記入し、情報を共有、伝達しましょう。

【状況】	尿	便	【使用した物】
自立	○	●	オムツ…オ
誘導して出た	△	▲	パッド…パ
誘導して出ない	□	■	下剤…下
失禁	＋	×	浣腸…浣
			摘便…摘

日／時間	日付 8／23			／24			／25			／26			／27			／28			／29			私の願いや支援してほしいこと ●私が言ったこと △家族が言ったこと ○ケア者が気づいたこと、ケアのヒントやアイデア
	水分	排泄	睡眠活動ヒヤリ・ハット他	水分	排泄	睡眠活動ヒヤリ・ハット他	水分	排泄	睡眠活動ヒヤリ・ハット他	水分	排泄	睡眠活動ヒヤリ・ハット他	水分	排泄	睡眠活動ヒヤリ・ハット他	水分	排泄	睡眠活動ヒヤリ・ハット他	水分	排泄	睡眠活動ヒヤリ・ハット他	
4		＋オ			＋オ			＋オ			＋オ			＋オ			オ			オ		
6																						
8	みそ汁1口	＋オ		お茶300cc	＋オ		お茶300cc	＋オ		150cc	＋×オ		水分数口	＋オ		みそ汁80cc	オ		お茶150cc	＋オ		△口から食事ができてうれしい（家人のもってきたアイスクリームをおいしそうに食べている） ○体調をみながら食べられるときに、本人の食べたいものをゆっくり召し上がってもらおう
10							お茶300cc															
12	お茶300cc	＋オ		お茶300cc	＋オ		みそ汁少し	＋オ×浣		水分200cc	＋オ			オ			＋オ		水分250cc	オ＋×		
14	水分150cc																					
16		＋オ			＋オ			＋オ			＋オ			オ			＋オ			オ		
18	水分300cc			150cc	＋オ		100cc			150cc			70cc			50cc			100cc			
20		＋オ						＋オ			＋オ			＋オ			オ＋			＋オ		
22																						
0		＋オ			＋オ			＋オ			＋オ			オ			＋オ			オ＋×		
2																						
4																						
計	750cc			750cc			700cc			500cc			70cc			130cc			500cc			
気づいたこと	食事ののみ込みに時間がかかるが、むせなし 朝は食事ほとんど摂取できなかったが、夕食全量召し上がられた			ゆっくりと3食召し上がる			朝食全部召し上がる 夕食は副菜のみ召し上がる			痰からみ強くむせあり 朝、昼、夕食は半分量召し上がる			排尿量が少ない 水分摂取量が少ない ・食事はほとんど摂取されない ・長女の面会あり。アイスクリームを食べている			○食事前に口腔マッサージを行う。 夕食は召し上がるが水分量が少ない			昼は全部召し上がる。 朝・夕は食事量にむらあり			8月20日 CTにて胸水あり。肺炎は治癒傾向 8月22日 ミキサー食開始となる

★プライバシー・個人情報の保護を徹底してください。

D-4　焦点情報（24時間生活変化シート）

名前　Eさん　　記入日：2007年10月20日／記入者　特養職員

◎私の今日の気分の変化です。24 時間の変化に何が影響を与えていたのかを把握して、予防的に関わるタイミングや内容を見つけてください。
※私の気分が「非常によい」から「非常に悪い」までの、どのあたりにあるか、時間を追って点を付けて線で結んでください。
※その時の私の様子や、どんな場面なのか、ありのままを具体的に記入してください。
※数日記入して、パターンを発見したり、気分を左右する要因を見つけてください。

時間＼気分	非常に悪い -3	悪い -2	悪い兆し -1	どちらでもない 0	よい兆し 1	よい 2	非常によい 3	その時の具体的な様子や場面	影響を与えていると考えられる事	私の願いや、支援してほしいこと ●私が言ったこと △家族が言ったこと ○ケア者が気づいたこと、ケアのヒントやアイデア	記入者
4											
5											
6											
7											
8											
9								朝食摂取されるが、食がすすまず２割摂取			
10								入浴		●「箸、箸」と大声	
11								昼食後職員が食卓の食器を片付けていると職員の手をひっぱり険しい表情 箸を本人に返すも不穏状態が続く	昼食の片付けのときの職員の声かけ	○時間や場所の見当識障害や食事の片付けという職員の行為が理解できず、箸を取られたと思う	
12											
13								ステーション前に誘導するも「箸１本でも殺すことができるぞ」		○ゆっくり説明し本人の意向を尊重しよう	
14								おにぎりを２個渡すと一気に召し上がる			
15								ベランダの花を見に窓辺へ行くと、職員が花に水をやるのを見て表情は穏やかである		○ストレスで空腹感が強いのか、食べたことを忘れているのか？	
16								おやつの豆を食べながら一人で話している		●「そんな「花」ものけとばしてやる」	
17										●「そこらへんの物がじゃまだ、あっちへやれ」	
18								夕食摂取される		○場所を変えることで少し落ちつかれた	
19											
20								居室の壁を足でけり、ベッド柵をとって持ち上げている表情がきつい	失禁のため更衣	●「何だ、どこでも同じだ」 ●「あー」 ○失禁にて更衣するも職員の行為が理解できず、ズボンを脱がされたと思う	
21								ステーション前にベッドを置く			
22											
23								手すりに頭をつけ、休まれている		○行動する前は本人がわかるように説明し、納得されてから行う	
24											
1											
2											
3											

★プライバシー・個人情報の保護を徹底してください。　D−4　

D-4　焦点情報（24時間生活変化シート）

名前 Eさん　　記入日：2007年 10月 29日／記入者 特養職員

◎私の今日の気分の変化です。24 時間の変化に何が影響を与えていたのかを把握して、予防的に関わるタイミングや内容を見つけてください。
※私の気分が「非常によい」から「非常に悪い」までの、どのあたりにあるか、時間を追って点を付けて線で結んでください。
※その時の私の様子や、どんな場面なのか、ありのままを具体的に記入してください。
※数日記入して、パターンを発見したり、気分を左右する要因を見つけてください。

時間＼気分	非常に悪い -3	悪い -2	悪い兆し -1	どちらでもない 0	よい兆し 1	よい 2	非常によい 3	その時の具体的な様子や場面	影響を与えていると考えられる事	私の願いや、支援してほしいこと ●私が言ったこと △家族が言ったこと ○ケア者が気づいたこと、ケアのヒントやアイデア	記入者
4											
5											
6											
7											
8											
9											
10											
11											
12								もくもくと食事をされている	食べる事は好き		
13											
14								トイレ誘導時、子供の話など会話をしながら行う		●子供はかわいいな!! ●子供は好きだ!! ○子供の話をすると表情がなごやかになった	
15											
16											
17											
18											
19								トイレ時、声かけで立位される 居室畳で休まれる		●「まだだー」	
20											
21											
22								体交時穏やか また目を閉じて休まれる		●「ありがとー」	
23								良眠 体動なし			
24											
1											
2											
3											

★プライバシー・個人情報の保護を徹底してください。　D−4　

6. グループホーム

住み慣れた土地を離れても、認知症は進行しても、よりよい生活が送れるよう支援しているケース

■ケース概況：センター方式の活用に至るまで

Dさん（80代女性）。当初○○島で夫と2人暮らし。
夫の死後、2006年頃から、夕方になると亡き夫や子供が帰ってこないと近所を歩きまわる。同年、介護保険を申請し、要介護2。
子供たちからの支援を順番に受けながら過ごしていたが、2008年9月にグループホームに入居。その後、アルツハイマー型認知症の確定診断。様々な症状や体調の不安定さが断続的に見られている。
家族にも、入居が決まった時点でセンター方式の説明を行い、記入していただいたシートをもとに、スタッフと家族で入居前から情報を共有。変化の度に集中的なシートの活用と話し合いを重ねながら、本人がよりよい日々を送れるように支援している。

1 センター方式を活用した場面とシート、一緒に活用した人

＊＝主となって記入した人

場　面	シート	一緒に活用した人
入居前段階	A-1、3、4 B-1、2、3、4	＊管理者、受け持ち職員 家族に情報提供とシートの記入を依頼。全職員で入居に備えた話し合いや入居直後の支援の検討に活かす。
ケアプラン作成、見直し更新時	上記に加えて C-1-1、1-2 D-1、2、3、4 E	＊全職員（介護計画作成担当者、受け持ち職員を中心として）、管理者 家族が、初期記入したシートに、新たに気づいた点や変化を追記。現状や変化の確認、現状に合った支援の話し合いを行う。
他入居者から怒られたり、指摘されたりして、落ち込みが強くなったとき	D-4	＊職員、管理者、家族 １週間集中的に職員が記入。日々、シートをもとに、本人理解とかかわり方の見直しを行い、本人の安定を確認する。
便通が整わないとき 吐き気・嘔吐・頭痛など体調不良が続いたとき	D-3	＊職員、管理者、医師、家族 １週間集中的に職員が記入。原因と支援策を細かく探る。医師や家族への報告・相談に活用。
要介護認定調査時	C-1-1、1-2 D-1、2、3、4 E	＊職員、家族、認定調査員 調査員の参考資料として、直近のシートを提示し補足説明。

2 活用する過程で工夫したこと

・家族に記入を依頼し、書き込みに感謝しながら、内容についてよく話を伺った。家族が記入したシートをベースに、その後に得られた情報や気づいた内容を、職員が、色を変えたペンで追記していった。

・本人に変化が生じたとき、１枚のシートを集中的に活用し、職員全員、医師、家族らとシートをもとに、具体的な話し合いを重ねている。集中して活用後、受け持ちの職員に、何がわかりどう経過したかについて、簡単なレポートで報告してもらい、職員間で共有している。また、医師へもシートとともに見てもらっている。

・シートを書いて終わりとせずに、C-1-2やＥシートにまとめて、本人の思いや求めていることを明確にして、支援策やプランに結びつけている。

・家族の気持ちは変化していくことを思い、B-1シートを年1回、家族に記入していただいている（ひ孫が誕生していたり、家族構成の変化も見えた）。

3 センター方式を活用したことで得られたこと、変化

・認知症の進行や状態には変動があるが、それらに職員が振り回されずに、本人の言動やサイン（事実）、経過をしっかり見つめながら、本人らしいよい面を大切にした支援を、１人ひとりの職員、そしてチームとしてできるようになってきている。

・シートを継続的に使うなかで、家族（キーパーソン以外の家族も）や医師とも、情報共有や相談が具体的に積み重ねられ、お互いの信頼も深まっているように思う。

・カンファレンスのときには、Ｅシートを必ず活用することで、「原因は何だろう」と考える習慣がついた。新人スタッフも、シートを通じて考えることを自然と学んでいる。

A-1　基本情報（私の基本情報シート）

事業者名　グループホーム○○　　　　記入日：2008年　9月　21日　／記入者　三男

◎これらの情報はご本人のためのものです。全てのシートは「本人本位」を忘れずに、ご本人（私）を主語に、ご本人の視点でご記入ください。

フリガナ		□男 ☑女	要介護度	認知症の人の日常生活自立度	障害老人自立度	認知症関連の評価（評価スケール：15点）
名前	Dさん	82 歳	3（H21.3.17）	Ⅱb	J2	長谷川式スケール7点（H20.9.24）

誕生日	□明治 ☑大正 □昭和　14 年　月　日
住民票がある住所	〒 ○○○-○○○○ ○○市 電話 ○○○　FAX ○○○

家族や知人の連絡先（連絡しやすい手段を記入）

	氏名	続柄	TEL／携帯番号／メール／FAX
1	○○	三男	
2	○○	長男	
3	○○	三男の妻	

認知症の診断名　アルツハイマー型認知症（中等度）　診断を受けた医療機関　○○病院 ○○Dr　（いつ頃か　H20　年　12月）

サービスを利用するまでの経過（家族や周囲の人が認知症の状況に気づいてからの経過）

年月	様子 ※症状に気づいた時期、要介護認定を受けた時期、サービス開始時期など	その時にあった事など（背景）
2006.1	平成18年の年が明けて間もなく、「夫が生きている」という言動が始まる。 夕方になると、「夫や子どもが帰って来ない」と近所を探し回るようになる。	平成17年10月5日、夫が死亡。 入院中に○○島で旧家を解体し、新築工事。 夫の死に新築が間に合わず、1ヶ月程を経て入居。 基本的に独居となった。 島に住む次女や近所の親族がフォロー。
2006.2	介護認定 デイサービス開始	独居に心配があり、夏の間は島に住み 冬期間は、子どもの所を回り過ごしていた。 （順を決めて、子どもたちが自分の家でお世話をしていた）

○介護保険	○健康保険
被保険者番号	保険の種類
保険者番号	被保険者名
資格取得　平成　年　月　日	被保険者との続柄（　）
○経済状態（年金の種類等） 国民年金・厚生年金・障害年金・生活保護 その他（　）　月額　円	○公費負担医療　適用　□有・□無 （　）障害者手帳　種　等 ○就労状態（　）

★プライバシー・個人情報の保護を徹底してください。　A−1　

A-3　基本情報（私の療養シート）

名前 Dさん　　記入日：2008年　9月　21日／記入者　三男

◎今の私の病気や、のんでいる薬などを知って、健康で安全に暮らせるように支援してください。
（薬剤情報提供シートがある場合は、コピーをこのシートの裏に添付してください。）

かかり始めた年月日 病院・医院名 （連絡先）	医師	受診回数	通院方法（所要時間）	私の病名	私がのんでいる薬の名前（何の薬かも記入）	回数・量	医療機関から気をつけるようにいわれていること	私の願いや支援してほしいこと
		月＿回 週＿回	徒歩、自家用車など、往診は「往」	高血圧や糖尿病は、今の数値を記入しましょう。	薬剤名と使用目的 例：○○（血圧を下げる）	3回／日、各1錠又は、頓服、点眼等	水分を摂る、塩分を控えるなど	●私が言ったこと △家族が言ったこと ○ケア者が気づいたこと、ケアのヒントやアイデア
○○診療所	○○	2回／年		高血圧	ユビラN ブロプレス8mg ワンアルファー（1） バップフォー20mg	2回／日 各2錠 1錠／日 1錠／日 1錠／日	朝（ブロプレス8mg、ワンアルファー（1）、バップフォー20mg）	○娘さんが同行されていた ○ホームへ入居スタッフが同行
○○病院	○○	1回／月		高血圧	バルレール錠（10） エルシボンカプセル（0.5） シンベノン（5） 酸化マグネシウム 0.3 フォルセニッド ピコスルファートナトリウム	朝1回2T 朝1回2T 朝1回1T 1日3回 夕1回2T 訴え時	腎臓が悪い（?） 治療をするほどではない 貧血傾向	H22.10 ○栄養指導を予定（病院栄養士より）

過去に治療を受けた病気（今の暮らしに配慮が必要な病気や感染症）

年　月	病　名
	特にない

今の暮らしの中で気をつけていること（アレルギーや禁忌なども記入）
（便秘にならないように気をつけていることなど、私や家族が配慮している内容を具体的に記入しましょう。）

なし

A-4　基本情報（私の支援マップシート）

名前 Dさん　　記入日：2008年　9月　21日／記入者　三男

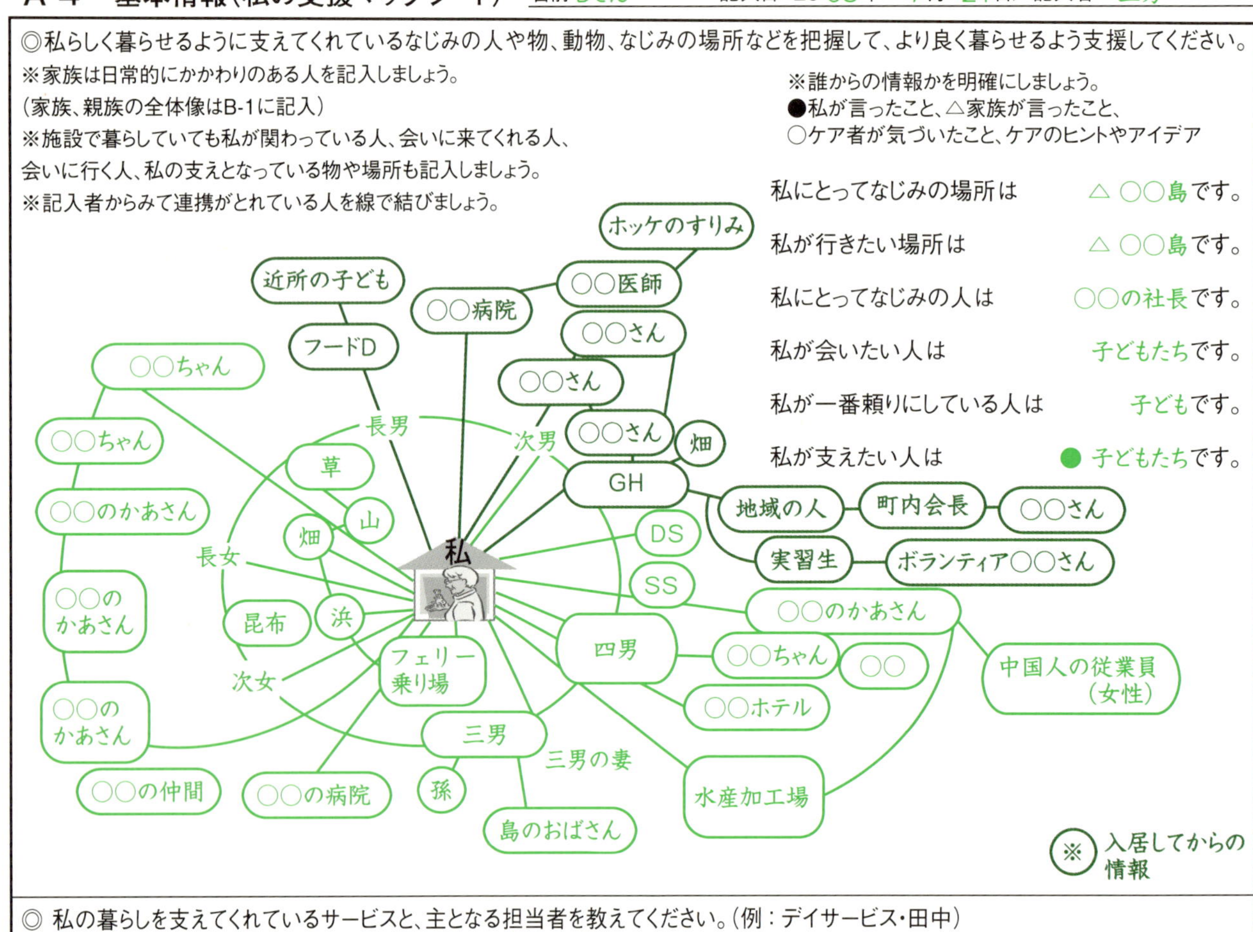

◎ 私の暮らしを支えてくれているサービスと、主となる担当者を教えてください。（例：デイサービス・田中）

※ 第3表（週間サービス計画表）を基盤に、介護保険サービス以外でも定期的に支えてくれているサービスや人を記入しましょう。

時間	月	火	水	木	金	土	日	私の願いや支援してほしいこと ●私が言ったこと △家族が言ったこと ○ケア者が気づいたこと、ケアのヒントやアイデア
4：00								
6：00								
8：00								
10：00								
12：00								
14：00								
16：00								
18：00								
20：00								
22：00								
0：00								
2：00								
4：00								
	必要時、利用している介護保険サービス			上記以外でふだん地域で受けている支援や内容 （民生委員、ボランティア、各種自治体サービスなど）				

★プライバシー・個人情報の保護を徹底してください。　　A—4　　

B-1　暮らしの情報（私の家族シート）

名前 Dさん　記入日：2008年　9月　21日／記入者　三男

◎私を支えてくれている家族です。私の家族らの思いを聞いてください。

私の家族・親族　※私がその人を呼ぶ時の呼称も書いてください。同居は囲んでください。

（旧性：　　　）

私

H17年死亡

子ども　6人
孫　13人
ひ孫　3人

□ 男性
○ 女性
● 死亡
⊠ 主介護者（男）
⊛ 主介護者（女）
△ 副介護者（男）
△ 副介護者（女）
＝ 婚姻関係

私を支えてくれている家族・親族

名前	続柄	年齢	役割と会える頻度	本人や介護に対する思い	受けているサービスへの要望	最期はこうして迎えさせたい	私の願いや支援してほしいこと ●私が言ったこと △家族が言ったこと ○ケア者が気づいたこと、ケアのヒントやアイデア
○○	三男	51	週に1回程度	おだやかで笑顔のある暮らしをして欲しい	できる仕事を手伝わせていただきたい		●子どものことなら何でもするよ
○○	長男	65	年に数回				△学校だけは行けと言われた
○○	次男	62	〃				○子ども思いで（本人）子どもたちは皆さん親孝行
○○	長女	55	〃				
○○	次女	53	〃				
○○	四男	49	〃				

私の家族らの悩み・要望・願い（家族らの生活、介護、経済面、人間関係など）

名前	続柄	私の家族自身の、暮らしに関する悩み・要望・願い	私の願いや支援してほしいこと ●私が言ったこと △家族が言ったこと ○ケア者が気づいたこと、ケアのヒントやアイデア

成年後見制度の利用	有・無（利用の緊急性　無・有）	地域福祉権利擁護事業の利用	有・無（利用の緊急性　無・有）

★プライバシー・個人情報の保護を徹底してください。　B−1　

B-1　暮らしの情報（私の家族シート）　名前 Dさん　記入日：20 10年　8月　31日／記入者　GH職員a

◎私を支えてくれている家族です。私の家族らの思いを聞いてください。

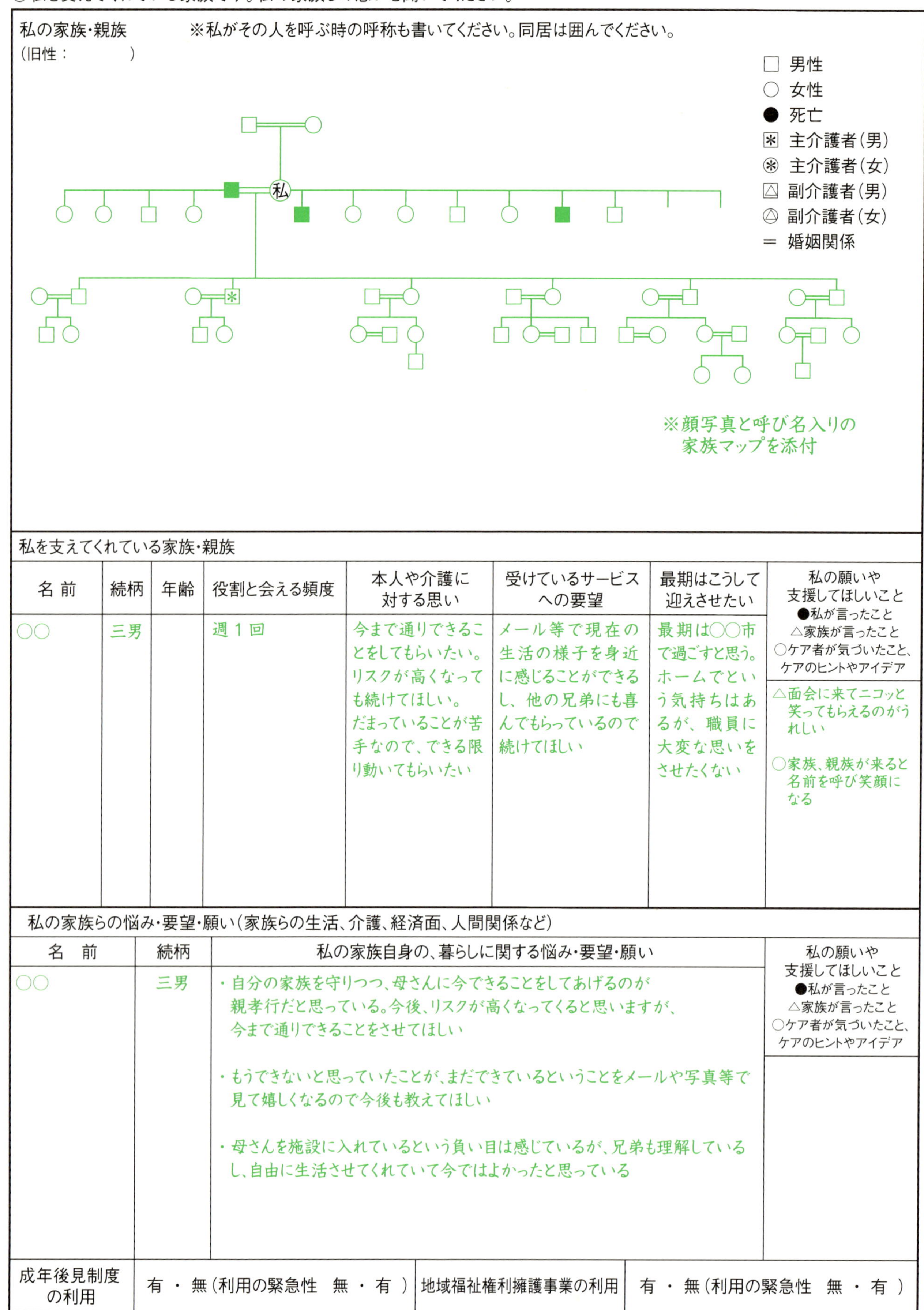

私の家族・親族　※私がその人を呼ぶ時の呼称も書いてください。同居は囲んでください。

（旧性：　　　）

私を支えてくれている家族・親族

名前	続柄	年齢	役割と会える頻度	本人や介護に対する思い	受けているサービスへの要望	最期はこうして迎えさせたい	私の願いや支援してほしいこと ●私が言ったこと △家族が言ったこと ○ケア者が気づいたこと、ケアのヒントやアイデア
○○	三男		週１回	今まで通りできることをしてもらいたい。リスクが高くなっても続けてほしい。だまっていることが苦手なので、できる限り動いてもらいたい	メール等で現在の生活の様子を身近に感じることができるし、他の兄弟にも喜んでもらっているので続けてほしい	最期は○○市で過ごすと思う。ホームでという気持ちはあるが、職員に大変な思いをさせたくない	△面会に来てニコッと笑ってもらえるのがうれしい ○家族、親族が来ると名前を呼び笑顔になる

私の家族らの悩み・要望・願い（家族らの生活、介護、経済面、人間関係など）

名前	続柄	私の家族自身の、暮らしに関する悩み・要望・願い	私の願いや支援してほしいこと ●私が言ったこと △家族が言ったこと ○ケア者が気づいたこと、ケアのヒントやアイデア
○○	三男	・自分の家族を守りつつ、母さんに今できることをしてあげるのが親孝行だと思っている。今後、リスクが高くなってくると思いますが、今まで通りできることをさせてほしい ・もうできないと思っていたことが、まだできているということをメールや写真等で見て嬉しくなるので今後も教えてほしい ・母さんを施設に入れているという負い目は感じているが、兄弟も理解しているし、自由に生活させてくれていて今ではよかったと思っている	

成年後見制度の利用	有 ・ 無（利用の緊急性　無 ・ 有 ）	地域福祉権利擁護事業の利用	有 ・ 無（利用の緊急性　無 ・ 有 ）

★プライバシー・個人情報の保護を徹底してください。　B―1　

B-2　暮らしの情報（私の生活史シート）　名前 Dさん　記入日：2008年　9月　21日／記入者　三男

◎私はこんな暮らしをしてきました。暮らしの歴史の中から、私が安心して生き生きと暮らす手がかりを見つけてください。

※わかる範囲で住み変わってきた経過（現在→過去）を書きましょう。認知症になった頃に点線（…）を引いてください。

私の生活歴（必要に応じて別紙に記入してください）

年月	歳	暮らしの場所（地名、誰の家か、病院や施設名など）	一緒に暮らしていた主な人	私の呼ばれ方	その頃の暮らし・出来事	私の願いや支援してほしいこと ●私が言ったこと △家族が言ったこと ○ケア者が気づいたこと、ケアのヒントやアイデア
現在	82	○○市			9/21　○○市へ転居	△兄弟の家をあっちこっちと回ることが本人にとってはあまり良いことではないと思い自分の番になったので入所を考えた。
	82	○○島の自宅 デイサービス ショートステイ	独居（次女が同居）	かあさん（近所では○○のかあさん）	コンブ干し、ウニむき等、近所の手伝い	
	81	'07.1月下旬～'08.3月下旬 ○○市 （次男の家） デイサービス利用	次男 妻		デイサービス　月～土利用 時々ショートステイも利用	
		'07.5月～'07.11月下旬 ○○島の自宅	独居		コンブ干し、ウニむき、ほっけ網はずし等、近所の手伝い	●毎朝、家の前にゴミ出しに行っては、コンブを拾ってきて干すんだ △家から、市役所やフェリーまでの道のり3km程あるが、1日に3回行ったりしていた。行ったことを忘れていた
	80	'06.10月～'07.5月 ○○市 （長女の家）	長女 夫		デイサービス利用	
		'05.10月～'06.10月 ○○島の自宅	独居		夏場は近所の漁業の手伝い - - - - - - 完成まで約1ヶ月。次女の家に仮住まい。完成後転居、次女がフォロー	△一人暮らしになったら近所でも迷子になった
	79	'05.7月～'05.10月 ○○市（三男の家）		兄弟からはサァサッコ	'05.7月上旬　夫が肝硬変で入院→○○病院転院→8月上旬○○病院へ転院→10月5日死亡。この間3ヶ月付添い。この入院中に○○島の旧家解体し新築。夫の死に間に合わず	△夏は良いが冬は心配なので兄弟で面倒みていた ○本人を思って対応していたことも本人の混乱の誘因となっていたのではないだろうか？
		～'05.7月 ○○島の自宅	夫			

私がしてきた仕事や得意な事など

漁業手伝い（コンブ干し、ウニむき、網はずしなど）

水産加工場～約30年

○○ホテル（調理補助等）～約10年

私の好む話、好まない話

・子どもを学校に入れたこと

・ホテルに中国人の人が一緒に働いていて、パンをあげたり、お世話をしたこと

●おばさーんって、いつも来るんだワー中国に帰ったけどさー

・島の花の話

●草がきれいなんだ

1日の過ごし方

長年なじんだ過ごし方（いつ頃　） 時間		現在の過ごし方（自宅） 時間		過ごし方（ホーム） 時間	
4時		4時 ～		4時	
		5時	起床	6時	起床、洗面
				7時	洗濯たたみ 家事手伝い、掃除
		6時半	朝食	7時半	朝食（仲良しの人が起きたら一緒に）
				11時半	調理手伝い、食材切り（もりつけ）
		12時	昼食	12時	昼食
				14時↓	ラジオ体操他活動 ↓家事、買い物 入浴、お茶出し
				16時	夕食準備
		18時半	夕食	18時	夕食
		19時半	フロ	20時	就寝
		20時	就寝		

★プライバシー・個人情報の保護を徹底してください。　B−2　

B-3　暮らしの情報（私の暮らし方シート） 名前 Dさん　記入日：20 08年 9月 21日／記入者 三男

◎私なりに築いてきたなじみの暮らし方があります。なじみの暮らしを継続できるように支援してください。

暮らしの様子	私が長年なじんだ習慣や好み	私の現在の状態・状況	私の願いや支援してほしいこと ●私が言ったこと △家族が言ったこと ○ケア者が気づいたこと、ケアのヒントやアイデア
毎日の習慣となっていること	仏壇のごはんと水を取り替える。線香をあげる。	同左	
食事の習慣	△牛乳は飲まないが、料理に使うのは平気。	おかわりはしないが残さない。おかずにこだわりはない。	△食事量に気をつける（盛った分残さず食べる為）
飲酒・喫煙の習慣	しない	しない	
排泄の習慣・トイレ様式		洋式、和式はヒザが痛いので難しい。	△パッド使用。よごれても取り替えないことがある ○失禁は少し
お風呂・みだしなみ（湯の温度、歯磨き、ひげそり、髪をとかすなど）		フロはつかるだけ。自分で体や髪を洗わない。 フロはぬる目	△介助については男女かわりなく拒否なし
おしゃれ・色の好み・履き物		水色系が好き。	
好きな音楽・テレビ・ラジオ		民謡、演歌	
家事（洗濯、掃除、買い物、料理、食事のしたく）	昔から掃除は不得意	洗濯はしなくなった。 料理もほとんどしないが、魚をさばく程度はできる。食器の準備やあとかたづけはする。	△頼まれたら使命感があり、ず～と同じことをしている ○常にエプロン（前かけ）
仕事（生活の糧として、社会的な役割として）			○人が仕事（家事）をしていると、自分も何かしようとする。働きたい。
興味・関心・遊びなど	習慣がない		
なじみのものや道具	調理器具	前かけ、ほっかむり、風呂敷	
得意な事／苦手な事	浜仕事（コンブ干し、ウニむきなど）	浜仕事は今でもある程度できる。	○魚に関すること調理など
性格・特徴など	たぶん負けず嫌い	比較的穏やか（元気な頃は勝気）	
信仰について	昔は寺の大掃除を自主的に行っていた。	仏教	
私の健康法（例：乾布摩擦など）	働くこと		
その他		優しい子どもで、時々会いに来る。	△先の夫との子どもを一緒に育てられなかったこと

★プライバシー・個人情報の保護を徹底してください。　B—3　

B-3　暮らしの情報（私の暮らし方シート）　名前 Dさん　記入日：20 10年　8月　31日／記入者　GH職員b

◎私なりに築いてきたなじみの暮らし方があります。なじみの暮らしを継続できるように支援してください。

暮らしの様子	私が長年なじんだ習慣や好み	私の現在の状態・状況	私の願いや支援してほしいこと ●私が言ったこと △家族が言ったこと ○ケア者が気づいたこと、ケアのヒントやアイデア
毎日の習慣となっていること		廊下や居間、居室の掃除 （掃除用具があると自分から行う） 魚さばき、食器拭き、みそ汁用の具材を切る。味見等調理に関わる。	●オラにできることあるか？ ●これどうやって切るんだ？ △包丁を持つ等のリスクを受け入れて、本人の好きなことをやらせてほしい
食事の習慣		ゆっくりと時間をかけて、少しずつ食べる。 時々残すこともあるが、ほとんど、完食する。 肉類や魚類は最後に食べることが多い。	●これとっておいて後で食べるんだ ○声かけによって、全量食べる 食べるペースが遅くなった
飲酒・喫煙の習慣		なし	●ビールなんて飲んだら酔っ払ってダメだ
排泄の習慣・トイレ様式		昼は小パッド、夜間は大パッドと小パッド 便失禁が続いている時や、外出時はリハパンツ使用。トイレ後ボーッと座っていることあり。	●おしっこして～ ○自分から尿意訴えたときは失禁していることが多い △自分でしないで、パンツを上げたり、誰かにしてもらうのを待っている
お風呂・みだしなみ （湯の温度、歯磨き、ひげそり、髪をとかすなど）		声かけで行うが、すみずみまで洗わない。 浴槽へつかるも早めに上がる。 汗っかき。	○セッティング、洗髪、洗体とも、声かけが必要 ●あ～ぬくい
おしゃれ・色の好み・履き物		汗をかいていても、毛糸のベストは着る。 靴下をはかずに靴下カバーのみはいていることが多い。	△島は寒いから、何枚も着込まないと働けないんです
好きな音楽・テレビ・ラジオ		民謡、ソーラン節やよさこいを踊る。	●よく婦人部の母さんたちと一緒に踊ったもんだ
家事 （洗濯、掃除、買い物、料理、食事のしたく）		魚さばき、食材切り、みそ汁作り、洗濯物たたみ、食器拭き、食事の配膳等をスタッフと一緒に行う。	●オラができることがあったら何でもするよ
仕事 （生活の糧として、社会的な役割として）			
興味・関心・遊びなど		仕事をすること 体を動かし、他者と一緒に楽しむ （卓球、風船バレー等のアクティビティー）	
なじみのものや道具		スカーフ、前かけ、長靴、包丁	○外へ行く時は必ずスカーフでほっかぶり。 家の中では前かけをする
得意な事／苦手な事		体を動かしていること（草むしり、野菜の収穫、魚さばき、ほっけのすり身作り） 考えて行う事が苦手（計算、字を書く）	○草むしりは、集中してずっと行うため、声かけ必要
性格・特徴など		明るい、穏やか、子どもさん思い。 他者から何か言われてもガマンする。	●オラのことでケンカするなだまってればいいんだ
信仰について		トイレ等で、手を合わせ、おがんでいることあり	
私の健康法 （例：乾布摩擦など）		ラジオ体操、体を動かしていること	●オラは働いているのが一番いいんだ
その他			

★プライバシー・個人情報の保護を徹底してください。　　B－3　　

B-4　暮らしの情報（私の生活環境シート）

名前 Dさん　　記入日：20 08年　9 月　25日／記入者　GH職員c、d

◎私が落ち着いて、私らしく暮らせるように環境を整えてください。

※私にとって課題のある項目に✓を付け、その項目番号（1〜83）の具体的な状況を右端欄に書いてください。

1. 私が緊張せずにいられる場所ですか

1□ 不安や不快な音がありませんか
2□ 不快なにおいはありませんか
3□ 落ち着かない色はありませんか
4□ 刺激の強い光はありませんか（特に夕方から夜間）
5☑ 不安になる場所はありませんか（寝室、廊下、トイレなど）
6□ その他：　自室わからず迷う

2. 私が安心して居られる場所が確保されていますか

7□ 食事をする場所や席は安心できる場所ですか
8☑ 寝る場所は安心できる場所ですか
9□ 寝るときの明るさは私が安心して眠れる明るさですか
10□ ベッドや布団・枕の位置は私にあっていますか
11□ 私にとってなじみの家具がありますか
12□ 安心して過ごせる好みの場所がありますか
13☑ その他：　台所

3. 私が心地よく過ごせる環境が用意されていますか

14□ 居室の明るさと温度は適切ですか
15□ 色彩、音、香りは私にとって心地よいですか
16□ 飲食物の食材や温度はなじみのものとなっていますか
17□ 触れて心地よいクッション、抱けるものがありますか
18□ 木や自然の素材がありますか
19□ その他：

4. 私の暮らしに必要な場所がわかる工夫がされていますか

20☑ 居室・寝床がわかる工夫がありますか
21□ 居間がわかる工夫がありますか
22☑ トイレがわかる工夫がありますか
23□ 浴室がわかる工夫がありますか
24□ その他：

5. 私が過ごしている時や支えてくれている人をわかる工夫がされていますか

25□ 私がわかる時計がありますか
26☑ 私がわかる暦・カレンダーがありますか
27□ 季節の行事やならわしに関する物がありますか
28☑ 季節を感じられる自然のもの（花、食べ物、外の風景）がありますか
29☑ 支えになっている人の写真がありますか
30□ なじみの人がわかるサイン（服装・名札など）がありますか
31□ その他：

6. 私の持っている力が出せる場がありますか

32☑ 炊事の場
　✓自分でやれたり動作ができる場が用意されていますか
33☑ 掃除の場
　✓自分でやれたり動作ができる場が用意されていますか
34□ 洗濯の場
　・自分でやれたり動作ができる場が用意されていますか
35□ 使い慣れた身だしなみの道具はそろっていますか
36□ 趣味（縫い物、編み物、大工仕事など）を楽しめる道具がそろっていますか
37□ 長年やってきた仕事道具（培った能力）がそろっていますか
38□ その他：

7. 私が自然や地域と関われる場が確保されていますか

39□ 住まいの周囲に自然や地域と関われる場所が確保されていますか
40□ 散歩道に自然や地域と関われる場所が確保されていますか
41□ 買い物に行けるお店が確保されていますか
42☑ 私が行きたい場所が確保されていますか
43□ その他：

8. 室内にいても自然と触れ合える場づくりがされていますか

44□ 自然光はありますか
45□ 風とおしはよいですか
46□ 植物と触れあう場を作っていますか
47□ 動物と触れあう場を作っていますか

9. 私を取り戻せる場の工夫がされていますか

48□ 私の昔の写真、家族の写真、思い出の品物、私の好むもの（洋服や化粧、アクセサリー、時計、音楽など）をそばに置いていますか
49□ その他：

10. 人とのかかわりの場が確保されていますか

50□ 家族とのかかわりの場が確保されていますか
51☑ 近所とのかかわりの場が確保されていますか
52□ 町の人とのかかわりの場が確保されていますか
53□ 子供たちとのふれ合いの場が確保されていますか
54□ その他：

11. 私のいつもの居場所を知ってくれていますか

55□ 私のいつもの居場所を知っていますか
56□ 近所の人は私が好む場所を知ってくれていますか
57□ 私の行きそうな場所を知っていますか
58□ その他：

12. 私が危険な状況にならないように工夫がされていますか

〈誤嚥の予防〉
59☑ 私にあった食事（形、硬さ、量）が工夫されていますか
60□ 食事の姿勢が保てるイスや物品が工夫されていますか
61□ その他：

〈転倒・転落の予防〉
*床の状態
62□ 滑りやすいものはないですか（水こぼれ、玄関マット）
63□ 歩行の障害になる物がないですか
64□ 段差は適切ですか
65□ 絨毯などがひっかかりやすい素材がありませんか
66□ その他：
*衣類の状態
67☑ 靴下やスリッパは私にあっていますか
68□ その他：
*ベッド等の状態
69□ 私にとってベッド、布団のどちらが適切かを見極めていますか
70□ 高さ、広さ、ベッド柵は適切ですか
71□ その他：
*イス
72□ 高さや安定感は適切ですか
73□ その他：
*車いす
74□ 移動具としてのみ使えていますか
75□ ストッパー、フットレストは安全に使えていますか
76□ 座り方は安定していますか
77□ その他：

〈感染の予防〉
78□ 手をすぐに洗える場や用意がありますか
79□ 腐ったものがありませんか
80□ カビなどがありませんか
81□ ホコリがたまっていませんか
82□ 害虫等が繁殖していませんか
83□ その他：

私の願いや支援してほしいこと
●私が言ったこと
△家族が言ったこと
○ケア者が気づいたこと、ケアのヒントやアイデア

1
●キョロキョロ廊下を歩く
○自室がわからない
　名前をつけよう

2
●他室の戸をあける
○トイレなどがわかるように
　工夫

10
地域の人、来客者への関わり場面を作る
（町内行事、来客者へのお茶出し）

4
●トイレのスリッパをはいて
　出てくる

12
●子どもたちを食わせる
●朝ごはんに出す
○食事量を少なめにしよう

7
●タコ揚がってきたかー
○島の海を思っている
○海を見せたい

★プライバシー・個人情報の保護を徹底してください。　　B−4　　

C-1-1　心身の情報（私の心と身体の全体的な関連シート） 名前Dさん　記入日：2008年 10月15日／記入者 GH職員b

◎私が今、何に苦しんでいるのかを気づいて支援してください。

※私の苦しみの最も引き金となっている項目を見つけるために、課題になっている項目に✓を付け、関連がある項目を線で結んでください。

身長	141 cm	体重	44.2 kg	栄養状態		食事の形態	主食：普通食 副食：普通食	飲水量	cc／日

1. 私の体調	状態
1 ☑ 食欲がない	おかずを残すことが多い
2 □ 眠れない	
3 □ 起きれない	
4 □ 痛みがある	
5 ☑ 便秘している	アローゼン0.25g服用。状態によって調整
6 □ 下痢している	
7 □ 熱がある	
8 □ 手足が冷えている	
9 □ その他	

2. 行動心理的な状態	
10 □ 盗られたなど被害にあっていると言う	
11 ☑ 状況に合わない話をする	
12 □ (ないものが)見える、聴こえる	
13 ☑ 気持ちが不安定	時々めまい
14 □ 夜眠らない	
15 □ 荒々しい言い方やふるまいをする	
16 ☑ 何度も同じ話をする	島のこと、子どものこと、夫のこと
17 □ (周囲に不快な)音を立てる	
18 □ 大きな声を出す	
19 □ 声かけや介護を拒む	
20 ☑ 落ち着かない	夕方になると息子が来ていると言う
21 □ 歩き続ける	
22 □ 家に帰るなどの言動を繰り返す	
23 ☑ (一人では危険だが)外に出ようとする	息子が下で待っていると言う
24 ☑ 外出すると一人で戻れない	島に住んでいると思っている
25 □ いろいろな物を集める	
26 ☑ 火を安全に使えない	
27 □ 物や衣類を傷めてしまう	
28 □ 排泄物とわからず触ってしまう	
29 □ 食べられない物を口に入れる	
30 □ その他	

3. 私の口の中	状態
31 □ 入れ歯が合わず痛みや不具合がある	
32 □ 歯ぐきがはれている	
33 □ 口内炎ができている	
34 ☑ 舌が白くなっている	舌の汚れあり
35 □ 口の中が汚れている	
36 □ 口の中が乾燥している	
37 □ 唇が乾燥している	
38 □ 飲み込みが悪い、むせる	
39 □ その他	

4. 私の皮膚の状態	状態
40 □ 乾燥している	
41 □ かゆみがある	
42 □ 湿疹ができている	
43 □ 傷がある	
44 □ はれている	
45 □ 赤くなっている	
46 □ タコができている	
47 □ 魚の目ができている	
48 □ 水虫ができている	
49 □ 床ずれがある	
50 ☑ その他	左足（親指）巻き爪

5. コミュニケーション	状態
51 □ 表情がうつろ、堅い、乏しい	
52 □ 目に光がない	
53 □ 見えにくい	
54 ☑ 聞こえにくい	聞こえたふりをすることがある
55 ☑ 意思を伝えにくい	思う言葉が出ないことがある
56 □ 感情を表現できにくい	
57 ☑ 相手のいうことが理解できない	現実と過去が一緒

※記入欄が足りない場合はコピーして裏につけてください。

★プライバシー・個人情報の保護を徹底してください。　C−1−1　

<08' 12/18　GH職員e>

C-1-2　心身の情報（私の姿と気持ちシート）

名前 Dさん　　記入日：2008年 10月 15日／記入者 GH職員b

◎私の今の姿と気持ちを書いてください。

※まん中の空白部分に私のありのままの姿を書いてみてください。もう一度私の姿をよく思い起こし、場合によっては私の様子や表情をよく見てください。左側のように、様々な身体の問題を抱えながら、私がどんな気持ちで暮らしているのかを吹き出しに書き込んでください。

（次の記号を冒頭に付けて誰からの情報かを明確にしましょう。●私が言ったこと、△家族が言ったこと、○ケア者が気づいたこと、ケアのヒントやアイデア）

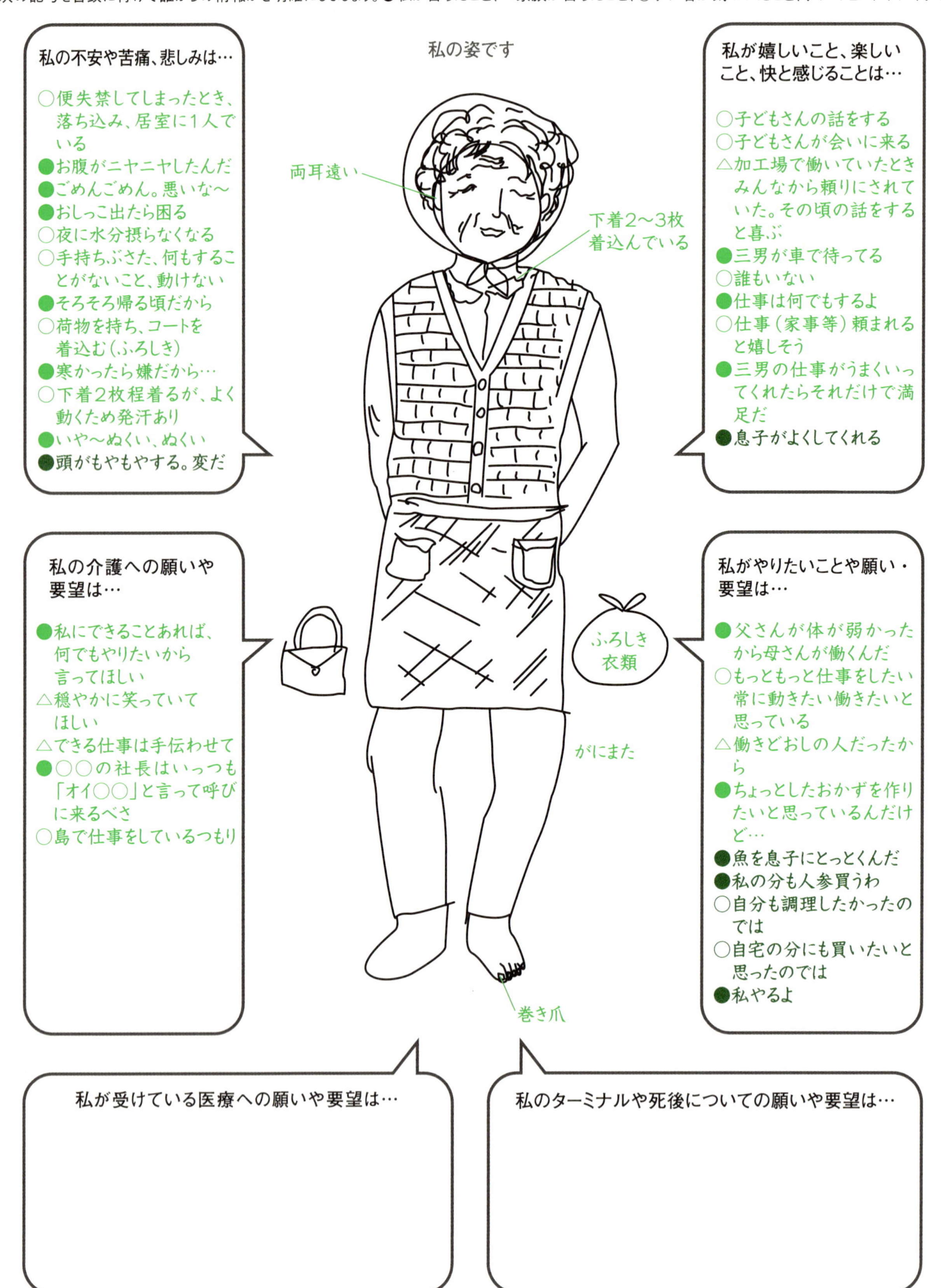

私の不安や苦痛、悲しみは…

○便失禁してしまったとき、落ち込み、居室に1人でいる
●お腹がニヤニヤしたんだ
●ごめんごめん。悪いな〜
●おしっこ出たら困る
○夜に水分摂らなくなる
○手持ちぶさた、何もすることがないこと、動けない
●そろそろ帰る頃だから
○荷物を持ち、コートを着込む（ふろしき）
●寒かったら嫌だから…
○下着2枚程着るが、よく動くため発汗あり
●いや〜ぬくい、ぬくい
●頭がもやもやする。変だ

私の姿です

両耳遠い
下着2〜3枚着込んでいる
ふろしき衣類
がにまた
巻き爪

私が嬉しいこと、楽しいこと、快と感じることは…

○子どもさんの話をする
○子どもさんが会いに来る
△加工場で働いていたときみんなから頼りにされていた。その頃の話をすると喜ぶ
●三男が車で待ってる
○誰もいない
●仕事は何でもするよ
○仕事（家事等）頼まれると嬉しそう
●三男の仕事がうまくいってくれたらそれだけで満足だ
●息子がよくしてくれる

私の介護への願いや要望は…

●私にできることあれば、何でもやりたいから言ってほしい
△穏やかに笑っていてほしい
△できる仕事は手伝わせて
●○○の社長はいっつも「オイ○○」と言って呼びに来るべさ
○島で仕事をしているつもり

私がやりたいことや願い・要望は…

●父さんが体が弱かったから母さんが働くんだ
○もっともっと仕事をしたい常に動きたい働きたいと思っている
△働きどおしの人だったから
●ちょっとしたおかずを作りたいと思っているんだけど…
●魚を息子にとっとくんだ
●私の分も人参買うわ
○自分も調理したかったのでは
○自宅の分にも買いたいと思ったのでは
●私やるよ

私が受けている医療への願いや要望は…

私のターミナルや死後についての願いや要望は…

★プライバシー・個人情報の保護を徹底してください。　C−1−2　

C-1-2　心身の情報（私の姿と気持ちシート）　名前 Dさん　記入日：2009年　6月　21日／記入者 GH職員b

◎私の今の姿と気持ちを書いてください。

※まん中の空白部分に私のありのままの姿を書いてみてください。もう一度私の姿をよく思い起こし、場合によっては私の様子や表情をよく見てください。
左側のように、様々な身体の問題を抱えながら、私がどんな気持ちで暮らしているのかを吹き出しに書き込んでください。
（次の記号を冒頭に付けて誰からの情報かを明確にしましょう。●私が言ったこと、△家族が言ったこと、○ケア者が気づいたこと、ケアのヒントやアイデア）

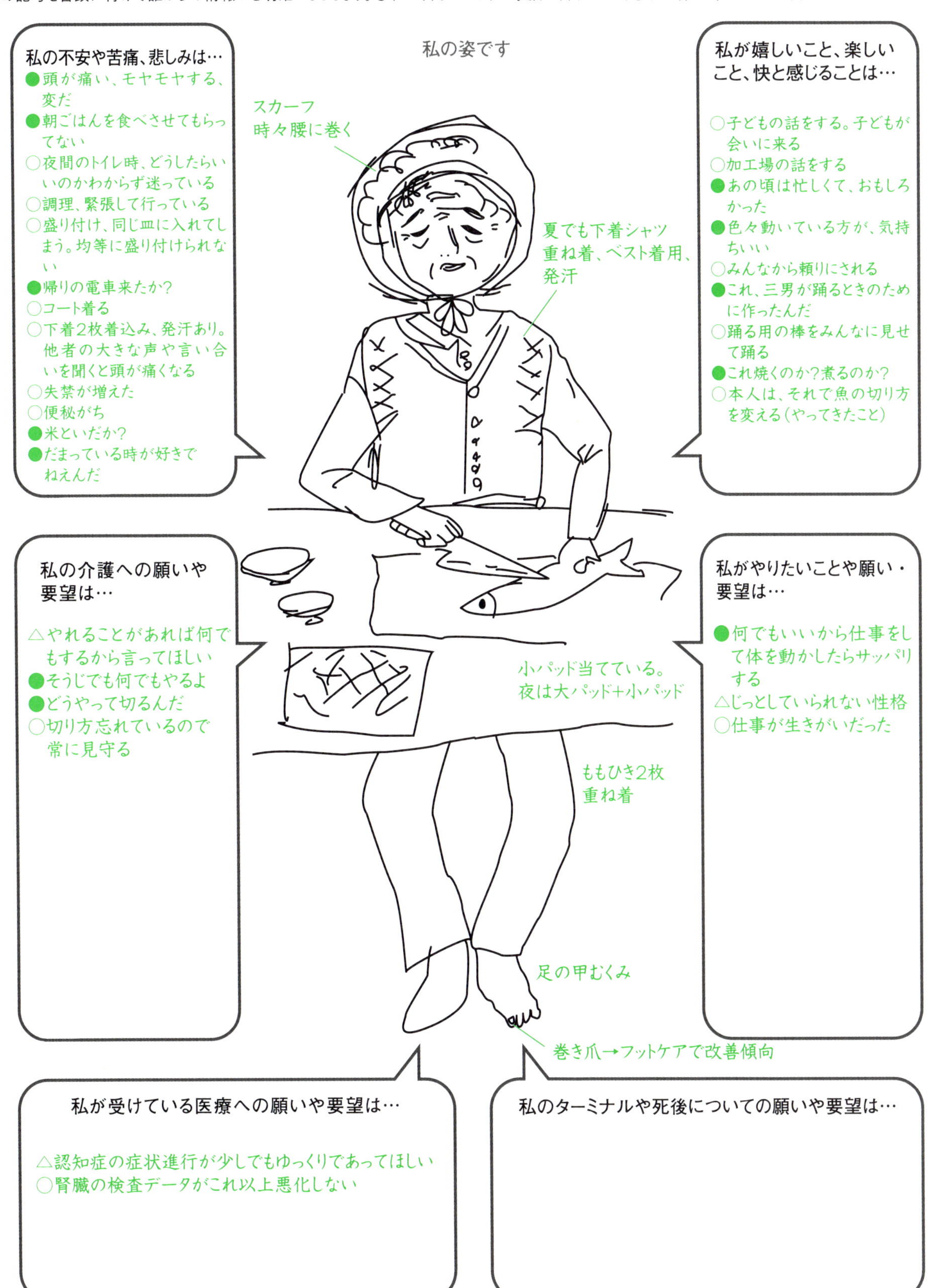

私の不安や苦痛、悲しみは…

●頭が痛い、モヤモヤする、変だ
●朝ごはんを食べさせてもらってない
○夜間のトイレ時、どうしたらいいのかわからず迷っている
○調理、緊張して行っている
○盛り付け、同じ皿に入れてしまう。均等に盛り付けられない
●帰りの電車来たか？
○コート着る
○下着2枚着込み、発汗あり。他者の大きな声や言い合いを聞くと頭が痛くなる
○失禁が増えた
○便秘がち
●米といだか？
●だまっている時が好きでねえんだ

私の姿です

スカーフ時々腰に巻く
夏でも下着シャツ重ね着、ベスト着用、発汗
小パッド当てている。夜は大パッド+小パッド
ももひき2枚重ね着
足の甲むくみ
巻き爪→フットケアで改善傾向

私が嬉しいこと、楽しいこと、快と感じることは…

○子どもの話をする。子どもが会いに来る
○加工場の話をする
●あの頃は忙しくて、おもしろかった
●色々動いている方が、気持ちいい
○みんなから頼りにされる
●これ、三男が踊るときのために作ったんだ
○踊る用の棒をみんなに見せて踊る
●これ焼くのか？煮るのか？
○本人は、それで魚の切り方を変える（やってきたこと）

私の介護への願いや要望は…

△やれることがあれば何でもするから言ってほしい
●そうじでも何でもやるよ
●どうやって切るんだ
○切り方忘れているので常に見守る

私がやりたいことや願い・要望は…

●何でもいいから仕事をして体を動かしたらサッパリする
△じっとしていられない性格
○仕事が生きがいだった

私が受けている医療への願いや要望は…

△認知症の症状進行が少しでもゆっくりであってほしい
○腎臓の検査データがこれ以上悪化しない

私のターミナルや死後についての願いや要望は…

D-1 焦点情報（私ができること・私ができないことシート） 名前 Dさん 記入日：2008年12月15 日／記入者 GH職員b

◎私ができそうなことを見つけて、機会を作って力を引き出してください。
◎できる可能性があることは、私ができるように支援してください。もうできなくなったことは、無理にさせたり放置せずに、代行したり、安全・健康のための管理をしっかり行ってください。
※今、私がしている、していないを把握するだけでなく、できる可能性があるか、もうできないのかを見極めて、該当する欄に✓を付けましょう。
※漠然とした動作のチェックではなく、24 時間の暮らしのどの場面（時間や朝、昼、夕、夜など）かを状況に応じて具体的に記入しましょう。

暮らしの場面	私がしていること		私がしていないこと		私の具体的な言動や場面	できるために必要な支援、できないことへの代行、安全や健康のための管理	私ができるように支援してほしいこと ●私が言ったこと △家族が言ったこと ○ケア者が気づいたこと、ケアのヒントやアイデア
	常時している（自立）	場合によってしている	場合によってはできそう	もうできない			
	できる（可能性）						
起きる	✓						
移動・移乗	✓						
寝床の片づけなど	✓				自分でベッドの上に布団まとめる		
整容（洗顔や整髪など）	✓						
着替え（寝まき↔洋服）	✓				寒いかと思ってシャツ2枚も着てるんだ	下着を何枚も重ねてしまうため、声かけ必要	○動くので発汗がある 着込まないよう、声かけ見守り必要
食事準備（献立づくり・調理・配膳等）		✓			魚の下ごしらえ 野菜切り、盛り付け		○配膳が終わるまで落ち着かない
食事	✓						
食事の片づけ	✓						
服薬		✓			薬渡すと服用する	服用後の確認している	○落とすことがないように見守り必要
排泄	✓				パッドに失禁がある時々、下着汚染あり	尿、便交換で汚染あった時は、交換手伝う ナプキン確認して渡す	○トイレ後始末等見守り必要
掃除・ゴミ出し	✓						○拭き掃除は熱中して行いすぎる所があるので、声かけ必要
洗濯（洗い→たたみ）	✓				他者のものはきれいにたたむ。自分のものはまるめてタンスへしまう	きちんと乾いているか確認	
買い物（支払いも含む）		✓			食材選ぶ		
金銭管理（貯金の管理、手持ち現金の管理、通帳の管理・出し入れ、計画的に使えるか）				✓	していない		
諸手続き（書類の記入・保管・提出等）				✓	していない		
電話をかける・受ける		✓					
入浴の準備		✓			必要なものをスタッフと一緒に準備する		
入浴時の着脱	✓						
入浴		✓				洗えていない所声かけ必要	△自宅では1人だったため、洗髪や洗体していなかった
寝る前の準備（歯磨、寝床の準備）		✓			声かけにて、口腔ケア行う	声かけ必要	△歯を磨く習慣がなかった
就寝	✓						
人への気づかい	✓						
その他							

★プライバシー・個人情報の保護を徹底してください。 D−1

D-2　焦点情報（私がわかること・私がわからないことシート）

名前 Dさん　記入日：20 09年　3月　21日／記入者　GH職員b

◎私がわかる可能性があることを見つけて機会をつくり、力を引き出してください。
◎私がわかる可能性があることを見つけて支援してください。もうわからなくなったことは放置しないで、代行したり、安全や健康のための管理をしっかり行ってください。
※外見上のわかること、わからないことを把握するだけでなく、わかる可能性があるのか、もうわからないことかを見極めて、該当する欄に✓を付けましょう。
※漠然とした動作のチェックではなく、24 時間の暮らしのどの場面（時間や朝、昼、夕、夜など）かを状況に応じて具体的に記入しましょう。

暮らしの場面	私がわかること		私がわからないこと		私の具体的な言動や場面	わかるために必要な支援、わからないことへの代行、安全や健康のための管理	私がわかるように支援してほしいこと ●私が言ったこと △家族が言ったこと ○ケア者が気づいたこと、ケアのヒントやアイデア
	常時わかる	場合によってはわかること	場合によってはわかる可能性がある	わからない			
会話の理解	✓				食事の時や、コーヒータイム、おやつの時間の時に会話ははずむ。	一方的に話をしている事がある	○もっと話したいと思っている ○話し相手が必要なのでは
私の意思やしたいことを伝える							
毎日を暮らすための意思決定 （服を選んだり、やりたいことを決めるなど）	✓				下着2枚ほど重ね着する。ベストを重ねるときもある。		●加工場寒いと嫌だから、着た方がいいんだ ○着込みすぎることあるので見守り必要 ○薄手の下着にしてもらうよう家族に頼む
時間がわかる					時計を見る習慣がない。夜明けとともに起床する。		●もう起きてもいいか?
場所がわかる		✓			ホーム内のトイレや自室、自分の席等はわかるが、今自分は島にいると思っている。		●ここは島だべさ?
家族や知人がわかる	✓				家族（息子、娘たち）の顔名前は一致するも、孫、ひ孫は名前までは出てこない。		ひ孫を見て、●おめえ、名前なんていうんだったかな ○××さんを島にいた時の友人だと思っている
直前の記憶		✓					
最近の記憶 （1～2週間程度の記憶）				✓	スタッフに伝えると、島の話とつながっていく。		
昔の記憶	✓				島の加工場の話。子どもの話は覚えている。楽しく話す。		
文字の理解 （ことば、文字）	✓				読むこと、書くことできる。メッセージカード等書く際も自分で考えて書く。	○漢字を教えると書ける	
その他							

★プライバシー・個人情報の保護を徹底してください。　D−2　

D-3　焦点情報（生活リズム・パターンシート）

名前 Dさん　　記入日：2009年 12月 20日／記入者 GH職員b、d

◎私の生活リズムをつかんでください。私の自然なリズムが、最大限保たれるように支援してください。
◎水分や排泄や睡眠などを、介護する側の都合で、一律のパターンを強いないでください。
※生活リズムがとらえられていない場合、リズムやパターンをとらえるために必要な日数を関係者で協働して記入しましょう。
※水分、排泄、睡眠、活動、ヒヤリ・ハット（転倒、転落、誤嚥、誤飲、誤薬など）などを必要に応じて記入しましょう。
　＊睡眠の時間をラインマーカーで記入してパターンを見つけよう　＊ヒヤリ・ハットがあった場合は赤字で記入
※本人の状態に影響を与えている内容（会いに来てくれた人など）は、必要に応じて「他」の欄に記入しましょう。

※排泄関連の記号
同じ記号で関係者が記入し、情報を共有、伝達しましょう。

【状況】	尿	便	【使用した物】
自立	○	●	オムツ…オ
誘導して出た	△	▲	パッド…パ
誘導して出ない	□	■	下剤…下
失禁	＋	×	浣腸…浣
			摘便…摘

日付 時間	12/20			/21			/22			/23			/24			/25			/26		
	水分	排泄	睡眠 活動 ヒヤリ・ハット 他	水分	排泄	睡眠 活動 ヒヤリ・ハット 他	水分	排泄	睡眠 活動 ヒヤリ・ハット 他	水分	排泄	睡眠 活動 ヒヤリ・ハット 他	水分	排泄	睡眠 活動 ヒヤリ・ハット 他	水分	排泄	睡眠 活動 ヒヤリ・ハット 他	水分	排泄	睡眠 活動 ヒヤリ・ハット 他
4					○+パ									○+パ						○+パ	
5																					
6					○+パ						○+パ			○+パ			○パ			○+パ	
7				ポカリ150 水150 茶150				○			○+パ					茶150 水150	○パ		茶150 水100 ポカリ150	○パ	
8							茶150 水150			茶100 水150			茶150 水150	○						○パ	
9				茶150			コ150				○パ			●普多							
10	ココア150			コーヒー150 ジュース150 茶100	○+パ		ポ150			ポ150	○+パ		コーヒー150			コーヒー150	○パ			●普多	
11	茶150	○+パ			○+パ			○		茶150 水150				○パ					茶150	○+パ	
12	茶150 水150			茶150 水150 ジュース150	○		茶150 水150			コーヒー150	○		茶100 水150			茶150 水150	○パ				
13	茶150										○			○パ					水100	○+パ	
14		便● 極少 親指大		ポカリ150	○		ポ150			ポカリ150	○		ジュース100 ポカリ150	○+パ		ポ150	○パ		ポ100		
15	茶150			茶150	○		茶150 ポ150	○		茶150	○			○+パ		紅150				○	
16			KT 36.9℃					○			○+パ		ポカリ150			茶150	○+パ		茶150 茶150	○+パ	
17					○+パ									○パ							
18	茶150 水150	○パ		茶150 水150			茶150 水150	○	㊦	茶150 水150	○		茶150 水150			茶150 水150	○パ		水150 水150	○パ	
19																					
20		○パ			○			○			○+パ			○パ			○パ			○+パ	
21											○+パ									○+パ	
22		◎+パ									○+パ			○パ			○+パ				
23																					
0					◎+パ																
1		○+パ																			
2					◎+パ									○パ			○+パ				
3		○+パ						○+パ						○パ ○パ			○+パ			○+パ	
4					◎+パ																
計																					

気づいたこと	12/20	/21	/22	/23	/24	/25	/26
			排便ー2日目の為 ビコスルファート ナトリウム3滴追加 (夕薬)	ピスコルファート ナトリウム5滴		ラキソ3滴	AM普多 ●あ～すっきりした
	水分1200	水分1750	水分1650	水分1500	水分1450	水分1500	水分1600
	10:00 KT36.8 16:00 KT36.9 20:00 KT36.7	KT36.1 KT36.6 KT36.6	KT36.5	KT36.5 KT36.8	KT36.5 KT36.0	KT36.0 KT36.0 KT36.0	KT36.6 KT36.6 KT36.3

私の願いや支援してほしいこと

●私が言ったこと
△家族が言ったこと
○ケア者が気づいたこと、ケアのヒントやアイデア

12/20
ご家族面会時、笑顔もあり
居室で話す。

12/21
1Fにてセラピードック
笑顔で参加される
●めんこい耳にオモチャつけて

12/20
○16:00 KT36.9℃
少し元気がない
●昨日検査したけど、肝臓が悪いと言われたんだ

12/21
夕食時しいたけ（煮もの）でむせ込む

12/23
●頭がクラクラしそうだと入浴拒否
15:10 KT36.4
146/79 P93

夕方、女性たちでお手伝い
笑顔で大きな声で笑い歌もうたいながら行動

12/24
書道で年賀状書き
●オラこういうのが一番疲れる。体を動かしている方がいい

クリスマス会楽しむ
拒否なくスムーズに入浴
●さっぱりしたわ

12/26
●何だか頭が痛いんだ、と表情かたい

★プライバシー・個人情報の保護を徹底してください。　D−3　

D-4　焦点情報（24時間生活変化シート）

名前　Dさん　　記入日：2009年　7月　7日／記入者　GH職員d

◎私の今日の気分の変化です。24 時間の変化に何が影響を与えていたのかを把握して、予防的に関わるタイミングや内容を見つけてください。

※私の気分が「非常によい」から「非常に悪い」までの、どのあたりにあるか、時間を追って点を付けて線で結んでください。

※その時の私の様子や、どんな場面なのか、ありのままを具体的に記入してください。

※数日記入して、パターンを発見したり、気分を左右する要因を見つけてください。

気分：非常に悪い（-3）／悪い（-2）／悪い兆し（-1）／どちらでもない（0）／よい兆し（1）／よい（2）／非常によい（3）

時間	その時の具体的な様子や場面	影響を与えていると考えられる事	私の願いや、支援してほしいこと（●私が言ったこと　△家族が言ったこと　○ケア者が気づいたこと、ケアのヒントやアイデア）	記入者
6	自ら起床し更衣を行うも、T氏を見ると自室へ戻ってしまう	T氏に対し苦手意識を持ってしまっている。できるだけT氏とは避けていたい	●怒るジジだ ●あの男にまた何か言われたが嫌だから、まだ横になっている	
7	声かけにて居間で朝食を食べる	朝食を食べるためだから、居間に行くのは仕方ないと思っている	○ゆっくりと食べT氏を気にする様子はない	
8	ゴミを捨てに行ったり、洗濯物をたたんだりなど家事の手伝いを積極的に行う	動いているときが、本人の中でとても充実感が持てる	○与えられた仕事は最後まで真剣に取り組む	
9				
10	他者と一緒にコーヒーを飲む	スタッフや他者と楽しく会話することを好む	●うまいわー	
11	自ら台所に来て調理の手伝いを行う	誰かが調理をすると気になる	●ハムを細かくするのかい？	
12	シャワー浴を行い気持ちよさそうな表情	シャワー浴をしたことで気分がよくなった	●さっぱりしたー	
13	昼食を食べる	本人の好む味で満足	●うまかったわー	
14	食器拭きを手早く行う	手慣れたことに対しては、スムーズに行うことができる	○食器拭きなどの家事は習慣づいている	
	買物に出掛け、表情よく帰ってくる	買物に行ったことで充実感がある	●店は、そう混んでなかったから、やんやと帰って来たよ	
15				
16	おやつを食べスタッフに話しかける	とても美味しく、まだ食べたいと思った	●うまいよ。もう少し食べたいね	
17	他者と唄をうたい楽しむ	他者と一緒に唄をうたうことは好む	○1人では唄をうたわないが、誰かと一緒だとうたう	
18	夕食時、麻婆茄子 1/2 残す	食べ慣れない食事で、腹も満たされてきていた	○自発的に唄をうたうことはないが様々な唄を知っており、誰かが口ずさむと自ら入っていくこともある	
19	食器拭きを行う	家事は自分の仕事だと思っている	○食べ物を残すときは早めに声をかけないと、なかなか食べようとしない	
20	ソファーに座り、テレビを視聴	何もすることがないためテレビを見ている	○日中テレビを見ることはないが、夜は比較的落ち着いてテレビを見る	
21				
22				
23				
24				
1	自らトイレに行くも間に合わず、多量尿失禁のため下衣まで尿汚染	尿意を感じても寝起きのためすぐにトイレに行くことができない（日中と同じようにスムーズに動けない）	○周囲も暗いため、ゆっくりと行動している	
2				
3				
4	自らトイレに行くも、すでにパッド内に失禁あるがトイレでも排尿あり	良眠していることで、何回かに1回程度は尿意を感じないこともある	○日中と比べ夜間はトイレに行く回数が少ない	
5				

E　24時間アセスメントまとめシート（ケアプラン導入シート）★このシートを活かして介護計画表に、本人

◎今の私の暮らしの中で課題になっていることを整理して、私らしく暮らせるための工夫を考えてください。
※A～Dシートで把握してきた「私の願いや支援してほしいこと」から、今の暮らしで主に課題になっていることを選び、1日の流れ
※介護者側が本人本位の視点で判断した課題も書き込みましょう。
※ケアを行う上で注目してほしい行動や状態を整理し、原因や背景を考えてください。そして、より良く暮らせるための工夫を考えて
※その人らしさを守るために、5つの視点やそれを実践する視点を大切に記入しましょう。「私らしいあり方」、「私の安心・快」、「私

	私の願いや支援してほしいこと（より良く暮らすための課題） ※ケア者が本人本位の視点で判断した課題も書きましょう。	私の注目してほしい行動／状態
4		
6	●寒かったら嫌だから	・下着のシャツを着込んでしまう ・よく動くので発汗がある
8		
10	●私の分も人参買うわ ●私にできることがあれば何でもやりたいから言ってほしいんだ	・もう1袋の人参をカートに入れる ・すぐに台所に入る
12	●ちょっとしたおかずを作りたいと思ってるんだけど…オラ頭悪いから言われたようにやろうと思ってる…	・自分のペース（早い）で行うため、まわりが困惑している時がある ・掃除等は集中して行いすぎる時がある
14	●残りもので作るんだ	・配膳が全て終わるまで落ち着かない
16	●そろそろ帰る頃だから	・コートを着て、タンスからバッグを持つ。荷物をまとめる
18	●魚を息子にとっとくんだ	・魚に手をつけず横に置く
20		
22		
0		
2		
24時間に該当しない点で、ケアプランに活かしたいこと	●お腹がニヤニヤしたんだ。すまないすまない ●おしっこ出たら困る	・便失禁してしまったことを気にして、居室に閉じこもる時がある ・汚したことを見られたくなく、下着をまるめる ・自分で拭こうとして、手を汚してしまう ・夜になると水分を摂りたがらない ・パッドや汚れた下着をタンスの中にしまい込む時がある ・パッドを2枚重ねて、使用する時がある

★プライバシー・個人情報の保護を徹底してください。

E

本位の介護計画を展開しましょう！

名前 Dさん　記入日：2008年 12月 15日／記入者 GH職員b、e

にそって記入しましょう。（誰からの情報かを明確にしましょう。「●」私、「△」家族、「○」ケア者を冒頭に入れて記入しましょう。）

ください。
の力の発揮」、「私にとっての安全と健やかさ」、「なじみの暮らしの継続」

原因・背景	私がより良く暮らせるためのケアのアイデアと工夫
・夏でもシャツは2枚着ていた。今までの習慣	・更衣時見守り ・着込みすぎないように声かけ
・自宅用に買って行こうと思う ・ダンナさんが体が弱く、あまり漁の腕もよくなかったので、自分が一生懸命働いてきた ・加工場や○○ホテルの仕事38年。まわりからも頼りにされていた ・子どもたちを、大学に行かせたい ・常に動きたい、働きたいと思っている ・島ではデイサービスに通っていた ・魚を子どもに食べさせたい	・本人の世界に入り、合わせる ・本人は小銭があると思っているのでは？ こそっと売り場に戻す ・一緒に調理、味つけ、盛り付けに関わる ・サラダやあえ物を本人と一緒に味つけする ・スタッフと一緒に掃除、雪かき、車の雪おろし等に関わる ・行動を見守る。ここでごはんを食べることを伝える。家事へ誘う ・息子さんから情報を聞いてみる ・事前の声かけ、食前のスタッフの魚を見せてみる ・"味見してみて""息子さんは会社で食べてくるみたい"等声かけの工夫をする
・便秘気味。毎日アローゼン0.25g服用 ・排便がないと下剤調整行い、便失禁してしまう時がある ・夜間のトイレに起きるのを気にしている ・少ししか濡れていないようだったら、新しいのを使うのがもったいないと思っている	・失禁や失便があった際は、さり気なく対応する ・部屋で1人でいる時は、訪室し、気分をかえる工夫をする（一緒に島の時の写真を見る。仕事の話。息子さんの話等） ・便秘しやすい為、食事内容を工夫する ・水分をこまめにすすめる ・トイレ時、パッドの確認 ・失禁ある時は、さり気なくパッドをはがし、新しいパッドを手渡す ・運動をとり入れる

資料編

「認知症高齢者の日常生活自立度判定基準」の活用について

（平成5年10月26日　老健第135号
各都道府県知事･各指定都市市長宛
厚生省老人保健福祉局長通知）
注　平成18年4月3日老発第0403003号改正現在

今般、地域や施設等の現場において、認知症高齢者に対する適切な対応がとれるよう、医師により認知症と診断された高齢者の日常生活自立度の程度すなわち介護の必要度を保健師、看護師、社会福祉士、介護福祉士、介護支援専門員等が客観的にかつ短期間に判定することを目的として、別添「認知症高齢者の日常生活自立度判定基準」を作成したので、その趣旨を踏まえ、「障害老人の日常生活自立度（寝たきり度）判定基準」と併せて広く活用されるよう特段の御配慮をお願いする。

〔別　添〕

認知症高齢者の日常生活自立度判定基準

1　この判定基準は、地域や施設等の現場において、認知症高齢者に対する適切な対応がとれるよう、医師により認知症と診断された高齢者の日常生活自立度を保健師、看護師、社会福祉士、介護福祉士、介護支援専門員等が客観的かつ短時間に判定することを目的として作成されたものである。なお、認知症は進行性の疾患であることから、必要に応じ繰り返し判定を行うこととし、その際、主治医等と連絡を密にすること。

2　判定に際しては、意思疎通の程度、見られる症状・行動に着目して、日常生活の自立の程度を5区分にランク分けすることで評価するものとする。評価に当たっては、家族等介護にあたっている者からの情報も参考にする。なお、このランクは介護の必要度を示すものであり、認知症の程度の医学的判定とは必ずしも一致するものではない。

3　認知症高齢者の処遇の決定にあたっては、本基準に基づき日常生活自立度を判定するとともに、併せて「障害老人の日常生活自立度（寝たきり度）」についても判定したのち行うこととする。なお、処遇の決定は、判定されたランクによって自動的に決まるものではなく、家族の介護力等の在宅基盤によって変動するものであることに留意する。

4　認知症高齢者に見られる症状や行動は個人により多様であり、例示した症状等がすべての認知症高齢者に見られるわけではない。また、興奮、徘徊、ものとられ妄想等は、例示したランク以外のランクの認知症高齢者にもしばしば見られるものであることにも留意する。

ランク	判定基準	見られる症状・行動の例	判定にあたっての留意事項
Ⅰ	何らかの認知症を有するが、日常生活は家庭内及び社会的にほぼ自立している。		在宅生活が基本であり、一人暮らしも可能である。相談、指導等を実施することにより、症状の改善や進行の阻止を図る。
Ⅱ	日常生活に支障を来すような症状・行動や意思疎通の困難さが多少見られても、誰かが注意していれば自立できる。		在宅生活が基本であるが、一人暮らしは困難な場合もあるので、日中の居宅サービスを利用することにより、在宅生活の支援と症状の改善及び進行の阻止を図る。
Ⅱa	家庭外で上記Ⅱの状態が見られる。	たびたび道に迷うとか、買い物や事務、金銭管理などそれまでできたことにミスが目立つ等	

Ⅱb	家庭内でも上記Ⅱの状態が見られる。	服薬管理ができない、電話の応対や訪問者との対応などひとりで留守番ができない等	
Ⅲ	日常生活に支障を来すような症状・行動や意思疎通の困難さがときどき見られ、介護を必要とする。		日常生活に支障を来すような症状・行動や意思疎通の困難さがランクⅡより重度となり、介護が必要となる状態である。「ときどき」とはどのくらいの頻度を指すかについては、症状・行動の種類等により異なるので一概には決められないが、一時も目が離せない状態ではない。 在宅生活が基本であるが、一人暮らしは困難であるので、夜間の利用も含めた居宅サービスを利用しこれらのサービスを組み合わせることによる在宅での対応を図る。
Ⅲa	日中を中心として上記Ⅲの状態が見られる。	着替え、食事、排便・排尿が上手にできない・時間がかかる やたらに物を口に入れる、物を拾い集める、徘徊、失禁、大声・奇声を上げる、火の不始末、不潔行為、性的異常行為等	
Ⅲb	夜間を中心として上記Ⅲの状態が見られる。	ランクⅢaに同じ	
Ⅳ	日常生活に支障を来すような症状・行動や意思疎通の困難さが頻繁に見られ、常に介護を必要とする。	ランクⅢに同じ	常に目を離すことができない状態である。症状・行動はランクⅢと同じであるが、頻度の違いにより区分される。 家族の介護力等の在宅基盤の強弱により居宅サービスを利用しながら在宅生活を続けるか、または特別養護老人ホーム・老人保健施設等の施設サービスを利用するかを選択する。施設サービスを選択する場合には、施設の特徴を踏まえた選択を行う。

M	著しい精神症状や周辺症状あるいは重篤な身体疾患が見られ、専門医療を必要とする。	せん妄、妄想、興奮、自傷・他害等の精神症状や精神症状に起因する問題行動が継続する状態等	ランクⅠ～Ⅳと制定されていた高齢者が、精神病院や認知症専門棟を有する老人保健施設等での治療が必要となったり、重篤な身体疾患が見られ老人病院等での治療が必要となった状態である。専門医療機関を受診するよう勧める必要がある。

「障害老人の日常生活自立度（寝たきり度）判定基準」の活用について

（平成3年11月18日　老健第102－2号
各都道府県知事・各指定都市市長宛
厚生省大臣官房老人保健福祉部長通知）

平成2年度から「高齢者保健福祉推進十か年戦略」の重要な柱の一つとして「寝たきり老人ゼロ作戦」を推進しているところであるが、今般その「寝たきり老人ゼロ作戦」の評価、あるいは平成5年度から実施に移される地方老人保健福祉計画の策定等に資するため、別添のとおり「障害老人の日常生活自立度（寝たきり度）判定基準」を作成したので、その趣旨を踏まえ保健、医療、福祉関係者において広く活用されるよう特段の御配慮をお願いする。

〔別　添〕

障害老人の日常生活自立度（寝たきり度）判定基準

生活自立	ランクJ	何らかの障害等を有するが、日常生活はほぼ自立しており独力で外出する 1　交通機関等を利用して外出する 2　隣近所へなら外出する
準寝たきり	ランクA	屋内での生活は概ね自立しているが、介助なしには外出しない 1　介助により外出し、日中はほとんどベッドから離れて生活する 2　外出の頻度が少なく、日中も寝たり起きたりの生活をしている
寝たきり	ランクB	屋内での生活は何らかの介助を要し、日中もベッド上での生活が主体であるが座位を保つ 1　車椅子に移乗し、食事、排泄はベッドから離れて行う 2　介助により車椅子に移乗する
	ランクC	1日中ベッド上で過ごし、排泄、食事、着替において介助を要する 1　自力で寝返りをうつ 2　自力では寝返りもうたない

期　　間	ランクA、B、Cに該当するものについては、いつからその状態に至ったか 年　　月頃より（継続期間　　年　　か月間）

＊判定にあたっては補装具や自助具等の器具を使用した状態であっても差し支えない。

『ADLの状況』

1　移　　動　　a　時間がかかっても介助なしに一人で歩く
　　　　　　　b　手を貸してもらうなど一部介助を要する
　　　　　　　c　全面的に介助を要する

2　食　　事　　a　やや時間がかかっても介助なしに食事する
　　　　　　　b　おかずを刻んでもらうなど一部介助を要する
　　　　　　　c　全面的に介助を要する

3　排　　泄　　a　やや時間がかかっても介助なしに一人で行える
　　　　　　　b　便器に座らせてもらうなど一部介助を要する
　　　　　　　c　全面的に介助を要する

4　入　　浴　　a　やや時間がかかっても介助なしに一人で行える
　　　　　　　b　体を洗ってもらうなど一部介助を要する
　　　　　　　c　全面的に介助を要する

5　着　　替　　a　やや時間がかかっても介助なしに一人で行える
　　　　　　　b　そでを通してもらうなど一部介助を要する
　　　　　　　c　全面的に介助を要する

6　整　　容　　a　やや時間がかかっても介助なしに自由に行える
（身だしなみ）　b　タオルで顔を拭いてもらうなど一部介助を要する
　　　　　　　c　全面的に介助を要する

7　意志疎通　　a　完全に通じる
　　　　　　　b　ある程度通じる
　　　　　　　c　ほとんど通じない

＊判定にあたっては、補装具や自助具等の器具を使用した状態であっても差し支えない。

判定にあたっての留意事項

1　この判定基準は、地域や施設等の現場において、保健婦等が何らかの障害を有する高齢者の日常生活自立度を客観的かつ短時間に判定することを目的として作成したものである。

2　判定に際しては「～をすることができる」といった「能力」の評価ではなく「状態」、特に『移動』に関わる状態像に着目して、日常生活の自立の程度を4段階にランク分けすることで評価するものとする。なお、本基準においては何ら障害を持たない、いわゆる健常老人は対象としていない。

3　自立度の判定と併せて、市町村が保健・福祉サービスの供給量を測定するための基礎資料とするため『移動』、『食事』、『排泄』、『入浴』、『着替』、『整容（身だしなみ）』、『意志疎通』といった個人の日常生活活動（ADL）に関する項目についても判定する。

4　補装具、自助具、杖や歩行器、車椅子等を使用している状態で判定して差し支えない。

5　4段階の各ランクに関する留意点は以下のとおりである。

ランクJ　何らかの身体的障害等を有するが、日常生活はほぼ自立し、一人で外出する者が該当する。なお“障害等”とは、疾病や傷害及びそれらの後遺症あるいは老衰により生じた身体機能の低下をいう。

J−1はバス、電車等の公共交通機関を利用して積極的にまた、かなり遠くまで外出する場合が該当する。

J−2は隣近所への買い物や老人会等への参加等、町内の距離程度の範囲までなら外出する場合が該当する。

ランクA　「準寝たきり」に分類され、「寝たきり予備軍」ともいうべきグループであり、いわゆるhouse-boundに相当する。屋内での日常生活活動のうち食事、排泄、着替に関しては概ね自分で行い、留守番等をするが、近所に外出するときは介護者の援助を必要とする場合が該当する。なお、“ベッドから離れている”とは“離床”のことであり、ふとん使用の場合も含まれるが、ベッドの使用は本人にとっても介護者にとっても有用であり普及が図られているところでもあるので、奨励的意味からベッドという表現を使用した。

A−1は寝たり起きたりはしているものの食事、排泄、着替時はもとより、その他の日中時間帯もベッドから離れている時間が長く、介護者がいればその介助のもと、比較的多く外出する場合が該当する。

A−2は日中時間帯、寝たり起きたりの状態にはあるもののベッドから離れている時間の方が長いが、介護者がいてもまれにしか外出しない場合が該当する。

ランクB　「寝たきり」に分類されるグループであり、いわゆるchair-boundに相当する。B−1とB−2とは座位を保つことを自力で行うか介助を必要とするかどうかで区分する。日常生活活動のうち、食事、排泄、着替のいずれかにおいては、部分的に介護者の援助を必要とし、一日の大半をベッドの上で過ごす場合が該当する。排泄に関しては、夜間のみ“おむつ”をつける場合には、介助を要するものとはみなさない。なお、“車椅子”は一般の椅子や、ポータブルトイレ等で読み替えても差し支えない。

B−1は介助なしに車椅子に移乗し、食事も排泄もベッドから離れて行う場合が該当する。

B−2は介助のもと、車椅子に移乗し、食事または排泄に関しても、介護者の援助を必要とする。

ランクC　ランクBと同様、「寝たきり」に分類されるが、ランクBより障害の程度が重い者のグループであり、いわゆるbed-boundに相当する。日常生活活動の食事、排泄、着替のいずれにおいても介護者の援助を全面的に必要とし、一日中ベッドの上で過ごす。

C−1はベッドの上で常時臥床しているが、自力で寝返りをうち体位を変える場合が該当する。

C−2は自力で寝返りをうつこともなく、ベッド上で常時臥床している場合が該当する。

6　『ADLの状況』はa、b、cの3段階に分類し、それぞれ自立、一部介助、全面介助に相当するものである。

aは日常生活活動の当該項目について自立していることを表す。すなわち極端には長くない時間内に、一連の動作が介助なしに一人で終了できる場合が該当する。

bは日常生活活動の当該項目について部分的に介助してもらえば何とかできる場合が該当する。一人で行った場合に極端に時間がかかり、仕上がりが不完全となる場合も含む。

cは日常生活活動の当該項目について、一人では一連の動作を遂行することが全くできない場合が該当する。

センター方式シート

センター方式シートは、エクセルファイルとしてDCネット（下記URLおよびQRコード）よりダウンロードができます。

http://www.dcnet.gr.jp/study/centermethod/center03.php

なお、お使いの機種・ソフトによってはダウンロードいただけない場合があります。

A−1 基本情報（私の基本情報シート）

事業者名　　　　　　　　　　　　　　　　　　　記入日:20　　年　　月　　日／記入者

◎私の基本情報とサービス利用までの経過をみんなで共有してください。

<table>
<tr><td>フリガナ</td><td></td><td rowspan="2">□男 □女
歳</td><td>要介護度</td><td>認知症の人の日常生活自立度</td><td>障害高齢者の日常生活自立度</td><td>認知症関連の評価
（スケール名：　　　　）</td></tr>
<tr><td>名　前</td><td></td><td></td><td></td><td></td><td></td></tr>
<tr><td>誕生日</td><td colspan="2">□明治 □大正 □昭和　　　年　　月　　日</td><td colspan="4">家族や知人の連絡先（連絡がつきやすい手段を記入）</td></tr>
<tr><td rowspan="4">住民票がある住所</td><td colspan="2" rowspan="4">〒　　－

電話　　　　　　　FAX</td><td>本人との続柄・関係</td><td>氏名</td><td colspan="2">TEL/携帯/メール/FAX</td></tr>
<tr><td>1</td><td></td><td colspan="2"></td></tr>
<tr><td>2</td><td></td><td colspan="2"></td></tr>
<tr><td>3</td><td></td><td colspan="2"></td></tr>
<tr><td colspan="7">認知症の診断名　　　　　　診断を受けた医療機関　　　　　　（いつ頃か　　年　　月）</td></tr>
</table>

サービスを利用するまでの経過（家族や周囲の人が認知症の状況に気づいてからの経過）

年　月	様子 ※症状に気づいた時期、要介護認定を受けた時期、サービス開始時期など	その時にあった事など（背景）

<table>
<tr><td>○介護保険　被保険者番号
　　　　　　保険者番号
　　　　　　資格取得　平成　　年　　月　　日</td><td>○健康保険　保険の種類
　　　　　　被保険者名
　　　　　　被保険者との続柄（　　　　　）</td></tr>
<tr><td rowspan="2">○経済状態（年金の種類等）
国民年金・厚生年金・障害年金・生活保護
その他（　　　　　　）　月額　　　円</td><td>○公費負担医療　　適用　□有 ・ □無
（　　　　　）障害者手帳　　種　　等</td></tr>
<tr><td>○就労状態（　　　　　　　　　）</td></tr>
</table>

★プライバシー・個人情報の保護を徹底してください。　　A−1　　

A-2 基本情報（私の自立度経過シート）　名前　記入日:20　年　月　日／記入者

◎私の自立状態が保てるように、私の状態と変化の経過を記録し、共有してください。

※例を参考に次の記号で記入しよう。

■要介護度、●障害高齢者の日常生活自立度、△認知症の人の日常生活自立度、その他利用したスケール名も記入しよう。

※特に変化がない場合でも、3か月に一度程度は状態を確認して記録しよう。

※サービス利用開始時の状態も、わかる範囲で記入しておこう。

要介護度 ■	障害高齢者の日常生活自立度 ●	認知症の人の日常生活自立度 △	記入年月日										
			（例）2013年2月10日										
なし 未申請	J-1	Ⅰ	■なし ●J1										
1 要支援	J-2	Ⅱa	△Ⅱa										
2 要支援	A-1	Ⅱb											
1	A-2	Ⅲa											
2	B-1	Ⅲb											
3	B-2	Ⅳ											
4	C-1	M											
5	C-2												
その他の認知症関連スケール（　　　　）の点数													
出来事・気づいたこと（誰からの情報かも記入しておこう。）			介護保険申請 （家族）散歩の帰りに道に迷うようになった。同じものを何度も買ってくることが増えた。										
記入者			ケアマネ 佐藤										

★プライバシー・個人情報の保護を徹底してください。　A-2　©認知症介護研究・研修東京センター（1305）

A-3 基本情報(私の療養シート)　名前　　　　記入日:20　年　月　日／記入者

◎今の私の病気や、のんでいる薬などを把握し、健康で安全に暮らせるように支援してください。
(薬剤情報提供シートがある場合は、コピーをこのシートの裏に添付してください。)

かかり始めた年月日 病院・医院名 (連絡先)	医師	受診回数	通院方法(所要時間)	私の病名	私がのんでいる薬の名前(何の薬かも記入)	回数・量	医療機関から気をつけるようにいわれていること	私の願いや支援してほしいこと ●私が言ったこと △家族が言ったこと ○支援者が気づいたこと、支援のヒントやアイデア
		月_回 週_回	徒歩、自家用車など、往診は「往」	高血圧や糖尿病は、今の数値を記入しよう。	薬剤名と使用目的 例:○○(血圧を下げる)	3回/日、各1錠又は頓服、点眼等	水分をとる、塩分を控えるなど	

過去に治療を受けた病気(今の暮らしに配慮が必要な病気や感染症)		今の暮らしの中で気をつけていること(アレルギーや禁忌なども記入)
年　月	病名	※便秘しないため、足が弱らないためなど、本人や家族が気をつけていることを具体的に記入しよう。

※支援者とは、本人を支える人(介護職、医療職、福祉職、法律関係者、地域で支える人、家族・親戚等)であり、立場や職種を問わない。

★プライバシー・個人情報の保護を徹底してください。　A-3　

A−4 基本情報（私の支援マップシート）　　名前　　記入日:20　年　月　日／記入者

◎私らしく暮らせるように支えてくれているサービスや、なじみの人や物、動物、なじみの場所などを把握して、よりよく暮らせるための支援に活かしてください。

＊家族は実際の関わりがある人を記入しましょう
＊施設で暮らしていても私が関わっている人、会いに来てくれる人、会いに行く人、本人の支えとなっている人を線で結び、どんな関係なのかも付記しておこう。
＊新たにわかったことも書き加えていこう。

※誰からの情報かを明確にしよう。

● 私が言ったこと
△ 家族が言ったこと
○ 支援者が気づいたこと、支援のヒントやアイデア

私にとってなじみの場所は　　　　です。

私が行きたい場所は　　　　です。

私にとってなじみの人は　　　　です。

私が会いたい人は　　　　です。

私が一番頼りにしている人は　　　　です。

私が支えたい人は　　　　です。

私

◎上記の情報をもとに、私の暮らしを支えてくれているサービスと担当者、なじみの人や場を記入してください。関係者が連携して一緒に私を支えて下さい。

※介護保険サービス以外でも支えてくれている人や場を記入しよう。※この表をもとに第3表（週間サービス計画表）を検討しよう。

時間	月	火	水	木	金	土	日	私の願いや支援してほしいこと ●私が言ったこと △家族が言ったこと ○支援者が気づいたこと、支援のヒントやアイデア
4:00								
6:00								
8:00								
10:00								
12:00								
14:00								
16:00								
18:00								
20:00								
22:00								
0:00								
2:00								
4:00								
	毎週でないが、利用している介護保険サービス（例：ショートステイ）			毎週でないが、介護保険以外で支えてくれている人や場など（民生・児童委員、成年後見人、地域の集い・見守りなど）				

※支援者とは、本人を支える人（介護職、医療職、福祉職、法律関係者、地域で支える人、家族・親戚等）であり、立場や職種を問わない。

★プライバシー・個人情報の保護を徹底してください。　A-4

B−1 暮らしの情報（私の家族シート）

名前　　　　　　　　　　記入日:20　　年　　月　　日／記入者

◎私を支えてくれている家族です。私の家族らの思いを聞いて、家族と私がよりよく暮せるよう支えて下さい。

私の家族・親族
（旧姓:　　　　　）

※本人がその人を呼ぶ時の呼び名（呼称）も書いておこう。同居は囲もう。
※新たにわかったことも書き加えていこう。

□═○
私

□ 男性
○ 女性
● 死亡
⊡ 主介護者（男）
⊛ 主介護者（女）
△ 副介護者（男）
△ 副介護者（女）
＝ 婚姻関係

私を支えてくれている家族・親族らの本人についての思い・要望

名　前	続柄	年齢	役割と会える頻度	本人や介護に対する思い	受けているサービスへの要望	最期はこうして迎えさせたい	私の願いや支援してほしいこと ●私が言ったこと △家族が言ったこと ○支援者が気づいたこと、支援のヒントやアイデア

私の家族・親族らの悩み・要望・願い（家族・親族らの生活、介護、経済面、人間関係など）

名　前	続柄	私の家族・親族自身の、暮らしに関する悩み・要望・願い	私の願いや支援してほしいこと ●私が言ったこと △家族が言ったこと ○支援者が気づいたこと、支援のヒントやアイデア

成年後見制度の利用　:　有　・　無　（利用の緊急性　無　・有　）	地域福祉権利擁護事業の利用　:　有　・　無　（利用の緊急性　無　・　有　）

※支援者とは、本人を支える人（介護職、医療職、福祉職、法律関係者、地域で支える人、家族・親戚等）であり、立場や職種を問わない。

★プライバシー・個人情報の保護を徹底してください。　　B−1　　

B−2 暮らしの情報（私の生活史シート）

名前　　　　　　　　記入日:20　年　月　日／記入者

◎私はこんな暮らしをしてきました。暮らしの歴史の中から、私が安心して生き生きと暮らす手がかりを見つけてください。

私の生活歴（必要に応じて別紙に記入してください。）
※住み変わってきた経過（現在→過去）をわかる範囲で記入しておこう。認知症になった頃に点線（…）を引いておこう。

年　月	歳	暮らしの場所（地名、誰の家か、病院や施設名など）	一緒に暮らしていた主な人	私の呼ばれ方	その頃の暮らし・出来事	私の願いや支援してほしいこと ●私が言ったこと △家族が言ったこと ○支援者が気づいたこと、支援のヒントやアイデア
現在						

一日の過ごし方（私にとってのいい過ごし方を見つけてください。）

長年なじんだ過ごし方（いつ頃　　　）
時間
4時

現在の過ごし方
時間
4時

私の好きなこと、好まないこと

私がしてきた仕事や得意なことなど

支援者とは、本人を支える人（介護職、医療職、福祉職、法律関係者、地域で支える人、家族・親戚等）であり、立場や職種を問わない。

★プライバシー・個人情報の保護を徹底してください。　B−2

B−3 暮らしの情報（私の暮らし方シート） 名前　　　　　　　　　　　　記入日:20　　年　　月　　日／記入者

◎私なりに築いてきたなじみの暮らし方があります。私が大事にしたいなじみの暮らし方を継続できるように支援してください。

暮らしの様子	私が長年なじんだ習慣や好み	私の現在の状態・状況	私の願いや 支援してほしいこと ●私が言ったこと △家族が言ったこと ○支援者が気づいたこと、 支援のヒントやアイデア
毎日の習慣となっていること			
食事の習慣			
飲酒・喫煙の習慣			
排泄の習慣・トイレ様式			
お風呂・みだしなみ （湯の温度、歯磨き、ひげそり、 髪をとかすなど）			
おしゃれ・色の好み・履き物			
好きな音楽・テレビ・ラジオ			
家事 （洗濯、掃除、買い物、料理、 食事のしたく）			
仕事 （生活の糧として、 社会的な役割として）			
興味・関心・遊びなど			
なじみのものや道具			
得意な事/苦手な事			
性格・特徴など			
信仰について			
私の健康法 （例：乾布摩擦など）			
その他			

※支援者とは、本人を支える人（介護職、医療職、福祉職、法律関係者、地域で支える人、家族・親戚等）であり、立場や職種を問わない

★プライバシー・個人情報の保護を徹底してください。　B-3

B-4 暮らしの情報(私の生活環境シート)

名前　　　　　　　　　　記入日:20　　年　　月　　日／記入者

◎私が落ち着いて、私らしく暮らせるように環境を整えてください。

※本人がよりよく暮らすために、今の暮らしの中で課題になっている項目に✓を付け、その項目番号(1〜83)と具体的な状況を右欄に記入しておこう。

1. 私が緊張せずにいられる場所ですか

1 □ 不安や不快な音がありませんか
2 □ 不快なにおいはありませんか
3 □ 落ち着かない色はありませんか
4 □ 刺激の強い光はありませんか(特に夕方から夜間)
5 □ 不安になる場所はありませんか(寝室、廊下、トイレなど)
6 □ その他:

2. 私が安心して居られる場所が確保されていますか

7 □ 食事をする場所や席は安心できる場所ですか
8 □ 寝る場所は安心できる場所ですか
9 □ 寝るときの明るさは私が安心して眠れる明るさですか
10 □ ベッドや布団・枕の位置は私にあっていますか
11 □ 私にとってなじみの家具がありますか
12 □ 安心して過ごせる好みの場所がありますか
13 □ その他:

3. 私が心地よく過ごせる環境が用意されていますか

14 □ 居室の明るさと温度は適切ですか
15 □ 色彩、音、香りは私にとって心地よいですか
16 □ 飲食物の食材や温度はなじみのものとなっていますか
17 □ 触れて心地よいクッション、抱けるものがありますか
18 □ 木や自然の素材がありますか
19 □ その他:

4. 私の暮らしに必要な場所がわかる工夫がされていますか

20 □ 居室・寝床がわかる工夫がありますか
21 □ 居間がわかる工夫がありますか
22 □ トイレがわかる工夫がありますか
23 □ 浴室がわかる工夫がありますか
24 □ その他:

5. 私が過ごしている時や支えてくれている人をわかる工夫がされていますか

25 □ 私がわかる時計がありますか
26 □ 私がわかる暦・カレンダーがありますか
27 □ 季節の行事やならわしに関する物がありますか
28 □ 季節を感じられる自然のもの(花、食べ物、外の風景)がありますか
29 □ 支えになっている人の写真がありますか
30 □ なじみの人がわかるサイン(服装・名札など)がありますか
31 □ その他:

6. 私の持っている力が出せる場がありますか

32 □ 炊事の場
・自分でやれたり動作ができる場が用意されていますか
33 □ 掃除の場
・自分でやれたり動作ができる場が用意されていますか
34 □ 洗濯の場
・自分でやれたり動作ができる場が用意されていますか
35 □ 使い慣れた身だしなみの道具はそろっていますか
36 □ 趣味(縫い物、編み物、大工仕事など)を楽しめる道具がそろっていますか
37 □ 長年やってきた仕事道具(培った能力)がそろっていますか
38 □ その他:

7. 私が自然や地域と関われる場が確保されていますか

39 □ 住まいの周囲に自然や地域と関われる場所が確保されていますか
40 □ 散歩道に自然や地域と関われる場所が確保されていますか
41 □ 買い物に行けるお店が確保されていますか
42 □ 私が行きたい場所が確保されていますか
43 □ その他:

8. 室内にいても自然と触れ合える場づくりがされていますか

44 □ 自然光はありますか
45 □ 風とおしはよいですか
46 □ 植物と触れあう場を作っていますか
47 □ 動物と触れあう場を作っていますか

9. 私を取り戻せる場の工夫がされていますか

48 □ 私の昔の写真、家族の写真、思い出の品物、私の好むもの(洋服や化粧、アクセサリー、時計、音楽など)をそばに置いていますか
49 □ その他:

10. 人とのかかわりの場が確保されていますか

50 □ 家族とのかかわりの場が確保されていますか
51 □ 近所とのかかわりの場が確保されていますか
52 □ 町の人とのかかわりの場が確保されていますか
53 □ 子供たちとのふれ合いの場が確保されていますか
54 □ その他:

11. 私のいつもの居場所を知ってくれていますか

55 □ 私のいつもの居場所を知っていますか
56 □ 近所の人は私が好む場所を知ってくれていますか
57 □ 私の行きそうな場所を知っていますか
58 □ その他:

12. 私が危険な状況にならないように工夫がされていますか

＜誤嚥の予防＞
59 □ 私にあった食事(形、硬さ、量)が工夫されていますか
60 □ 食事の姿勢が保てるイスや物品が工夫されていますか
61 □ その他:

＜転倒・転落の予防＞
*床の状態
62 □ 滑りやすいものはないですか(水こぼれ、玄関マット)
63 □ 歩行の障害になる物がないですか
64 □ 段差は適切ですか
65 □ 絨毯などのひっかかりやすい素材がありませんか
66 □ その他:
*衣類の状態
67 □ 靴下やスリッパは私にあっていますか
68 □ その他:
*ベッド等の状態
69 □ 私にとってベッド、布団のどちらが適切かを見極めていますか
70 □ 高さ、広さ、ベッド柵は適切ですか
71 □ その他:
*イス
72 □ 高さや安定感は適切ですか
73 □ その他:
*車いす
74 □ 移動具としてのみ使えていますか
75 □ ストッパー、フットレストは安全に使えていますか
76 □ 座り方は安定していますか
77 □ その他:

＜感染の予防＞
78 □ 手をすぐに洗える場や用意がありますか
79 □ 腐ったものがありませんか
80 □ カビなどがありませんか
81 □ ホコリがたまっていませんか
82 □ 害虫等が繁殖していませんか
83 □ その他

私の願いや支援してほしいこと
●私が言ったこと
△家族が言ったこと
○支援者が気づいたこと、支援のヒントやアイデア

※支援者とは、本人を支える人(介護職、医療職、福祉職、法律関係者、地域で支える人、家族・親戚等)であり、立場や職種を問わない。

C−1−1 心身の情報（私の心と身体の全体的な関連シート）

◎私が今、何に苦しんでいるのかを気づいて支援してください。

※*本人が苦痛になっていることがないか、心身状態をよくみて、該当する項目に✓を付けよう。

身長 cm	体重 kg	栄養状態：	食事の形態：	主食： 副食：	飲水量 cc/日

1. 私の体調	状態
1 □ 食欲がない	
2 □ 眠れない	
3 □ 起きれない	
4 □ 痛みがある	
5 □ 便秘している	
6 □ 下痢している	
7 □ 熱がある	
8 □ 手足が冷えている	
9 □ その他	

2. 私の行動心理的な状態	状態
10 □ 盗られたなど被害にあっていると言う	
11 □ 状況に合わない話をする	
12 □（ないものが）見える、聴こえる	
13 □ 気持ちが不安定	
14 □ 夜眠らない	
15 □ 荒々しい言い方やふるまいをする	
16 □ 何度も同じ話をする	
17 □（周囲に不快な）音を立てる	
18 □ 大きな声を出す	
19 □ 声かけや介護を拒む	
20 □ 落ち着かない	
21 □ 歩き続ける	
22 □ 家に帰るなどの言動を繰り返す	
23 □（一人では危険だが）外に出ようとする	
24 □ 外出すると一人で戻れない	
25 □ いろいろな物を集める	
26 □ 火を安全に使えない	
27 □ 物や衣類を傷めてしまう	
28 □ 排泄物とわからず触ってしまう	
29 □ 食べられない物を口に入れる	
30 □ その他	

3. 私の口の中	状態
31 □ 入れ歯が合わず痛みや不具合がある	
32 □ 歯ぐきがはれている	
33 □ 口内炎ができている	
34 □ 舌が白くなっている	
35 □ 口の中が汚れている	
36 □ 口の中が乾燥している	
37 □ 唇が乾燥している	
38 □ 飲み込みが悪い、むせる	
39 □ その他	

4. 私の皮膚の状態	状態
40 □ 乾燥している	
41 □ かゆみがある	
42 □ 湿疹ができている	
43 □ 傷がある	
44 □ はれている	
45 □ 赤くなっている	
46 □ タコができている	
47 □ 魚の目ができている	
48 □ 水虫ができている	
49 □ 床ずれがある	
50 □ その他	

5. 私のコミュニケーションの状態	状態
51 □ 表情がうつろ、堅い、乏しい	
52 □ 目に光がない	
53 □ 見えにくい	
54 □ 聞こえにくい	
55 □ 意思を伝えにくい	
56 □ 感情を表現できにくい	
57 □ 相手のいうことが理解できない	

※記入欄が足りない場合はコピーして裏につけてください。

★プライバシー・個人情報の保護を徹底してください。　C-1-1

C−1−2 心身の情報（私の姿と気持ちシート）

名前　　　　　　　　　　　　　　　記入日:20　　年　　月　　日／記入者

◎私の今の姿と気持ちを書いてください。

※本人のふだんの姿をよく思い出して、まん中に本人の姿を描いてみよう。いつも身につけているものや身近にあるものなども書いておこう。
※本人の言葉や声を思い出しながら、ありのままを●を文頭につけて記入しよう。家族が言ったことは△をつけて記入しよう。
※一つひとつの●（本人の言葉や表情）について「本人がどう思っているのか」を考えてみて、気づいたことや支援のヒントやアイデアを、文頭に○をつけて記入しよう。
※C−1−1のような身体の苦痛を抱えながら、どんな気持ちで暮らしているのか考えてみよう。

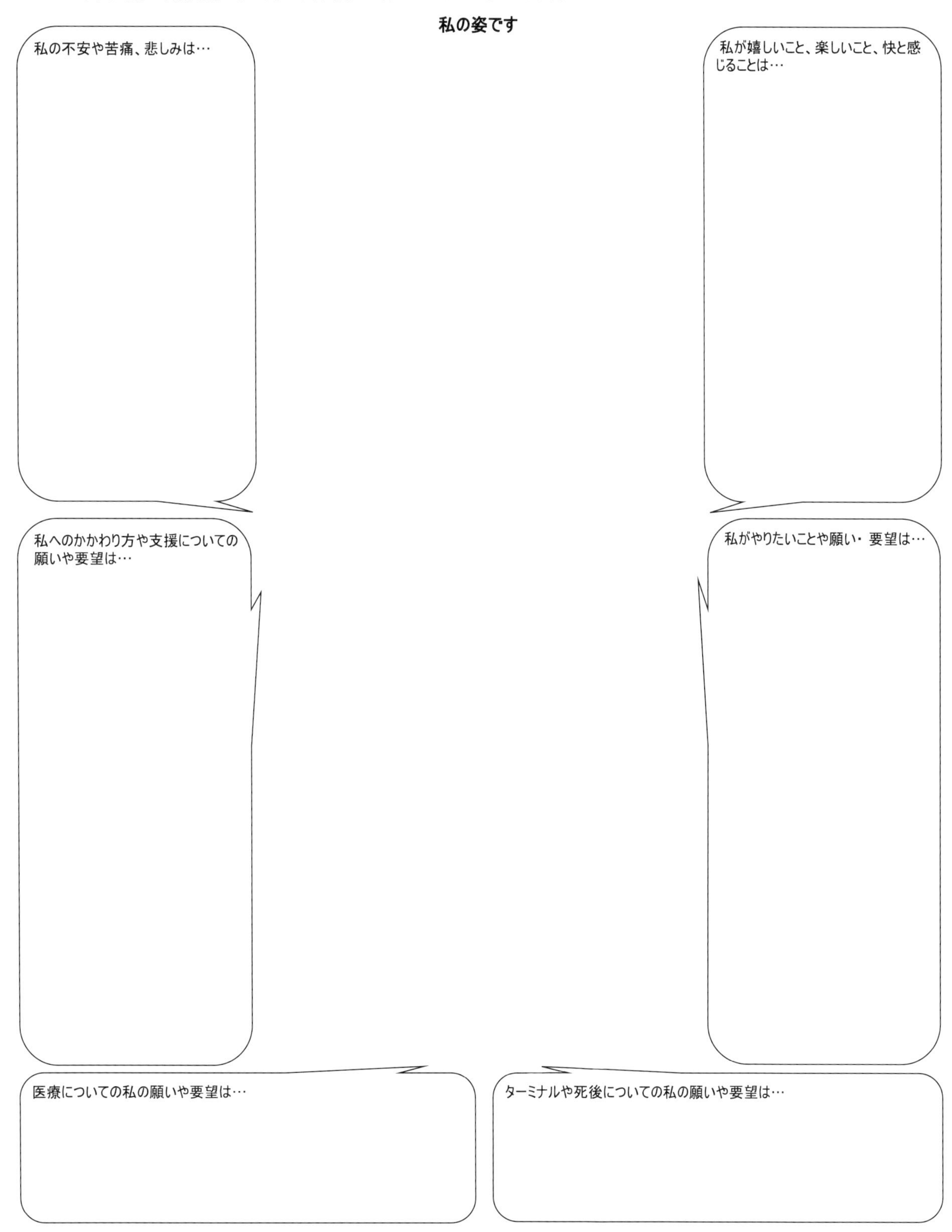

私の姿です
私の不安や苦痛、悲しみは…
私が嬉しいこと、楽しいこと、快と感じることは…
私へのかかわり方や支援についての願いや要望は…
私がやりたいことや願い・要望は…
医療についての私の願いや要望は…
ターミナルや死後についての私の願いや要望は…

※支援者とは、本人を支える人（介護職、医療職、福祉職、法律関係者、地域で支える人、家族・親戚等）であり、立場や職種を問わない。

C−1−2

D−1 焦点情報（私ができること・私ができないことシート）

名前　　　　　　記入日:20　年　月　日／記入者

◎私ができそうなことを見つけて、機会を作って力を引き出してください。

◎できる可能性があることは、私ができるように支援してください。

もうできなくなったことは、無理にさせたり放置せずに、代行したり、安全・健康のための支援をしっかり行ってください。

※今、している・していないを把握するだけではなく、できる可能性があるか、もうできないのかを見極めて、該当する欄に✓を付けよう。

※単に動作のチェックではなく、24時間の暮らしのどの場面（時間や朝、昼、夕、夜など）か、どんな状況かを具体的に記入しよう。

暮らしの場面	私がしていること		私がしていないこと		私の具体的な言動や場面	できるために必要な支援、できないことへの代行、安全や健康のための支援	私ができるように支援してほしいこと ●私が言ったこと △家族が言ったこと ○支援者が気づいたこと、支援のヒントやアイデア
	常時している（自立）	場合によってしている	場合によってはできそう	もうできない			
	できる（可能性）						
起きる							
移動・移乗							
寝床の片づけなど							
整容（洗顔や整髪など）							
着替え（寝まき⇔洋服）							
食事準備（献立づくり・調理・配膳等）							
食事							
食事の片付け							
服薬							
排泄							
掃除・ゴミ出し							
洗濯（洗い→たたみ）							
買い物（支払いも含む）							
金銭管理（貯金の管理、手持ち現金の管理、通帳の管理・出し入れ、計画的に使えるか）							
諸手続き（書類の記入・保管・提出等）							
電話をかける・受ける							
入浴の準備							
入浴時の着脱							
入浴							
寝る前の準備（歯磨、寝床の準備）							
就寝							
人への気づかい							
その他							

※支援者とは、本人を支える人（介護職、医療職、福祉職、法律関係者、地域で支える人、家族・親戚等）であり、立場や職種を問わない。

★プライバシー・個人情報の保護を徹底してください。　D-1

D−2 焦点情報（私がわかること・私がわかないことシート） 名前　　　記入日:20　年　月　日／記入者

◎私がわかる可能性があることを見つけて機会をつくり、力を引き出してください。

◎私がわかる可能性があることを見つけて支援してください。
もうわからなくなったことは放置しないで、代行したり、安全や健康のための支援をしっかり行ってください。

※外見上のわかること・わからないことを把握するだけではなく、わかる可能性があるのか、もうわからないことかを見極めて、該当する欄に✓を付けよう。
※単に動作のチェックではなく、24時間の暮らしのどの場面（時間や朝、昼、夕、夜など）か、その時どんな状況なのかを具体的に記入しよう。

暮らしの場面	私がわかること		私がわからないこと		私の具体的な言動や場面	わかるために必要な支援、わからないことへの代行、安全や健康のための支援	私がわかるように支援してほしいこと ●私が言ったこと △家族が言ったこと ○支援者が気づいたこと、支援のヒントやアイデア
	常時わかる	場合によってはわかる	場合によってはわかる可能性がある	わからない			
会話の理解							
私の意思やしたいことを伝える							
毎日を暮らすための意思決定（服を選んだり、やりたいことを決める）							
時間がわかる							
場所がわかる							
家族や知人がわかる							
直前の記憶							
最近の記憶（1〜2週間程度の記憶）							
昔の記憶							
文字の理解（ことば、文字）							
その他							

支援者とは、本人を支える人（介護職、医療職、福祉職、法律関係者、地域で支える人、家族・親戚等）であり、立場や職種を問わない。

★プライバシー・個人情報の保護を徹底してください。　D−2

D-3 焦点情報（生活リズム・パターンシート）

名前　　　　　　　　　　記入日:20　　年　　月　　日／記入者

◎私の生活リズムをつかんでください。私の自然なリズムが、最大限保たれるように支援してください。
◎水分や排泄や睡眠などを、支援する側の都合で一律のパターンを強いないでください。

※生活リズムやパターンをとらえるために、必要な日数を関係者間で協力して記入しよう。
※水分、排泄、睡眠、活動、ヒヤリ・ハット（転倒、転落、誤嚥、誤飲、誤薬など）などを必要に応じて記入しよう。
・睡眠の時間をラインマーカーで記入してパターンを見つけよう。
・ヒヤリ・ハットがあった場合は赤字で記入しよう。
※本人の状態に影響を与えていると思われることを「気づいたこと」欄に記入しよう。

※ 排泄関連の記号
同じ記号で記入し、情報を共有、伝達しよう。

【状況】	尿	便	使用した物
自立	○	●	オムツ … オ
誘導して出た	△	▲	パッド … パ
誘導したが出ない	□	■	下剤 … 下
失禁	＋	×	浣腸 … 浣
			摘便 … 摘

日＼時間	日付 ／			／			／			／			／			／			／			私の願いや支援してほしいこと
	水分	排泄	睡眠 活動 ヒヤリ・ハット 他	水分	排泄	睡眠 活動 ヒヤリ・ハット 他	水分	排泄	睡眠 活動 ヒヤリ・ハット 他	水分	排泄	睡眠 活動 ヒヤリ・ハット 他	水分	排泄	睡眠 活動 ヒヤリ・ハット 他	水分	排泄	睡眠 活動 ヒヤリ・ハット 他	水分	排泄	睡眠 活動 ヒヤリ・ハット 他	●私が言ったこと △家族が言ったこと ○支援者が気づいたこと、支援のヒントやアイデア
4																						
6																						
8																						
10																						
12																						
14																						
16																						
18																						
20																						
22																						
0																						
2																						
4																						
計																						
気づいたこと																						

※支援者とは、本人を支える人（介護職、医療職、福祉職、法律関係者、地域で支える人、家族・親戚等）であり、立場や職種を問わない。

★プライバシー・個人情報の保護を徹底してください。　D-3

D-4 焦点情報（24時間生活変化シート）

名前　　　　　　　　記入日:20　年　　月　　日／記入者

◎私の今日の気分の変化です。24時間の変化に何が影響を与えていたのかを把握して、予防的に関わるタイミングや内容を見つけてください。

※本人の気分が「非常によい」から「非常に悪い」までの、どのあたりにあるのか思った所に点を付け、線で結んでいこう。（1日の変化を知ろう）
※その時の本人の様子や場面を具体的に記入しよう。
※数日間記入して並べて見ることで、1日の変化のパターンを発見したり、気分を左右する要因を見つけてみよう。

気分／時間	非常に悪い	悪い	悪い兆し	どちらでもない	よい兆し	よい	非常によい	その時の具体的な様子や場面	影響を与えていると考えられる事	私の願いや、支援してほしいこと ●私が言ったこと △家族が言ったこと ○支援者が気づいたこと、支援のヒントやアイデア	記入者
	-3	-2	-1	0	1	2	3				
4											
5											
6											
7											
8											
9											
10											
11											
12											
13											
14											
15											
16											
17											
18											
19											
20											
21											
22											
23											
24											
1											
2											
3											

※支援者とは、本人を支える人（介護職、医療職、福祉職、法律関係者、地域で支える人、家族・親戚等）であり、立場や職種を問わない。

★プライバシー・個人情報の保護を徹底してください。　D-4

D-5 焦点情報（私の求めるかかわり方シート）

名前　　　　　　　　記入日:20　年　月　日／記入者

◎私へのかかわり方のまなざしや態度を点検してみましょう。

月日	かかわっている人の点検項目	場面	状況	私の願いや 支援してほしいこと ●私が言ったこと △家族が言ったこと ○支援者が気づいたこと、 支援のヒントやアイデア	記入者
	あなたは「支援してあげる」という一方的な気持ちではなく、私の暮らしのパートナーとして一緒に楽しもうとしていますか				
	あなたは私の言うことや問いかけに、しっかりと耳を傾けていますか				
	あなたは、私が話しを通して伝えようとしている真意を汲み取ろうとしていますか				
	あなたは「支援してあげる」という一方的な気持ちではなく、私の暮らしのパートナーとして一緒に楽しもうとしていますか				
	あなたは私の言うことや問いかけに、しっかりと耳を傾けていますか				
	あなたは、私が話しを通して伝えようとしている真意を汲み取ろうとしていますか				
	あなたは「支援してあげる」という一方的な気持ちではなく、私の暮らしのパートナーとして一緒に楽しもうとしていますか				
	あなたは私の言うことや問いかけに、しっかりと耳を傾けていますか				
	あなたは、私が話しを通して伝えようとしている真意を汲み取ろうとしていますか				
	あなたは「支援してあげる」という一方的な気持ちではなく、私の暮らしのパートナーとして一緒に楽しもうとしていますか				
	あなたは私の言うことや問いかけに、しっかりと耳を傾けていますか				
	あなたは、私が話しを通して伝えようとしている真意を汲み取ろうとしていますか				
	あなたは「支援してあげる」という一方的な気持ちではなく、私の暮らしのパートナーとして一緒に楽しもうとしていますか				
	あなたは私の言うことや問いかけに、しっかりと耳を傾けていますか				
	あなたは、私が話しを通して伝えようとしている真意を汲み取ろうとしていますか				
	あなたは「支援してあげる」という一方的な気持ちではなく、私の暮らしのパートナーとして一緒に楽しもうとしていますか				
	あなたは私の言うことや問いかけに、しっかりと耳を傾けていますか				
	あなたは、私が話しを通して伝えようとしている真意を汲み取ろうとしていますか				

※支援者とは、本人を支える人（介護職、医療職、福祉職、法律関係者、地域で支える人、家族・親戚等）であり、立場や職種を問わない

★プライバシー・個人情報の保護を徹底してください。

E 24時間アセスメントまとめシート（ケアプラン導入シート） ★このシートでまとめたことを介護計画表に活かし、本人本位の介護計

◎今の私の暮らしの中で課題になっていることを整理して、私らしく暮らせるための工夫を考えてください。

※A〜Dシートで把握した「私の願いや支援してほしいこと」から、今の暮らしで課題になっていることを選び、１日の流れにそって記入しよう。（誰からの情報かを明確に
※本人が注目してほしい行動や状態とその原因や背景を整理し、本人がよりよく暮らせるためのアイデアや工夫を記入しよう。

	私の願いや支援してほしいこと（本人がよりよく暮らすための課題）	私の注目してほしい行動／状態	
4			
6			
8			
10			
12			
14			
16			
18			
20			
22			
0			
2			
実際の支援に活かしたいこと 24時間に該当しない点で、ケアプランや			

※支援者とは、本人を支える人（介護職、医療職、福祉職、法律関係者、地域で支える人、家族・親戚等）であり、立場や職種を問わない。

★プライバシー・個人情報の保護を徹底してください。 E

·画を展開しよう！　　　　　　名前　　　　　　　　　記入日:20　年　月　日／記入者

するために、文頭に「●」私、「△」家族、「○」支援者のマークを入れて記入しよう。）

原因·背景	私がよりよく暮らせるための支援のアイデアと工夫

●執筆者一覧（執筆順）

長谷川和夫（認知症介護研究・研修東京センター　名誉センター長・元認知症介護研究・研修東京センター　センター長）
…………………………………… 初版発刊にあたって

永田久美子（認知症介護研究・研修東京センター　研究部長）…………………… 1～5章

小森由美子（認知症介護研究・研修東京センター　客員研究員）
熊倉　祐子（元認知症介護研究・研修東京センターケアマネジメント推進室）
}…………………… 2章／3～5章

鈴木　英一（NPO 法人地域生活サポートセンター）…………………… 4・5章

◆センター方式シート活用例（5章）協力者

深井　純子（社会医療法人財団石心会　かしまだ地域包括支援センター）

松本　麻子（元グリーンコープやまぐち生活協同組合　グリーンコープ居宅介護支援事業所）

稲田　秀樹（元社会福祉法人鎌倉静養館　ケアセンターりんどう）

住友　幸子（有限会社シャイニング　グループホームトトロの森）

桜井　記子（社会福祉法人ジェイエー長野会　特別養護老人ホームローマンうえだ）

※ 2019 年 3 月現在

センター方式シートは、エクセルファイルとしてDCネット（下記URLおよびQRコード）よりダウンロードができます。

http://www.dcnet.gr.jp/study/centermethod/center03.php

なお、お使いの機種・ソフトによってはダウンロードいただけない場合があります。

四訂
認知症の人のためのケアマネジメント
センター方式の使い方・活かし方

2019年3月15日　初版発行
2024年9月25日　初版第2刷発行

編集　……………認知症介護研究・研修東京センター
認知症介護研究・研修大府センター
認知症介護研究・研修仙台センター

発行　……………認知症介護研究・研修東京センター
〒168-0071　東京都杉並区高井戸西1-12-1
TEL　03-3334-2173　FAX　03-3334-2718
http://www.dcnet.gr.jp/

制作・発売　………中央法規出版株式会社
〒110-0016　東京都台東区台東3-29-1　中央法規ビル
TEL　03-6387-3196
https://www.chuohoki.co.jp/

ISBN978-4-8058-5844-8